Succus Moruli
Beergelb
Laca Brabantia
Rubrum Parisiense
Brabandischer Lac
Paris Rott
Presilium
Presilgen
Laca Venetiana
Venedischer Lacc

1000 1100 1200 1300 1400 1500

LEBEN IM MITTELALTER

1000 - 1500

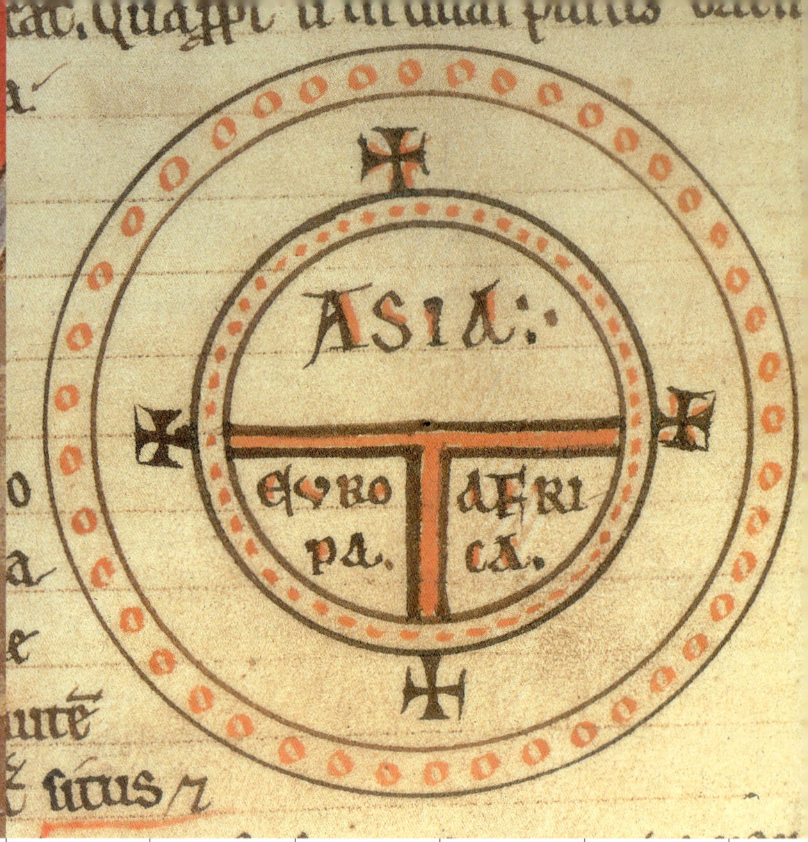

400 500 600 700 800 900

1000 1100 1200 1300 1400 1500

DAVID NICOLLE

LEBEN IM MITTELALTER

1000 - 1500

tosa

INHALT

Aus dem Englischen von DIE TEXTWERKSTATT/Angelika Gredenberg, Caroline Klima, Elisabeth Müller-Lipold, Ulrike Müller-Kaspar
Originaltitel: The History of Medieval Life, Erstveröffentlichung unter diesem Titel 1997 bei Hamlyn Octopus, ein Imprint der Octopus Publishing Group Ltd
2-4 Heron Quays, Docklands, London E14 4JP

Cover von Kraxenberger KommunikationsHaus GmbH unter Verwendung eines Dias von Bayerische Staatsgemäldesammlungen, Alte Pinakothek, München

Printed in China

FOTONACHWEIS

AKG London 14, 59, /Bibliothèque Nationale de France, Paris 3 links, 18, 36, 37 links, 70, 71, 72, 87, 89, 121, 122, 123, 155 bottom, 155 top, 171, 173, /British Library 12, /British Museum 97, /Erich Lessing 118, /Musée du Petit Palais, Paris 96, /Museo Francesco, Assisi Umschlag hinten rechts, /Narodni Muzej, Belgrad 66, 67, /Österreische Nationalbibliothek, Wien 20, /Universitätsbibliothek, Heidelberg Umschlag vorn rechts, rückw. Klappe, 6, 8, 98, /Universitetets Oldsaksamling, Oslo 81
Bodleian Library /MS Rawl.D.1220 f.32 100 unten, /MS Bodley 264.f.211r 166, /MS Rawl.C.328.f.3 101
Bridgeman Art Library 32, 47 unten rechts, 54, /Aberdeen University Library 63, /Bibliothèque Municipale, Agen 116 unten, /Bibliothèque Nationale de France, Paris 3 rechts, 26, 48, 69, 78, 90, 112, 115, 117, 130, 132 unten, 149 unten, 156, 164, 165 top, 175, /British Library Umschlagdeckel links, 2 rechts, 9, 10, 11, 13, 17, 19, 27, 28, 37 rechts, 60, 61, 64, 79, 80, 82, 88, 114, 116 oben, 132 oben, 133, 138, 139, 146, 148, 149 oben, 150, 168, 172, 174, /British Museum 127, /Christie's, London 161, /Escorial, Madrid 170, /Freer Gallery of Art, Smithsonian Institution, Washington DC 75, 158, /Giraudon 103, /Glasgow University Library 65, /Museum des Kreml, Moskau 135, /National Museum of India, New Delhi 24, 42, /Novosti 49, /Pierpont Morgan Library, New York 2 links, /Private Collections 33, 134, 141, /School of Oriental and African Studies, London 108 top, /Staatsarchiv, Hamburg 165 unten, /Topkapi Sarayi Müzesi, Istanbul 21, /Topkapi Sarayi Müzesi/Giraudon Umschlag hinten links, Umschlag vord. Klappe, 140, /Sammlung der Universität Bologna 100 oben, /Victoria & Albert Museum, London 35
J Allan Cash Photolibrary 43, 44, 47 unten links, 50, 51, 53, 56, 73, 145, 160, 188
Charlotte Deane 111
C.M. Dixon 29, 125, 136, 181, /Musée National de Cluny, Paris 31
Werner Forman Archiv 39, 47 oben, 85, 104, 108 unten, 159 unten, 159 oben, 162, 169, 182, 186, /Biblioteca Nacional, Madrid 7, 120, 167, 189, /Biblioteca Nazionale Marciana, Venedig 68, 137, /British Museum 178, /Byzantinisches Museum, Athen 152, 153, /Kita-In, Saitumi 109, /Konga Nogakudo, Kyoto 40, /Merseyside County Museum, Liverpool 185, /Metropolitan Museum of Art, New York 106, /Museum für Völkerkunde, Berlin 183, 187, /Museum für Völkerkunde, Wien 179, /Museum of the American Indian, Heye Foundation, New York 184, /Nara National Museum, Nara 126, /Palast Museum, Peking
92 top, 92 unten, /Privatsammlung, Athen 84, /Spink and Son Ltd 105, /Tesoro di San Marco, Venedig 34, /Universitetets Olsaksamling, Oslo 30, /Victoria & Albert Museum 143, /Vietnam Revolution Museum, Hanoi 23 oben, 23 unten, 91, 176
Reed International Books Ltd. /Musée Guimet, Paris 128, 129
Robert Harding Picture Library 25, 55, 58, 76, 77, 95 links, 95 rechts, 102, 110, 144, 177, 180, /Tretyakov Gallery, Moskau 86
Japan Archive 142
David Nicolle 15, 16, 52, 62, 83, 120, 151, /Topkapi Sarayi Müzesi, Istanbul 41, 74, 124
M. Sakamoto 57

EINFÜHRUNG

Westeuropa

Im Mittelalter meint der Terminus Westeuropa die lateinische oder katholische Christenheit im Unterschied zur orthodoxen im Osten. Es schließt auch viele Gebiete nicht ein, die heute als Westeuropa bekannt sind. Im Süden waren große Teile von Spanien und Portugal von moslemischer Religion und arabischer Kultur geprägt. Im späten 11. Jahrhundert waren Sizilien und viele andere Mittelmeerinseln von der moslemischen Zivilisation dominiert, während der südliche Teil Italiens den orthodoxen Christen zugerechnet wurde. Bis zum Ende des 15. Jahrhunderts hatte das westliche Christentum seine Stellung in Grönland verloren, war jedoch im Begriff, das moslemische Spanien und die atlantischen Inseln vor Afrika zu erobern. Bald sollte es auch Indien und den amerikanischen Kontinent erreichen.

Osteuropa

Das christlich-orthodoxe Europa wechselte seine geografischen Grenzen noch häufiger als Westeuropa. Die wichtigsten Länder waren das Byzantinische Reich, dessen Grenzen und Größe in der Mitte des 15. Jahrhunderts verschwanden, und Russland, welches sich aufspaltete und im 13. Jahrhundert unter mongolische Herrschaft fiel, jedoch nach Osten expandierte und finnische und ugrische Volksstämme annektierte. Andere christliche Oststaaten, wie Armenien und Georgien im Osten und die Slawen, Albaner und Rumänen am Balkan, fielen unter moslemische Herrschaft.

Die Welt des Islam

Bis zum 11. Jahrhundert schien die moslemische Welt in der Defensive zu sein. Sie verlor Territorien an die Christen auf der Iberischen Halbinsel und an den Grenzen des Byzantinischen Reiches. Als die Seldschuken fast die Hälfte des Byzantinischen Reiches eroberten, gab es im 11. Jahrhundert dramatische Veränderungen im Mittleren Osten. So unterschied sich die Welt der Moslems im 15. Jahrhundert in Geografie, Sprache und vielen Aspekten der weltlichen Kultur von der des 11. Jahrhunderts. Die islamische Zivilisation entwickelte sich konträr zur christlichen. Im Christentum gab es nur die eigene Religion; in der moslemischen Welt wurden Christen und Juden akzeptiert, jedoch sahen die Moslems sich selbst über allen anderen Religionen an der Spitze der religiösen Hackordnung stehen.

Ost- und Zentralasien

China wird oft als konservative Zivilisation geschildert, als resistent gegen äußere Einflüsse. Jedoch änderte sich auch China unter dem Einfluss der zentralasiatischen Invasoren und fremder religiöser Ideen. Die Grenzen Chinas verschoben sich des öfteren dramatisch. In der Sung-Periode des 11. Jahrhunderts war China nicht kleiner als in der T'ang-Periode, jedoch lag sein Schwerpunkt weiter südlich. Im 13. und 14. Jahrhundert wurde China ein Teil des Mongoli-schen Reiches. Dieses erstreckte sich über Korea bis an den Balkan. So hatte die chinesische Zivilisation enormen Einfluss auf dieses Zeitalter.

Indien und Südostasien

Im frühen Mittelalter war die indische Kultur stärker nach außen orientiert als in späteren Perioden. Hinduismus und Buddhismus griffen auf Südostasien, Tibet, Zentralasien und China über und hatten kulturellen und materiellen Einfluss bis in den Mittleren Osten und nach Ostafrika. Nur im späten Mittelalter, unter dem wachsenden Druck des Islam, bezog sich das traditionelle hinduistische Indien wieder auf sich selbst. Die kulturellen Kolonien in Indonesien und Malaysia orientierten sich allmählich ebenfalls am Islam, während Indochina und Burma ihre eigenen Kulturen entwickelten.

1 Häusliches Leben

Das Mittelalter war eine der innovativsten und lebendigsten Perioden der menschlichen Geschichte. Dies gilt für die meisten Teile der Welt. Manche von ihnen erlebten in dieser Periode eine Hochblüte. Das einfache Volk war nicht vom politischen und kulturellen Geschehen isoliert, sondern von ihm beeinflusst, und zwar auf allen möglichen Ebenen – von der Mode über die Ernährung bis hin zu der Art, wie man Häuser baute. Im Mittelalter gab es stärkere Veränderungen im häuslichen Leben als in jeder anderen Epoche.

WESTEUROPA – DAS NEUE KERNLAND

Das mittelalterliches Christentum war keine stagnierende Kultur, die darauf wartete, dass die Renaissance Europa neu beleben würde. Es wechselte schnell und mannigfaltig, war offen für neue Ideen in den Bereichen Politik, Kunst, Handel, Wissenschaft, selbst auf dem Gebiet der Religion und vor allem der täglichen Mode. Dennoch blieb der Mittelpunkt die Familie, obgleich in den meisten Gegenden verschiedene Formen der feudalen Loyalität Familienbande durchtrennen konnten, da fast jeder irgendeines anderen Gefolgsmann war; ein herrenloser Mensch wurde bemitleidet und gefürchtet. Derartige Muster sozialer Einbindung waren flexibel und vielfältig.

Der Feudalismus des verstädterten Südens war mehr ein Ideal als gelebte Realität. Im Norden und Nordwesten waren ausgedehnte Familienstrukturen dagegen fast Stammesbeziehungen und jedenfalls wichtiger als von entfernten Regierungen aufgebürdete Feudalbeziehungen.

Einzelpersonen wie Familien identifizierten sich mit ihrem Status und ihrer sozialen Zugehörigkeit über ihre Kleidung, der Adel darüber hinaus durch sein Wappen. Die meiste Kleidung bestand aus Wolle oder Leinen und war zunächst für alle Bevölkerungsschichten ähnlich. Bis zum 13. Jahrhundert begann sich der Adel jedoch vom einfachen Volk durch vornehme Kleidung zu unterscheiden. Dabei wurde er häufig unterstützt von einer Luxusgesetzgebung, welche es Nichtadligen verbat, bestimmte Dinge zu tragen. Innerhalb der europäischen Feudalherren herrschte jedoch eine bemerkenswerte Übereinstimmung der Kleidung vor, neue Modeformen aus Frankreich, der Hochburg der ritterlichen Kultur, verbreiteten sich rasch bis an die Grenzen des westlichen Christentums.

Das tägliche Leben im mittelalterlichen Europa war selten so primitiv, wie es immer dargestellt wird. Der Adel hatte vor allem die Aufgabe, „grandeur“ zu zeigen, indem er Gäste unterhielt und viele Menschen beschäftigte. Zunächst war ein Feudalhaushalt ein riesiges Gefüge, das sein Gebiet verteidigte, Nahrungsmittel sammelte, den Zehnten einhob und Jagden organisierte. Die älteren Damen standen der Dienerschaft vor und halfen bei der Herstellung und Pflege der Kleidung der Ritter und Edelleute.

Im Laufe der Jahrhunderte wurde die Haushaltsorganisation vielschichtiger, for-

Gegenüber: Eine tugendhafte Dame wehrt sich gegen die sexuellen Übergriffe eines Priesters, während sie am Webstuhl arbeitet, und zeigt das Wappen der Stadt Sarnen. Das Bild stammt aus einem Buch über Heraldik, das im frühen 14. Jahrhundert in Zürich erschien.

Während eines Tanzes im Palast von St. Pol, 1393, ketteten sich König Karl VI. von Frankreich und fünf als „Wilde“ verkleidete Diener aneinander. Eines der Kostüme fing Feuer und entzündete die anderen. Vier Männer starben, der König jedoch überlebte, da die Herzogin de Berry geistesgegenwärtig die Flammen mit ihrer Robe erstickte.

Sir Geoffrey Luttrells Frau und Schwiegertochter überreichen ihm Waffen und Schild. Sir Geoffrey trägt sein Wappen, während die Damen ihre eigenen an ihrer Kleidung tragen.

meller und oft auch größer. Schlösser, Burgen und Festungen wuchsen, die Anzahl der Räumlichkeiten und Außengebäude stieg im gleichen Maße wie der Komfort und der Luxus. Ein großer Teil des niederen Adels in England und Frankreich zog aus den unkomfortablen Burgen in größtenteils unbefestigte Herrenhäuser. In Italien zog der Adel in die Städte des 13. und 14. Jahrhunderts. Auch hier umfasste der Haushalt eine Fülle an Verwandten, Abhängigen und Dienern.

Ein anderer Mythos ist, dass die mittelalterlichen Menschen unsauber waren und sich schlecht benahmen. In Wirklichkeit nahmen es Aristokratie und Mittelschicht mit der Reinlichkeit und guten Manieren sehr genau. Es soll zum Beispiel im Paris des 13. Jahrhunderts Hunderte von öffentlichen Bädern gegeben haben; zwei davon überlebten bis ins vermutlich viel übler riechende 18. Jahrhundert.

Bildung in der Hand der Kirche

Die Kirche kontrollierte das Bildungswesen. Die wenigen Schulen waren mit Klöstern, Hospizen oder Zünften verbunden, auch wenn einzelne Dorfpriester ein paar Knaben im Kirchenvorraum unterrichteten. Wer sich eine Universitätsausbildung leisten konnte, den erwartete ein System von Prüfungen, das Trivium – aus Latein, Rhetorik und Logik – oder das Quadrivium, das auch Arithmetik und Geometrie mit einschloss, Latein wurde von westeuropäischen Gelehrten mit sehr unterschiedlicher Muttersprache verwendet. Bücher wurden von Hand auf Pergament kopiert und waren extrem teuer. Studenten ritzten ihre Notizen in Wachstafeln.

Einige Mitglieder des Hochadels erhielten Privatunterricht, doch bis zum 13. Jahrhundert verbreitete sich das Lesen und Schreiben unter dem mittleren „Landadel" und bei wohlhabenden städtischen Kaufleuten. Knaben aus reichem Haus besuchten eine zunehmende Zahl von Schulen, die Schenkungen erhielten und daher auch Stipendien anbieten konnten. Einige Mädchen erhielten zu Hause praktischen Unterricht von Nonnen, Kaufleute hingegen unterrichteten ihre Lehrlinge im Lesen, Rechnen und Schreiben. Im 13. Jahrhundert nahm die universitäre Bildung zu: Allein zwischen 1260 und 1275 wurden in Oxford drei „Colleges" gegründet.

Ein anderer Aspekt des mittelalterlichen Lebens war die Beziehung zwischen den Geschlechtern. Die sexuelle Einstellung des Adels änderte sich im 12. Jahrhundert, als die neue und zunächst schockierende Idee der höfischen Liebe aus Südfrankreich übersprang, wo sie sich wohl unter Einfluss der arabisch-islamischen Welt entwickelt hatte. Sie basiert auf der Idee, dass Männer und Frauen einander in der Liebe gleichgestellt sind, ein Gedanke, der den alten Griechen, Römern und frühen Christen beinahe fremd war. Das Ideal der höfischen Liebe schrieb den jungen Höflingen und Rittern vor, eine junge Frau zu verehren und in ihrem Namen ritterliche Taten zu vollbringen, während sie ihrerseits ihren Mut preisen sollte. Der alte Sport der Falknerei kam durch Kontakte mit der byzantinischen und islamischen Kultur wieder in Mode und wurde von Minnesängern und Künstlern mit heimlichen Liebesaffären assoziiert.

Ein Hauptpunkt des sozialen Lebens des Adels war die Gastfreundschaft. Die Art der Zubereitung von Nahrung war äußerst wichtig, während die Kost des einfachen Volkes gesund, aber monoton war. Brot war das Grundnahrungsmittel für alle bis auf die Reichen, und die Ärmsten hatten wohl kaum viel mehr als Käse dazu. Ansonsten waren Schwein, Huhn, Bohnen, Eier, Milchprodukte und Honig die Grundnahrungsmittel. Bessergestellte verwendeten Brot hauptsächlich als Löffel, um die Saucen der Speisen aufzutunken, die auf den Tisch kamen, und nach dem Essen wurden die Brotreste für die Armen in Körben wieder eingesammelt.

Hauptgemüsesorten waren Erbsen, Kohl, Kopfsalat, Porree, Zwiebeln, Rüben, Karotten und Raps. Petersilie war das häufigste Küchenkraut. Knoblauch und Salbei kamen im späteren Mittelalter dazu, ein Kräutergarten galt als wesentlich. Senf und Safran baute man an, wo möglich, doch Pfeffer musste in großen Mengen importiert werden. Salz wurde durch Verdunstung oder im Bergbau gewonnen. Für Salate wurden auch Blumen wie Borretsch, Veilchen und Primeln verwendet, während man rohes Obst mit Skepsis betrachtete: Es konnte Magenkrämpfe erzeugen. Die Armen besserten ihre Nahrung mit Nüssen aus den Wäldern auf.

Überall in Europa war das Schwein, das sich im Winter selbst ernähren konnte, verbreitet, und selbst arme Bauern hatten Pökelfleisch. Schafe waren wichtige Fleischlieferanten, Ziegen und Rinder wurden vor allem wegen der Milch gehalten. Die meisten Haustiere wurden im Herbst geschlachtet und nur wenige für die Zucht im nächsten Frühjahr behalten.

Strenge Gesetze regelten die Jagd. Fisch war wichtiger als Fleisch, das mittwochs, freitags, samstags und an den vielen kirchlichen Feiertagen nicht gegessen werden durfte. Meist gab es Stockfisch, Pökelhering oder getrockneten Fisch, daneben in den Küstenregionen auch Muscheln und Schnecken, im Landesinneren Flussfisch und Aal.

Streng genommen durfte der Klerus nur Vögel und Fische essen, während manche Orden sich streng an vegetarische Kost und Fischgerichte hielt. Dennoch waren Mönche die bestgenährten Menschen der westlichen Christenheit und hatten vielleicht die besten Tischmanieren. Klosterregeln geboten den Brüdern, Mund und Nase nicht am Tischtuch zu reinigen. Klöster waren zu dieser Zeit gastfreundlich zu Reisenden, Pilgern und fahrenden Scholasten.

Erbsenbrei und gebratener Fasan

Die mittelalterliche Küche reichte vom Brei oder der dicken Suppe aus Fleisch, Gemüse und Getreide bis zu außergewöhnlichen Tafelkreationen bei Adelsfesten. Einfache Leute kochten über offenem Feuer, meist in irdenen Töpfen. Kleine Tiere wurden in Lehm eingeschlagen und in der Glut gegart. Bessergestellte hatten Feuerstellen mit eisernen Spießen zum Braten von Fleisch oder Kupferkesseln zum Kochen. In Burgen oder Herrenhäusern hatte die Küche viele Esser zu versorgen und war daher dementsprechend gut ausgestattet. Üblich war eine große offene Feuerstelle. Öfen, in denen Brot gebacken wurde, lagen wegen der Brandgefahr in eigenen Backhäusern. Gekocht wurde in großen Kesseln, zum Braten und für Saucen nahm man langstielige Pfannen. Zum Grillen dienten eigene Vorrichtungen – es fand entweder über oder unter dem Feuer statt.

Zwei Mahlzeiten am Tag waren üblich, die Hauptspeise gab es am späteren Vormittag und die zweite am späteren Nachmittag.

Brathühner und Spanferkel über dem offenen Feuer, in einem Psalm für Sir Geoffrey Luttrell aus dem frühen 14. Jahrhundert. Die Menschen liebten es, im Freien zu feiern, gekocht wurde jedoch im Haus.

Ein alter Mann wärmt seine Füße am Feuer. Diese Szene stammt aus dem Stundenbuch, das für John, Duke of Bedford, in den 1420er Jahren angefertigt wurde, als er Regent von Frankreich war. Das Manuskript wurde in Paris gemalt und zeigt, dass die Fenster des Adels nun verglast waren. Im Topf über dem offenen Feuer kocht etwas zu essen.

Frühstück gab es nur für Kinder und Gebrechliche. Bier war in Nordeuropa üblicher als Wein, dieser wurde mehr im Süden getrunken. Weitere Getränke waren Milch und Apfelwein. Adlige Haushalte hielten ihren eigenen Vogelfänger und Taubenzüchter und besaßen Hausgeflügel. Hühner wurden gemästet, besonders in der Weihnachtszeit.

Milchprodukte waren für alle Bevölkerungsschichten wichtig und umfassten eine Vielfalt von Weichkäsen und Rahmsorten. Obers wurde pur getrunken oder über Obst gegossen, gekochte Milch zu Punschgetränken, Cremesuppen, Eiercremes und Käsekuchen verarbeitet. Robben, Entenmuscheln und Papageientaucher galten als Fisch. Walfleisch, Stör und Tümmler waren dem König vorbehalten. Gebeizter Lachs war größter Luxus und wurde aus Schottland oder Irland importiert.

Tische waren meist einfache Bretter, die auf Gestellen lagen. Tassen, Messer und hölzerne Teller gab es für die Mehrheit, jedoch die Reichen aßen aus Zinn-, Silber- und Goldgefäßen. Die Sitzordnung bei Tisch begann am Kopf der Tafel mit den Herrschaften und endete „unter dem Salz" mit Dienern und Gesinde. Tischgebete wurden vor und nach dem Mahl gesprochen.

In frühen Jahren trugen Diener Fleischschüsseln rings um die Tafel, von denen sich jeder Gast bedienen konnte. Später übernahm ein hoch gestellter Diener das Aufschneiden des Fleisches; während sich die Gäste die Hände wuschen und mit bereitgestellten Tüchern abtrockneten, teilte er zuerst ein zeremonielles Stück Brot, und der Vorkoster testete, ob das Essen vergiftet war. Erst wenn der Hausherr die Hände gewaschen hatte, setzten sich die Gäste zu Tisch. Aus Angst vor Fliegen und anderem „Geschmeiß" vermied man es, im Dunkeln zu essen, besonders nach der Pest von 1348.

Während des Mahls gab es viele Gänge und danach Nüsse, Obst und Süßigkeiten als Abschluss. Die Leute aßen mit ihren eigenen kleinen Messern, der Gastgeber stellte die Löffel zur Verfügung, Gabeln wurden erst zu einem späteren Zeitpunkt üblich. Wasserdichtes Leder, Holz, Zinn und tönerne Tassen waren das Material für Trinkgefäße, im späteren Mittelalter wurden importierte Gläser verwendet. Wein war den „Alten und Weisen" vorbehalten, die „Jungen und Dummen" bekamen Bier, Apfelwein und Met.

Im späten 13. Jahrhundert wurden Zitrusfrüchte, Rosinen, Korinthen, Feigen, Datteln, Pflaumen und Mandeln nach England importiert und waren daher sehr teuer und exklusiv. Nach östlichen Gewürzen gab es eine große Nachfrage. Am beliebtesten waren Ingwer, Zimt, Muskatnuss, Muskatblüte, Kardamom, Gewürznelken und einige andere, die seitdem wieder verschwanden. Gewürze und importierter Rohrzucker aus dem östlichen Mittelmeerraum waren so kostbar, dass sie nur versperrt in speziellen Schränken gelagert wurden.

Höfische Tänze und Singvögel

Musik und Tanz waren die populärste Form der Unterhaltung, nicht nur bei aristokratischen Hoffesten, wo die formalen Tänze die heroischen Ideale der Minne zu verkörpern schienen. Das gemeine Volk war lebhafter und zeigte seine Gewandtheit und Geschicklichkeit, so zum Beispiel bei einer mit Eiern statt nackten Klingen durchgeführten Form des schottischen Schwerttanzes oder beim ursprünglich heidnischen Fruchtbarkeitstanz um den Maibaum. Zu den Kinderspielen gehörten das Fangenspielen oder die guten alten Würfelspiele mit Ziegenknöcheln, und auch „Blindekuh" wurde gespielt: Einer setzte seine Kapuze verkehrt herum auf und wurde von den anderen angestoßen, bis er einen von ihnen fing.

Neuere Spiele wie Seifenblasen, die man durch einen Strohhalm blies, oder Papierdrachen kamen aus dem Osten. Die Lehrlinge in den Städten spielten eine sehr raue Form des Fußballspiels, daneben waren Pferderennen, Eislaufen (als Kufen dienten die Kieferknochen von Ochsen), Rudern, Bogenschießen und Ringen modern. Große Menschenmengen strömten zu Stierkämpfen und Bärenführern, Hahnenkämpfen, Vorführungen von Tieren oder Akrobaten, während Turniere sich allmählich zu einem beliebten Zuschauersport entwickelten – bunt, aufregend und mit der Aussicht auf die Verwundung eines stolzen Aristokraten.

Nach dem Zusammenbruch des Römischen Reiches starb die antike Theaterkultur und jahrhundertelang kämpfte der Klerus gegen Theaterdarbietungen, bis Stücke religiösen Inhalts als Methode entstanden, die Menschen über das Christentum zu belehren – die berühmten Mysterienspiele. Einige Mysterienspiele wurden humorvolle Burlesken, in denen boshafte Charaktere das Volk mit fast allen Mitteln amüsierten, ehe sie selbstverständlich ihre wohlverdiente Strafe erhielten, während Heilige ausgesprochen realistisch gemartert wurden. Bis zum späten 15. Jahrhundert, am Ende des Mittelalters, waren die Handlungen dieser Stücke sehr einfach, Kostüme und Bühneneffekte hingegen wurden immer aufwendiger.

Brettspiele wurden an den langen Winterabenden von vielen gespielt. Schach kam bis zum 11. Jahrhundert aus Indien über die moslemische Kultur nach Westeuropa, und ebenfalls aus der islamischen Welt Ägyptens kamen Kartenspiele.

Die Jagd war Sport und Notwendigkeit zugleich und wurde mit Falken oder mit wertvollen, teils aus Arabien importierten Jagdhunden durchgeführt. Ähnlich hoch geschätzt wurden Singvögel. Kanarienvögel wurden von den Kanarischen Inseln importiert und konnten in Gold aufgewogen werden, wenn sie gute Sänger waren.

„Blindekuhspiel", aus einem französischen Liebesgedicht des 15. Jahrhunderts. Der Mann zog seinen Hut über die Augen und versuchte die Mädchen zu fangen, die ihn abwechseltend abklatschten und davonliefen.

OSTEUROPA – EINE ANDERE WELT

Der kulturelle Unterschied zwischen den katholischen Gesellschaften im Westen und den orthodoxen im Osten wurde noch größer nach dem Schisma, der Kirchenspaltung von 1054. So wie im Westen identifizierte man sich zuerst durch die Zugehörigkeit zur Religion, dann erst zum Familienverband. Für das einfache Volk drehte sich das Leben um religiöse Feste und die Familie. Im Byzantinischen Reich wurzelte diese Form des Lebens in der römischen Vergangenheit. Unter persischem und türkischem Einfluss änderte sich im Laufe der Jahrhunderte die Form der Kleidung und des Aussehens, zum Beispiel in der weit verbreiteten Bartmode. Weniger schnell änderte sich die Damenkleidung, sie bewahrte starke griechisch-römische Züge. Paradoxerweise war das Tragen von Schleiern eine byzantinische Mode. Sie kam möglicherweise aus Persien, wurde aber von den

meisten Moslems übernommen. Schmuck trugen beide Geschlechter, während nur byzantinische Frauen Make-up verwendeten, was im Westen weitgehend unbekannt war. Lippen wurden rot geschminkt, und die Augen erhielten durch Belladonna (tödlicher Nachtschatten) erweiterte Pupillen. Gegen Ende des Mittelalters wurde die Kleidung der Byzantiner und Balkanbewohner der Kleidung der osmanischen Türken immer ähnlicher. Selbst der Turban und andere Formen türkischer Kopfbedeckung wurden übernommen. Gleichzeitig spiegelte die Mode der russischen Elite nach der Eroberung durch die Mongolen 1239 die Kleidung der Steppenvölker.

Wie im Westen führte auch in Byzanz die Frau den Haushalt. Reiche Häuser besaßen meist mehr als einen Aufenthaltsraum, in dem die Männer ruhen und Gäste empfangen konnten. Kinder und Frauen blieben meist in den Privaträumen des Hauses, und die Dienerschaft lebte unter dem Dach. Im Sommer dienten die flachen Dächer vieler byzantinischer Häuser als Terrassen, und die Wände wurden oft mit religiösen Texten und Motiven verziert. Gegen Ende des Mittelalters kamen auch weltliche Malereien auf.

Sauberkeit war in der moslemischen Welt weit wichtiger als in Westeuropa. Es gab reichlich öffentliche Bäder, darunter große, eindrucksvolle Anlagen, die auch Privatkabinen, Toilettenanlagen und Warm- und Kaltwasserbecken zum Schwimmen besaßen. Männer benutzten diese Anlagen während des Tages, Frauen am Abend.

Griechisch geprägte Bildung

Bildung war den Byzantinern äußerst wichtig. In vermögenden Hauhalten lernten die Kinder in den Frauenquartieren Lesen, Schreiben und klares Sprechen. Die Grundausbildung basierte auf den griechischen Klassikern wie vor allem Homer, den auch die Mittelschicht vielfach zitieren konnte. Latein wurde nur von Rechtsgelehrten verwendet. Die Kaiser selbst führten die alte Tradition der Schulgründungen für Waisenkinder fort, während Bischöfe und viele Klöster ihre eigenen Ausbildungsstätten betrieben. Selbst Kinder des Mittelstandes erhielten eine Grundschulausbildung – mehr als in anderen europäischen Ländern. Schüler, die über das 12. Lebensjahr hinaus in der Schule blieben, lernten in einer anderen Einrichtung Griechisch, während nur eine Minderheit im Alter von 16 bis 20 Jahren an der Universität die Fächer Rhetorik, Recht und Philosophie belegte.

Die Universitätsausbildung basierte auf den gleichen Fächern wie im alten Rom. Philosophie stand in allen Universitäten auf dem Lehrplan, zu den Lehren des Aristoteles kam Plato hinzu. Antike weltliche und naturwissenschaftliche Werke existierten nicht nur in Bibliotheken wie in Westeuropa, sondern wurden allgemein mit großem Interesse gelesen. Zur selben Zeit lernten byzantinische Gelehrte von den benachbarten Moslems, und die mongolische Eroberung eröffnete ihnen chinesisches Gedankengut. Herrscher, hohe kirchliche Würdenträger, Politiker, die soziale und kaufmännische Elite förderten die Gelehrten. In anderen östlichen, christlichen Ländern wie in Georgien übernahmen die Klöster den größten Teil der Bildung und Erziehung, jedoch stifteten auch georgische Herrscher viele Schulen und Bibliotheken.

Seit den Tagen der heidnischen Römer verbesserte sich im Christentum die Stellung der Frau. Die Hochzeit wurde meist von den Eltern oder Vermittlern arrangiert, Mädchen heirateten ab 12, Knaben ab 14. Am Hochzeitstag trug die Braut kostbare Gewänder und große Mengen an Schmuck, um den Status ihrer Familien zu zeigen. Der Hochzeitszug zur Kirche wurde von Freunden und

Dieses Relief eines Jägers, der Wild schießt, auf dem Westportal der Kathedrale in Trogir wurde von Meister Radovan 1240 gearbeitet. Die dalmatinische Kunst folgt zwar einem altmodischen italienischen Stil, beinhaltet jedoch typisch balkanesische Details wie diesen Jagdbogen und Köcher.

Gegenüber: Frauen vom Stamme Davids in byzantinischer Kleidung auf einem Mosaik, das Theodorus Metochites 1310 der Kirche stiftete. Die Kleidung der Frauen änderte sich nicht so schnell wie die der Männer.

Diese Porträts von Männern, die an der Kathedrale in Sibenik mitarbeiteten, wurden Mitte des 15. Jahrhunderts an die Außenseite des Gebäudes gemeißelt.
Die Kultur und Kleidung Dalmatiens war fast völlig westlich und hatte wenig Ähnlichkeit mit der Kleidung der Leute im Landesinneren.

Musikanten begleitet. Ringe wurden getauscht, und ab dem 11. Jahrhundert unterzeichnete man auch einen Ehevertrag. Nach der Trauung wurde im Elternhaus der Braut ein großes Bankett abgehalten, bei dem jedoch Frauen und Männer getrennt feierten. Nach der Hochzeitsnacht weckten die Gäste das Brautpaar mit lautem Gesang. Die Aussteuer der Braut wurde getrennt vom Besitz des Bräutigams aufbewahrt und war ihre Versicherung, falls es zur Scheidung kam, was seit dem 11. Jahrhundert immer leichter möglich war.

Unerwarteter Luxus

Die Byzantiner aßen dreimal täglich und ihr Geschmack ähnelte hierin dem der modernen Europäer. Sie liebten gebratenes Fleisch, Schwein und Schinken von der Krim (ein byzantinischer Außenposten in Theodoros blieb dort bis 1475, also 22 Jahre nach dem Fall Konstantinopels bestehen) und Süßigkeiten. In einigen Gegenden, wie zum Beispiel in Trapezunt am Schwarzen Meer, gab es reichlich Fisch. Vor allem Sardellen fing man in solchen Mengen, dass sogar die Felder damit gedüngt wurden. Mit Ausnahme der russischen Orthodoxen, deren landwirtschaftliches System ein anderes war, aßen alle orthodoxen Gläubigen große Mengen an Gemüse, Käse, frisches oder gekochtes Obst und Nüsse. Die Zubereitung war fast gleich wie in Griechenland oder der Türkei. Gegessen wurde meist mit den Fingern. Das berühmteste Weinzentrum war die griechische Insel Chios. Ihr Wein ähnelte dem Mavrodaphne der heutigen Zeit.

Seit der Römerzeit hatte sich die Form der Unterhaltung nicht sehr geändert; Wagenrennen fanden im Hippodrom von Konstantinopel bis etwa 1204 statt. Zwischen den Rennen wurden Komödien anstelle der alten griechischen Tragödien aufgeführt. Von den türkischen Moslems kam Tsykanion oder Polo, das die militärische Elite gern spielte. Turniere wie im Westen wurden zwar zwischen dem 12. und 14. Jahrhundert abgehalten, konnten jedoch nicht Fuß fassen. Beliebter waren Reiterspiele wie die der Türken.

Halbreligiöse und halboffizielle Feste wurden auf dem Lande wie in der Stadt gerne als arbeitsfreier Tag gefeiert. Sie reichten von Ikonenprozessionen bis zu Straßenfesten mit Feuerspringern und Feuerspeiern. Jahrmärkte und Messen waren mit der Ernte oder Weinlese verbunden.

Über die weltliche Musik im alten Byzanz ist nicht mehr viel bekannt. Man spielte Orgel und Flöte, und manche Darbietungen hatten Gemeinsamkeiten mit einer Oper. Die meisten Schauspiele waren eine Form der Kleinkunst, und zumindest bei ihren Nachbarn standen die Byzantiner in dem Ruf, unanständige erotische Tänze aufzuführen. Der Kirche gelang es nur, an Samstagen und Sonntagen diese dubiosen Belustigungen zu unterbinden.

Kleine Tonmodelle von Tieren und Fahrzeugen, Bälle, Würfel, Puppen aus Wachs, Ton oder Gips, Musikinstrumente und Reifen waren die beliebtesten Kinderspielzeuge.

DIE WELT DES ISLAM

In der Welt des Islam waren die gemeinsame Herkunft, die ausgedehnten Familienbande und die reale oder fiktive Zugehörigkeit zu einem Stamm die Grundlagen der Gesellschaft und kamen gleich hinter der religiösen Identität des Einzelnen. Sie boten Schutz in geschäftlichen Belangen und vor Übergriffen der Regierung. Die Beziehungen innerhalb der Familie basierten auf Bräuchen, die von Ort zu Ort unterschiedlich sein konnten, und auf der Scharia, dem islamischen Gesetz, das überall gleich war. Frauen übten aus dem Hintergrund enormen Einfluss aus und leiteten mit ihrer „Haremsmacht" die Familie und selbst Staatsangelegenheiten.

In der Frühzeit des Islam waren die Moslems äußerlich nicht von den Juden oder Christen zu unterscheiden. Dies änderte sich jedoch rasch. Unter den Moslems selbst gab es klare Unterschiede zwischen der Kleidung der verschiedenen Klassen, Berufe und ethnischen Gruppen. Ab dem 10. Jahrhundert wich die arabische Kleidung bei der politischen und militärischen Elite der meisten moslemischen Staaten dem persischen oder türkischen Kleidungsstil. Arabische Kleidung wurde zur „Uniform" hoher ziviler oder religiöser Würdenträger. Die islamische Gesellschaft war egalitär – die Mittelschicht kopierte stets jene, die sich für etwas Besseres hielten, während diese sich durch das Tragen der neuesten Mode ständig neu definierten.

Trotz der unterschiedlichen Klimabedingungen und architektonischen Traditionen hatten Privathäuser infolge des klar organisierten Familienlebens vieles gemeinsam. Es gab nur wenige Möbel, Räume waren mit Teppichen geschmückt, die Wände waren mit Holz verschalt, mit Stuck verziert, hatten Steineinlagen oder gemalte Muster. Ein anderer Unterschied zum westlichen Europa war die große Liebe zu Gärten. In den Gärten gab es fließendes Wasser und mehr duftende als blühende Blumen. Ein kühler und gut gewässerter Garten galt bei den Persern und Arabern, von denen dieses Ideal übernommen wurde, als Vorgeschmack des Paradieses. Gärten und Blumen waren so wichtig im mittelalterlichen Islam, dass der Persische Dichter Sa'di seine größten Werke „Bustan" (Garten) und „Gulistan" (Rosengarten) nannte.

Das Hamam, das türkische Bad, hatte große Bedeutung im Leben der Moslems. Es war besonders beliebt bei Frauen, die hier viel Zeit damit verbrachten, ihre Freundinnen zu treffen, Neuigkeiten auszutauschen, ihre Haare zu reinigen und ihren Körper sorgfältig enthaaren zu lassen.

Wie so viele Aspekte im Islam war die Kindererziehung von der Religion geregelt. Die Beschneidung eines Knaben feierte die Familie mit allem Luxus, den sie sich leisten konnte. Die religiöse Erziehung begann, sobald das Kleinkind sprechen konnte, jedoch gab es körperliche Züchtigung erst ab dem 7. Lebensjahr. Im Gegensatz zum europäischen Kind hatte das moslemische Kind die selben juristischen Rechte wie ein Erwachsener; ein Klaps, der einen roten Fleck hinterließ, konnte theoretisch dazu führen, dass die Eltern Schadenersatz zahlen mussten, so als hätten sie einen Erwachsenen geschlagen.

Lesen und Schreiben wurde in der lokalen Moschee gelehrt, kostenfrei oder gegen Spenden, die die Familie leisten konnte. Mathematik, Recht, Gramma-

Ein Herrscher und seine Ratgeber im Palastgarten, aus einem westindischen Persisch-Wörterbuch des 15. Jahrhunderts.

tik und andere Fächer wurden in einer Schule gelehrt, die der Moschee der nächsten größeren Stadt angeschlossen war. Lesen zu können war auch für kaufmännische Aufgaben wichtig, vor allem aber eine wichtige soziale Fertigkeit. Mädchen wurden inzwischen von ihren Müttern oder Dienerinnen in Musik unterrichtet. Die Universitätsausbildung basierte auf der „Madrasah", einer speziellen Kollegiatenmoschee, die bis zum späteren Mittelalter in fast allen muslimischen Staaten den Zugang zu höherer Bildung ermöglichte. Sie wurden durch die „waqf", das islamische System der religiösen Schenkungen von Geld, Land oder anderen Zuwendungen, finanziert.

Der Harem – ein Mythos

Die islamische Einstellung zur Sexualität war eine andere als in Westeuropa und entsprach mehr heutigen Vorstellungen. Die Ehe hielt die Gesellschaft fest zusammen und verhinderte, dass sexuelle Begierden ein öffentliches Ärgernis wurden. Sie war jedoch weniger ein religiöser Bund als vielmehr ein bürgerlicher Vertrag. Ein Mann konnte bis zu vier Frauen haben – sofern die erste einverstanden war und er sie erhalten und seinen sexuellen Verpflichtungen allen gegenüber nachkommen konnte. Die erste Ehe arrangierten meist die Eltern, weitere Eheschließungen erfolgten auf freiwilliger Basis, eine Scheidung war alltäglich.

Im Gegensatz zur christlichen Kirche, welche die Sexualität innerhalb der Ehe als biologische Notwendigkeit betrachtete, galt Sexualität im Islam als wichtiger Teil der menschlichen Erfüllung, sodass anerkannte Gelehrte diesem Thema Bücher widmeten wie „Der parfümierte Garten", das Shaykh Nefwazi im späten 15. Jahrhundert in Nordafrika schrieb. Natürlich war mit Sexualität allein keine Sünde verbunden, nur mit Beziehungen außerhalb der akzeptierten Grenzen von Ehe und Konkubinat.

Die arabische Literatur zeichnet ein genaues Bild des weiblichen Schönheitsideals, in dem langes dunkles Haar eine Frau sexuell attraktiv machte. Im Gegensatz zum Schleier, der in der Öffentlichkeit getragen wurde, konnten Frauen in den privaten Gemächern kunstvolle und sehr offenherzige Kleidung tragen. Jedoch durften diese Räume nur die engsten Familienmitglieder betreten und selbst der Ehemann konnte daraus verbannt werden. Kam es zu illegitimen Liebesaffären, so wurde die Sprache der Blumen, der Früchte und andere Zeichen eingesetzt und als geheime Liebespost versendet, ohne etwas aufschreiben zu müssen. Die Homosexualität blühte angesichts der strengen Geschlechtertrennung, war aber streng verboten.

Die Ernährungsgesetze waren im Islam ähnlich wie im Judentum. Welcher Wert auf bestimmte Mahlzeiten gelegt wurde, war klimaabhängig. Das Frühstück war sehr wichtig, während der Hitze des Tages wurden nur leichte Mahlzeiten eingenommen, die Hauptmahlzeit gab es am Abend. Ge-

Abu Zaid verwirrt einen Lehrer, während seine Schüler Notizen machen; Illustration von al-Wasiti, Bagdad, 1237. Dieses Buch mit komischen Geschichten erzählt, wie ein cleverer Schurke die Reichen, Mächtigen und Pompösen austrickst. Man sieht, wie ein Diener eine Art Deckenfächer bedient, um den Klassenraum zu kühlen.

Eine Dienerin frisiert ihre Herrin – eine weitere Darstellung aus dem westindischen Wörterbuch mit seltenen persischen Wörtern aus dem 15. Jahrhundert.
Der Unterschied zwischen der prachtvollen Tunika der Prinzessin und der schlichten Kleidung der Dienerin ist in diesem Bild deutlich zu sehen.

gessen wurde nur mit der rechten Hand, da die linke zur Reinigung intimer Teile des Körpers verwendet wurde.

Aus zahlreich erhaltenen arabischen Kochbüchern aus dem 9. bis 13. Jahrhundert wissen wir, dass die moslemische Elite sich sehr bewusst ernährte, vergleichbar der heutigen „Nouvelle Cuisine“: kleine Portionen, doch die besten und gesündesten Zutaten. Die Rezepte waren schlicht, Gewürze sollten dafür sorgen, dass der Grundgeschmack der Speisen herauskam. Die Zutaten gab es dank der mittelalterlichen „grünen Revolution“ im Mittleren Osten in großer Auswahl, und viele neuenartige Lebensmittel wurden aus Asien importiert.

Gute Köche waren eine gut bezahlte Elite, selbst als Sklaven, und in großen Haushalten hatte der Küchenkomplex eigene Toiletten und Waschräume für das Personal. Im Herd, dem kohlebefeuerten „tannur“, konnte man Brot und Kuchen backen und Reisaufläufe und Schmorgerichte zubereiten. Es gab auch einen offenen Feuerplatz für Töpfe und Pfannen. Fleisch- und Gemüsemesser wurden gewissenhaft getrennt, ein weiteres Zeichen des islamischen Hygienebewusstseins. Arme Leute ohne eigene voll eingerichtete Küchen benutzten öffentliche Backöfen, besonders um größere Festbraten zuzubereiten. Lamm war das feinste Fleisch, Hammel das häufigste, gefolgt von Huhn und Fisch, Rindfleisch gab es nur für die ganz Armen.

Die soziale Elite konnte auch christliche Klöster besuchen – und hier Wein trinken, der eigentlich nur den Christen erlaubt war. Neben den verbreiteten „Sherbets“ aus Fruchtlikören brauten viele Leute Bier und

Ibn Hammani trifft einige Beduinen in der Wüste. Eine Version der Maqamat aus Ägypten, datiert 1334. Auch wenn das Zelt stark stilisiert wurde, sind die Kleidung der Männer und der Nasensack des Pferdes sehr realistisch.

Wein. Illegale Hefen, die mehr als vier Monate fermentierten, enthielten Alkohol und mussten vor dem Trinken gefiltert werden. 1146 wurde Imad al-Din Zangi, der erste erfolgreiche moslemische Führer gegen die Kreuzritter, ermordet, als er betrunken war. Aus Rosinen erzeugte Getränke galten als legal, da sie praktisch alkoholfrei waren.

Vergnügungen und Feiern

Öffentliche Feste waren meist mit religiösen oder politischen Zeremonien verbunden, vom Ende des Fastenmonats Ramadan bis zur Feier von militärischen Siegen. Alljährliche Militärparaden waren beliebte Spektakel in einer Kultur, in der die meisten Armeen aus Berufssoldaten bestanden. Aus Asien eingeführte Schattenspiele ermöglichten dem einfachen Volk, die angeblich Höhergestellten zu verspotten, die ihrerseits an der Jagd die gleiche Freude hatten wie jede andere militärische oder politische Elite. Arabische Bücher über die Falknerei beeinflussten im 13. Jahrhundert ganz Europa.

Der Schritt von der Falknerei und den Jagdhunden zu friedlichen Haustieren war klein. Im Mittleren Osten hatte die Liebe zu Katzen eine lange Tradition, und langhaarige Persianerkatzen verbreiteten sich nach Westen in die Türkei und in den Osten nach China. Einige Herrscher unterhielten Menagerien mit exotischen Tieren, die sie auch fremden Diplomaten oder Herrschern schenkten. Außerdem wurden Geparden als Jagdtiere eingesetzt, während Elefanten in östlichen islamischen Ländern für Kriegsparaden verwendet wurden. Das einfache Volk hielt sich Singvögel und war durch die Religion auch zum Füttern wild lebender Tiere angehalten – die Tauben, die um die Minarette Kairos schwirrten, fanden in bootförmigen Kupferschalen auf vielen Kuppeln Futter vor. Die Kinder der syrischen Stadt Aleppo hielten sich Hamster.

Die Kunst des Tanzes war in der mittelalterlichen Welt der Moslems fast ebenso hoch entwickelt wie in Indien. Frauen tanzten nur im Haren, und ein traditioneller Tanz wie der Vorläufer des Bauchtanzes war nicht unbedingt erotisch. Er wurde von Frauen für Frauen getanzt, um die Fruchtbarkeit zu feiern und als Gymnastik während der Schwangerschaft; allerdings wäre es naiv zu glauben, er sei nicht eingesetzt worden, um einen matten Ehemann oder Liebhaber anzuheizen.

Die islamische Kultur hatte ein fast brutales Verhältnis zum Tod. Leichen wurden aus hygienischen Gründen so schnell wie möglich bestattet. Gräber waren nicht üppig und prahlerisch, sieht man von denen des Propheten und anderer religiöser Führer ab.

Dennoch ließen sich nichtislamische Sitten nicht so leicht umstoßen. In Gegenden unter türkischer Herrschaft waren die Grabmäler einiger Herrscher bisweilen sehr prunkvoll, eine deutliche Anlehnung an heidnische und schamanische Traditionen Zentralasiens. Die Gräber oder Grabhügel seldschukischer Prinzen und Prinzessinnen aus dem 13. Jahrhundert in Erzerum in der Osttürkei beweisen dies. Noch unorthodoxer war die Musikbegleitung bei Begräbnissen durch einige Derwisch-Sekten, obgleich sie charakteristisch für Länder war, wo der Einfluss des Christentums bestehen blieb.

EINE KULTUR VON RANG

義靜三藏於西

Chinas Gesellschaft bestand aus mehreren Schichten, und Ränge existierten selbst bei der bäuerlichen Bevölkerung. Die Armen hatten eine unsichere Existenz und waren oft von Verschuldung bedroht. Sklavinnen, die als Konkubinen lebten, hatten es oft besser – je mehr es in einem Haushalt gab, desto reicher war die Familie, der sie gehörten. Auch die Größe der Familie beeinflusste ihren Besitz, besonders bei den Bauern, wo oft drei Generationen das Land bestellten.

Im 11. Jahrhundert wurde in Korea der erbliche Adel offiziell abgeschafft, jedoch war das Prinzip eines erblichen Status tief verwurzelt. Ihr Dienstadel basierte auf chinesischem Vorbild, das zivile und militärische Elemente verband, doch den Kern der koreanischen Gesellschaft bildeten die freien „Yangmin" – „gute Menschen" –, Bauern, Händler, Handwerker und Soldaten. Wie China war Korea nicht gegen äußerliche Einflüsse isoliert, und Sitten, Sprache, Kleidung, Musik und Tanz wurden im 13. Jahrhundert vom mongolischen Zentralasien beeinflusst.

Bei den Mongolen war der Übergang zwischen den Gesellschaftsschichten fließend, dennoch erstaunte die große Achtung und Loyalität gegenüber den Herrschern westlicher Nachbarn. Eroberte Stämme wurden als Teil des erobernden Volkes anerkannt, obgleich es eine klare „Hackordnung" zwischen diesen Familien, Stämmen und Klans gab. Diese wurde durch einen Farbencode im Namen ausgedrückt: Gold oder Blau rangierten weit oben, Schwarz ganz unten.

Chinesische Kleidung reichte von der schlichten, groben Kleidung der Bauern bis zur reichen, üppigen Kleidung der führenden Elite, die Besucher aus anderen Kulturen überraschte. Die Kleidung kennzeichnete nicht nur den sozialen Status des Trägers, sondern auch sein Alter in einer Gesellschaft, die alten Menschen großen Respekt entge-

Ein türkischer Nomade mit seinem Pferd in einem Gemälde aus Siyah Qalam, spätes 14. bis frühes 15. Jahrhundert. Dies ist eine Studie von einem Künstler, der nicht nur Sinn für Humor hatte, sondern auch das harte Leben der Steppennomaden kannte.

genbrachte. Am einfachsten unterschied man chinesische Kleidung an der Seide und der Webart. Die teuerste chinesische Seide war so empfindlich, dass sie bei Regen oder starker Sonne nicht getragen werden konnte. Die Kleidung in Japan und Korea wurde trotz der eigenen Stile durch importierte chinesische Stoffe stark beeinflusst. In Zentralasien hingegen fanden sich die stärksten Unterschiede. Bei den Mongolen und Türken trugen beide Geschlechter lange, glatte Tuniken, weite Hosen und festes, aber flexibles Schuhwerk. Frauen der Stammesführer hatten bemerkenswerte Festfrisuren aus Rinde, mit Seide überzogen und mit Federn geschmückt. Wollene Winterkleidung war wattiert, dicke Umhänge und gesteppte Hüte schützten vor Regen und Schnee.

Das traditionelle chinesische Haus wurde seit jeher um einen Hof gebaut und hatte im Inneren manchmal einen Blumengarten. Das Hauptwohnhaus war selten höher als zwei Stockwerke und besaß eine Außentreppe, Fensterläden und ein flaches Ziegeldach. In Japan hatte der Garten eine noch größere Bedeutung. Formale Gärten bildeten das Zentrum jedes größeren Hauses, und fließendes Wasser im Garten war eine besondere Kostbarkeit.

Die Häuser bestanden meist aus einem großen Raum mit dünnen Wänden und waren wegen der großen Bodenfeuchtigkeit auf einer Plattform auf Stelzen gebaut. Bewegliche Stoffwände verliehen dem Frauenquartier japanischer Häuser etwas Geheimnisvolles, die ansonsten keine Intimsphäre kannten. Die Schlafstätte bestand nur aus einem Podium mit Vorhängen mitten im Hauptraum.

Im Gegensatz dazu wirkte selbst ein mongolisches Zelt behaglich. Meist bestand es aus einem Überzug aus Filz auf einem hölzernen Rahmen, und im Sommer war nur das Dach bespannt. Die Einrichtung war in zwei Abteilungen aufgeteilt. Der westliche Teil war für Männer und Besucher, die Frauen lebten im östlichen Teil. Ein Herd wurde in der Mitte des Zeltes angebracht, unter dem Rauchabzugloch, und das Familienoberhaupt schlief auf einer Couch hinter diesem Herd. Die Arbeit war streng getrennt nach Geschlechtern. Frauen lenkten Wagen, montierten die Zelte, molken Kühe, machten Butter, reparierten die Kleidung und hüteten die Kinder. Die Männer fertigten die Wagen, die Rahmen der Zelte und das Pferdegeschirr, kümmerten sich um die Pferde, molken die Stuten und jagten.

Bildung im Dienste des Staates

Bildung war in China auf den Staatsdienst ausgerichtet und theoretisch jedermann zugängig. Tatsächlich waren viele Mitglieder der großen Bürokratie talentierte Männer von bescheidener Herkunft. In lokalen Schulen lernten Schüler zuerst Schreiben und studierten dann die Schriften des Konfuzius aus dem 6. Jahrhundert v. Chr. In jeder Schule befand sich kleiner konfuzianischer Tempel. Hochschulen in den größeren Städten ermöglichten den Schülern nach einem ersten Examen weiterführende Studien von klassischen Texten, die bis zum höchsten Grad führten. Das ganze System kreiste um strenge schriftliche Examen, wobei die Konkurrenz so stark war, dass Schreiber die schriftlichen Examensarbeiten kopierten, damit die Prüfer keine Handschriften erkennen konnten. Auf diese Weise wurde Bestechung und Korruption verhindert.

Auch das koreanische Bildungssystem war darauf ausgerichtet, für die Regierung gute Beamte auszubilden. Hier wurde in öffentlich und privat finanzierten Schulen und Akademien Konfuzius, Poesie, Literatur, Mathematik und Medizin unterrichtet. Bereits im 12. Jahrhundert hatten koreanische Privatakademien einen besonders guten Ruf.

Polygamie und eine erdrückende Fürsorge gegenüber Frauen war kennzeichnend für die Beziehung der Geschlechter im alten China und davon ausgehend in Korea und Japan. Auch in der Mongolei war Polygamie und Konkubinat üblich, jedoch waren Kinder aus allen Verbindungen gleichgestellt. Eine Eigenheit der mongolischen Ehe war, dass der

Links oben: Knaben sitzen vor ihrem Lehrer und lernen schreiben. Vietnamesische Malerei des 14. bis 15. Jahrhunderts aus Nam Giang. Eine Schreibarbeit wird offenbar gerade auf Fehler untersucht. Korrekte Kalligraphie war extrem wichtig in der chinesisch orientierten Bürokratie des mittelalterlichen Vietnam.

Links unten: Ländliche Vergnügungen: Knaben lassen einen Drachen steigen, ein Mann und eine Frau reiten auf eine Plattform zu, auf der ein Brettspiel auf sie wartet. Vietnamesische Malerei des 14. bis 15. Jahrhunderts aus Nam Giang. Dieses Bild ist sehr chinesisch, zeigt jedoch auch indochinesische Einflüsse.

Sohn die Frauen des Vaters übernahm, mit Ausnahme natürlich der eigenen Mutter. Dies war bei vielen Altai-Völkern üblich und sicherte das Überleben der Frauen und Kinder in ihrer rauen Lebenswelt. In Tibet gab es wiederum andere Formen, hier war sowohl Polygamie als auch Polyandrie möglich.

China gilt oft als das Land mit der ältesten überlieferten Kochtradition. Die ältesten chinesischen Kochbücher stammen aus der südlichen Sung-Periode (1125–1279). Nur wenige Menschen aßen Fleisch, da es sich nur schlecht aufbewahren ließ. In Südchina waren die Hauptnahrungsmittel Reis, Fisch und Gemüse. Das Universalgetränk seit dem frühen Mittelalter war Tee, zum Teil deshalb, weil man ihm heilende Fähigkeiten nachsagte. Gleichzeitig hatten die Reichen eine Vorliebe für besondere Delikatessen. Öffentliche Restaurants gab es in jeder Stadt und die Speisenfolgen waren unterschiedlich. In Schenken gab es alkoholische Getränke. Die ärmeren Leute mussten sich jedoch meist mit Bohnensuppe und Schellfisch in öffentlichen Garküchen, die am Straßenrand aufgestellt wurden, zufrieden geben. Das wenige, was über die mittelalterlichen Essgewohnheiten der Mongolen weit im Westen bekannt wurde, weist darauf hin, dass sie praktisch alles aßen, was sie bekommen konnten, und zur Trunksucht neigten.

Das durchstrukturierte und fast schon stilisierte chinesische Gesellschaftsideal manifestierte sich in verschiedenen Formen der Unterhaltung. Zum Beispiel blühte das Theater. Es gab kein Bühnenbild, die Schauspieler mussten mimisch eine bestimmte Umgebung andeuten, während ihr Make-up und ihre kunstvollen Kostüme ihren Charakter festlegten. Die Stücke verbanden spannende Handlung mit großem Humor. Das japanische Theater beschrieb vor allem das dramatische Leben der Samurai.

Öffentliche Feste waren überall ein Grund zur allgemeinen Belustigung. Wohlhabende Familien holten sich Jongleure, Akrobaten, Tänzer und Fechtkämpfer zur Unterhaltung ins Haus. Beliebt war „Liu-po", das Kreiseln von Tellern und Tassen auf Stäben. Das Glücksspiel war eine weitere Leidenschaft der Chinesen. Der Venezianer Marco Polo, der China im 13. Jahrhundert bereiste, war erstaunt, dass Goldfische in China als Haustiere gehalten wurden, während in Japan ein noch viel größerer Kult mit Zierfischen betrieben wurde.

Der Bezug zum Tod basierte auf den Ideen des Konfuzius. Die Rolle der Familie und die Verehrung der Alten und Vorfahren war für Chinesen so wichtig, dass die Angst, weit weg von zu Hause begraben zu werden, zu großen Schwierigkeiten bei der Rekrutierung von Soldaten führte. Die Mongolen wiederum waren dem Schamanismus verhaftet. Beim Begräbnis eines militärischen Führers, wie zum Beispiel Dschingis Khans im Jahre 1227, wurden Pferde und sogar Gefolge geopfert und mit ihm begraben.

INDIEN UND SÜDOSTASIEN – DIE WELT DER KASTEN

Die traditionelle indische Gesellschaft basierte auf dem Hindu-Kastensystem, in dem Religion und Gesellschaftsordnung ein Ideal widerspiegelten, in dem sich jedes Individuum gemäß der Regen verhielt, die für seine Kaste Rang, Verhalten und wirtschaftliche Rolle festlegten. Wechsel fanden nur durch die Reinkarnation der Seele statt und ergaben sich aus dem Vorleben.

Während der Chola-Dynastie, die vom späten 10. bis zum frühen 13. Jahrhundert in Südindien herrschte, war das Hindu-Kastensystem weniger starr, und so stiegen erfolgreiche Banditenführer bis in die Kriegerkaste Kshatriya auf. Andere Varianten gab es in Südostasien, wo sich der Hinduismus durchgesetzt hatte. In Indonesien zum Beispiel konnten Individuen oder Dörfer als Kshatriya oder Priyayi (edel) eingestuft werden, und nur sie durften bestimmte Berufe ausüben.

Die Sozialstruktur der Khmer, die in Kambodscha die kuliverteste indisch geprägte Kultur Indochinas entwickelten, war

nur oberflächlich in Kasten eingeteilt und war in Wahrheit ein tief sitzendes Klassensystem. Der Adel der Khmer besaß viele Sklaven, unter ihnen viele Angehörige hoch verschuldeter Familien.

Nordvietnam gehörte zum chinesischen Kulturkreis, der Süden war stärker indisch beeinflusst. Weiter östlich auf den Philippinen lebten die meisten Menschen isoliert vom Rest der Welt. Burma und Malaysia lagen im Einflussgebiet des Buddhismus und Hinduismus, bis im 14. und 15. Jahrhundert der Islam in Malaysia aufkam. Viele Ureinwohner waren alten sozialen Mustern verhaftet, in denen ein älterer Mann oder eine Vaterfigur das Familienoberhaupt bildete. Felder, Wälder und Gewässer waren größtenteils in gemeinsamen Familienbesitz. Manche Völker wie der Stamm der Negri Sembilan hatten eine matrilineale Familienstruktur, wie sie auch in Sumatra, Südvietnam, Melanesien und in einigen Teilen Indiens vorkam.

Auch die Bekleidung in Südostasien unterlag vielen kulturellen Einflüssen. Das einfache Volk trug oft nicht mehr als einen Lendenschurz. Der Adel der Khmer trug aus China importierte Seide, hatte komplizierte Frisuren und kostbare Parfums.

Die Bauweise von Wohnhäusern widersetzte sich äußeren Einflüssen. Die Bauernhäuser der Khmer waren aus Holz, standen zum Schutz vor Nässe und nächtlichen Besuchen aus dem Tierreich auf Stelzen und waren mit Palmblättern gedeckt. Die Häuser des Adels waren ebenfalls aus Holz, jedoch mit Ziegeln gedeckt und mit chinesischen Teppichen ausgelegt. Körperpflege war bei allen Klassen der Khmer gleichermaßen ein Gemeinschaftsvergnügen wie eine Frage der Hygiene. Fremde waren oft schockiert von der Art, in der Männer und Frauen gemeinsam badeten.

Indien hatte ein archaisches Bildungssystem. Die Ausbildung der Hindus basierte auf den Veden oder religiösen Texten, und theoretisch verfügten alle drei Elitekasten über Grundkenntnisse der Veden. Das meiste Wissen auf diesem Gebiet hatten die Brahmanen. Studenten lebten bei ihrem Lehrer, und ihr gesamter Tagesablauf war streng geregelt, bis sie selbst Priester wurden. Im Mittelalter fand ein großer Teil dieser Ausbildung bereits in Klöstern statt. Zu den praktischen Dingen, die die Elite lernte, gehörte Phonetik, kultisches Verhalten, Grammatik, Astronomie, militärische Fähigkeiten und die Verwendung von Giften. Frauen der oberen Kasten erhielten ebenfalls eine religiöse Unterweisung, lernten aber vor allem künstlerische Techniken.

Außereheliche Beziehungen

Außenstehende waren schockiert über die sexuellen Sitten in Indien und Südostasien. Bei den Khmer durften Mädchen voreheliche Erfahrungen sammeln und verheiratete Frauen durften außereheliche Beziehungen pflegen, wenn der Ehemann länger aus dem Hause war, besonders in Kriegszeiten. Für die Khmer war die sexuelle Vereinigung sowohl ein spiritueller Akt als auch ein Mittel zur Fortpflanzung. Einige dieser Bräuche überlebten den Aufstieg des Islam in Malaysia, so die Form der hinduistischen Hochzeit mit der ritualisierten Brautentführung.

Die Küche in Südostasien war eine Mischung lokaler Tradition und indisch-chinesischer Einflüsse. Die Aristokratie der Khmer aß von goldenen und silbernen Tellern, die Landbevölkerung aß mit Tassen oder Kellen aus Palmblättern. Die Kost des einfachen Volkes war gesund und bestand aus Reis, Fisch, einer Vielfalt von Gemüsesorten und Früchten sowie Schweinefleisch oder Wild bei besonderen Anlässen. Aus Honig, Zuckerrohr und Reis wurden alkoholische Getränke gebraut.

Die Leidenschaft für Glücksspiel und Hahnenkämpfe war wie bei den Chinesen sehr beliebt, dazu kam noch der Fischkampf. Bei den benachbarten Khmer wurden Elefanten- und Schweinekämpfe ausgetragen. Männer maßen sich in Boxkämpfen, beim Ringen, Bogenschießen und einer Art Polo.

Oben: Auf diesem kambodschanischen Relief aus dem 13. Jahrhundert beobachtet eine Gruppe von Männern einen Hahnenkampf. Viele dieser Schnitzereien schmückten buddhistische Tempel der Khmer.

Gegenüber: Die Geburt von Jaina aus einem zentralindischen Manuskript des 15. Jahrhunderts aus Madyha Pradesh. Eine der Figuren trägt ein zweischneidiges Schwert, wie man es in mehreren Arten der südindischen Kunst findet.

2 DIE KÜNSTE

Gelehrte der italienischen Renaissance prägten den Begriff des „Mittelalters“ für den Zeitraum zwischen der klassischen griechisch-römischen Kunst und ihrer eigenen Wiederentdeckung klassischer Kunst im 14. und 15. Jahrhundert. Der name „Mittelalter“ sollte suggerieren, dass die Kunst dieser Zeit minderwertig war. Ein flüchtiger Blick auf die mittelalterliche Kunst zeigt uns, wie Unrecht sie hatten. In anderen Teilen der Welt waren die Jahrhunderte des Mittelalters für die Kunst ein goldenes Zeitalter.

DAS GOLDENE ZEITALTER DER RELIGIÖSEN KUNST

Im Mittelalter war die Kirche der wichtigste Patron der Künstler und Kunsthandwerker, und in manchen abgelegenen Gebieten steigerte das ihre Bedeutung. Zur selben Zeit hatten ab dem 11. Jahrhundert einige Randzonen Europas wie zum Beispiel Irland und Skandinavien nicht mehr die gleiche kulturelle Bedeutung wie zuvor. Doch war die Kirche nicht der einzige Förderer von Kunst und Musik. Der Kult der höfischen Liebe, die im 12. und 13. Jahrhundert ihre Hochblüte erlebte, der größere Reichtum der aristokratischen Elite und die anwachsende kaufmännische Mittelschicht bildeten weitere Auftraggeber für weltliche und religiöse Kunst.

Die Frührenaissance im Italien des 14. und 15. Jahrhunderts schuf ein besonders vielfältiges Mäzenatentum, da rivalisierende Herrscher um die besten Künstler und Kunsthandwerker wetteiferten. Selbst minderwertigere Künstler fanden leicht Arbeit und verbreiteten die Ideen der Renaissancekunst weit stärker als ihre berühmten Landsleute. Im Italien des 15. Jahrhunderts kamen die Mäzene aus verschiedensten Schichten. Einige der begeistertsten Förderer waren Berufssoldaten, die die soziale Leiter als „Condottiere" oder Söldnerführer erklommen hatten.

Federigo da Montefeltre (1422–1482), ein ehemaliger Berufssoldat, wurde Herzog von Urbino und machte Urbino für einige Zeit zum bedeutendsten europäischen Zentrum der Kunst, Literatur, Wissenschaft und Philosophie. Von dieser Blüte der Gotik und Renaissance blieb das einfache Volk unberührt, wenn nicht seine Ortskirche eine neue Heiligenfigur oder ein neues Fresko erhielt.

Der Status der Künstler änderte sich jahrelang nicht, auch im Italien der Renaissance wollten die Herrscher die Künstler „besitzen". In den meisten Ländern wurden Künstler als Kunsthandwerker betrachtet und als Diener eingestellt. Als Zeichen der Zugehörigkeit mussten viele die Uniform oder die Livree des Hauses tragen. Dennoch hatten gegen Ende des Mittelalters viele Künstler hohes Ansehen erlangt und ein eigenes Vermögen angehäuft.

Am stärksten veränderte sich zwischen dem 11. und 15. Jahrhundert das Thema der bildenden Künstler, Dichter und Kunsthandwerker. Im 12. Jahrhundert waren die meisten Themen religiös; mit dem Kult der höfischen Liebe jedoch verschob sich das Schwergewicht auf heldenhafte Abenteuer, wie sie seit der finsteren Zeit (6. bis 8. Jahrhundert) nicht mehr vorgekommen waren, und es entstanden neue romantische Ideale. All das hatte großen Einfluss auf die Kunst. In Buchillustrationen, Wandmalereien und Tapisserien genauso wie bei Schmuck und anderen verzierten Luxusgegenständen zeigte sich die Blütezeit einer Kultur, die als die Renaissance des 12. Jahrhunderts bezeichnet wurde. Ein neues Interesse am Individuum, das bereits in der Gotik eingesetzt hatte, setzte sich im Italien der Renaissance fort und brachte das Ideal des absoluten Realismus mit sich, ohne Angst vor Götzenverehrung.

Ein anderes Charakteristikum der mittelalterlichen Kunst war die Idealisierung der antiken römischen Vergangenheit. Gelehrte stellten die klassischen Ideen über alles andere, einfach weil sie römisch waren, und so kopierten die Künstler antike Motive und selbst ganze Kompositionen in dem Glauben, die Antike habe auf alles eine Antwort.

In anderen Teilen Europas blühte die gotische Kunst bis weit in das 15. Jahrhundert

Gegenüber: Eine Dame malt ein Bild von der Jungfrau und ihrem Kind, während ihre Dienerin die Farben zum Malen mahlt – eine Illustration des 15. Jahrhunderts zur Geschichte der Thamyris aus Boccaccios „Decamerone".

Unten: In diesem italienischen Manuskript werden verschiedene Arten von Farben gezeigt, die Künstler im Mittelalter und der Renaissance verwendeten. Alle Pigmente wurden aus Pflanzen, Tieren oder zerstoßenen Mineralien hergestellt.

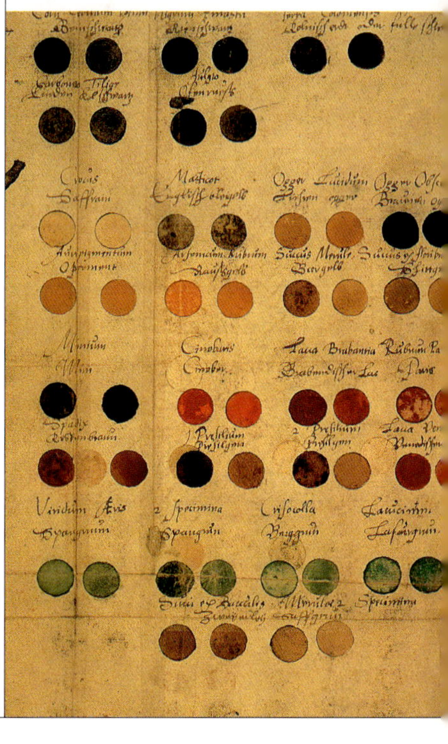

Notation und Motetten der Messe in einem Musikbuch für die Königliche Kapelle zur Zeit Heinrichs V., um 1420. Zu dieser Zeit war die Notenschrift bereits fast die gleiche wie heute.

hinein immer verschnörkelter. Zu Ende des Mittelalters schwappte die Renaissance über die Grenzen Italiens hinaus, und praktisch alle neuen Entwicklungen der Renaissance nördlich der Alpen geht auf italienische Einflüsse zurück, auch wenn sie bisweilen eine andere Richtung nahmen.

Charakteristisch für die mittelalterliche Kunst war ein einheitlicher Stil in allen Kunstgattungen. Großplastiken und Kleinkunst, Emaille- und Textilarbeiten, Miniaturen der Buchmalerei oder monumentale Wandmalereien – Figuren wurden überall gleich aufgebaut und gebildet.

Schließlich entstand in Italien mit der Erfindung des tragbaren Ölbildes auf Leinen ein technischer Kompromiss zwischen groß- und kleinformatiger Kunst, der die klobigen bemalten Holzpaneele ablöste. Diese Erfindung soll um 1500 in Venedig gemacht worden sein – vielleicht als Ergebnis der venetianischen Vertrautheit mit asiatischer Malerei auf Seite und Baumwolle.

Die Geburt der westlichen Musik

Musik hatte im Mittelalter hohes Ansehen und galt sowohl als Wissenschaft als auch als Kunst. Auch hier war die Kirche der größte Gönner und Auftraggeber.

Kirchengesang entstand aus dem jüdischen Gesang, war jedoch auch von griechischen Musiktheorien beeinflusst. Die einstimmigen gregorianischen Gesänge ohne Musikbegleitung dominierten die ersten Jahrhunderte, bis Guido von Arezzo (etwa 990–1050) die Notenlinien erfand, wie sie auch heute noch verwendet werden.

Im nächsten Jahrhundert kamen die meisten Neuerungen aus Paris. Minnesänger erlangten großes Ansehen, da sie den wichtigsten Kanal lieferten, über den sich die Ideale der höfischen Liebe in der Ritterschaft bei reichen Kaufleuten der westlichen Christenheit verbreiteten. Ihre Musik veränderte sich im Laufe der Jahre, als die Laute und die Viola aus dem Osten aufkamen.

Die besten Lieder waren mehrdeutig. Hildegard von Bingen verfasste in ihrem „Liber Divinorum Operum" um 1160 Verse der christlichen Mystik, die der Kirche Sorgen machten, da sie große Ähnlichkeit mit islamischer Mystik hatten. Gleichzeitig fanden die Minnesänger Unterstützung durch viele reisende Bänkelsänger, die ähnliche, doch oft viel rauere Lieder für das einfache Volk spielten.

Musikinstrumente entwickelten sich parallel in mehreren Regionen. Die Lyra, die Harfe und die Zither waren im frühen Mittelalter die gebräuchlichsten Instrumente für weltliche Musik. Aus der Zither entwickelte sich auch der Psalter, und wenn er nicht gezupft, sondern mit Stäben geschlagen wurde, wurde er zum Dulcimer – so kam er im 15. Jahrhundert aus Byzanz in den Westen. Die tragbare Orgel mit Blasebalg wurde bereits im 10. Jahrhundert aus Byzanz eingeführt und zur großen Kirchenorgel entwickelt.

Neue Instrumente aus der moslemischen Welt kamen im 12. und 13. Jahrhundert über Spanien oder durch die Kreuzzüge in den Westen. Es waren vor allem Zupf- und Streichinstrumente wie zum Beispiel die Laute – nach dem arabischen „al-oud" – und ihre kurzhalsige nordeuropäische Version, die „Mandora" oder „Gittern". Gleichzeitig entwickelte sich die moderne Gitarre aus ähnlichen Wurzeln in Spanien und Italien, ebenso wie die frühe Form der gezupften und nicht gestrichenen Viola.

Das Streichen der Saiteninstrumente kam ebenfalls aus dem Osten, wahrscheinlich aus China und Zentralasien. Die heutige moderne Viola entwickelte sich hingegen nicht aus dem frühen Instrument gleichen Namens, sondern entstand unabhängig davon im 15. Jahrhundert in Spanien.

Holzblasinstrumente und Trommeln hatten ähnlich unterschiedliche Wurzeln. Blechblasinstrumente kamen erst gegen Ende des Mittelalters auf.

Im Zeitalter der Troubadoure, im 12. und 13. Jahrhundert, kam eine neu entwickelte Musik auf, die „Ars nova". Die moderne westliche Musik dagegen hat ihren Ursprung in der Renaissancemusik des 15. Jahrhunderts. Neue Formen der Musik entstanden, darunter etwas wie komische „Operetten". Die älteste erhaltene war die Geschichte von Robin Hood und Maid Marian, die in Süditalien um 1285 aufgeführt wurde. Bis zum 15. Jahrhundert hatte sich diese Form der Unterhaltung weiterentwickelt und wurde für den Adel inszeniert. Das einache Volk bewahrte durch die Jahrhunderte seine eigene einfachere Musik, die allerdings Einflüsse aus der Feudalmusik aufgriff, sie enthielt Chor- und Wechselgesang, bei dem ein Sänger begann und die anderen allmählich einfielen. Viele dieser Lieder drehten sich um das Kommen des Frühlings oder die Schönheit der Natur.

Die Herrschaft des Lateinischen

Der Einfluss der Religion auf die Literatur war auf überraschende Weise spürbar. Die Existenz der vielen verschiedenen Sprachen galt seit dem Turmbau zu Babel als Strafe Gottes. So war Latein nicht nur die Sprache des Klerus und der Gelehrten, sondern auch die einzige Sprache, die die Völker der westlichen Christenheit einte.

Überdies glaubte man, der Gebrauch einer einzigen Sprache beschleunige die Ankunft des Reichs Gottes auf Erden. Innerhalb des babylonischen Sprachgewirrs gab es eine klare Hackordnung: Französisch war die Sprache des Adels. Selbst im 15. Jahrhundert blieb es die wahre Sprache der Ritterlichkeit, während die herrschenden Klassen in Italien, Deutschland oder England es im täglichen Leben nicht mehr verwendeten.

Ein junger Chorist singt und ein Mönch spielt Orgel, während ein Diener den Blasebalg bedient. Diese Darstellung auf einem irdenen Teller des 15. Jahrhunderts ist ein typisches Beispiel mittelalterlichen Humors: Auch der Hund rechts singt.

Einige Sprachen wurden aus kulturellen, religiösen oder politischen Gründen verfolgt. Die Kelten litten darunter, und als Folge verkümmerte die gälische Literatur des schottischen Hochlandes im 12. Jahrhundert. Doch hatte das schottisch-irische Gälisch seinerseits einige Jahrhunderte zuvor den antiken Dialekt der Pikten verdrängt.

Während die Sprachen aufstiegen oder ausstarben, entstanden im Mittelalter die meisten Geschichten der europäischen Literatur, und fast jedes Land hat aus dieser Zeit seine eigenen Volkshelden. Einige waren Ritter, die für ihren König oder Gott kämpften. Andere wie Robin Hood waren

Außenseiter, die die schwachen Bauern gegen korrupte und skrupellose Adlige verteidigten.

Zur selben Zeit waren die Europäer fasziniert von ihren heidnischen Nachbarn und Rivalen. Mit gemischten Gefühlen betrachtete zum Beispiel die ritterliche Elite des 12. und 13. Jahrhunderts ihre sarazenischen Gegner. In den „Chansons de geste", zum Beispiel in der schönen Liebesgeschichte „Aucassin et Nicolette" aus dem späten 12. Jahrhundert, wurden muslimische Soldaten als Ritter beschrieben, genauso mutig und edel wie die europäischen, jedoch mussten sie bekämpft werden, denn sie waren keine Christen. Minnesänger, die diese Lieder sangen, bauten sorgfältig Details über Wappen, Pferde und Waffen ein, die ihres ritterlichen Besitzers Stolz und Freude waren.

Andere Geschichten beschreiben das Gefühl der Verpflichtung des Adels gegenüber den Bauern und sogar die Furcht, die der Landadel angesichts der Masse sich plagender Bauern verspürte, die so etwas wie die Kraft der Natur selbst verkörperten. Dies wurde nirgends besser beschrieben als in der Geschichte „Sir Gawain und der Grüne Ritter", deren älteste englische Fassung 1386 entstand und die ein Teil der Epen um König Artus und die Ritter seiner Tafelrunde bildet. Der Grüne Ritter erweist sich als unsterblich und kehrt wie das Leben selbst nach einem öden Winter zurück, um sich an Gawain zu rächen. Doch die übermächtige Bedeutung der Ehre in diesen Geschichten sorgt dafür, dass Gawain überlebt, da selbst der primitive Grüne Ritter oder Grüne Mann den Wert des jungen Ritters erkennt und ihn verschont.

Während der italienischen Renaissance änderte sich die Literatur fundamental. Es war nun die Faszination und die Idealisierung alles Lateinischen und Griechischen, die die Literatur prägte. Der Adel machte sich über die gotische Dichtung lustig. Paradoxerweise nahm gleichzeitig der Einfluss der lokalen Sprachen in der Literatur vor allem in Italien ständig zu, wo Dichter wie der Florentiner Dante Alighieri (1265–1321) italienische Dialekte aus dem Schatten des Lateinischen herausholten und den „Stile nuovo" ins Leben riefen.

Das geschnitzte Portal der hölzernen Stabkirche aus dem 12. Jahrhundert in Hylestad in Setesdal zeigt Sigurd, der den Drachen tötet. Viele der frühen skandinavischen Kirchen waren mit Themen der heidnischen Wikingermythologie geschmückt. Hier ist der Held wie ein Ritter aus Frankreich bewaffnet.

Diese flämische oder französische Tapisserie des 15. Jahrhunderts zeigt eine Dame und ihre Dienerin zwischen dem Löwen und dem Einhorn. Dieses Beispiel für die luxuriösen Gewebe, die adlige Paläste schmückten, zeugt von der Faszination, die ritterliche Themen für die spätmittelalterliche Aristokratie besaßen.

BYZANTINISCHE KUNST – DIE FRUCHTBARE QUELLE

Die byzantinische Kunst wurde von religiösen Themen beherrscht. Die weltliche Kunst erstreckte sich auf Textilien, Geschmeide, Keramik, kunstgewerbliche Metallarbeiten und luxuriöse Einrichtungsgegenstände der oberen Klassen. Obgleich zutiefst christlich, wurzelte byzantinische Kunst in den frühen Kulturen des östlichen Mittelmeerraumes und Persiens und setzte griechisch-römische Elemente recht selbstbewusst ein, wie um zu bekräftigen, dass das Byzantinische Reich der Nachfahre des alten Rom war. Dennoch wurde die byzantinische religiöse Kunst die wichtigste Inspirationsquelle der religiösen Kunst im Westeuropa des Mittelalters bis zur Renaissance. Gleichzeitig griff die byzantinische Kleinkunst mit fortschreitendem Mittelalter Ideen aus einer immer größeren Vielfalt von Quellen auf.

Den größten Einfluss übte die byzantinische Kunst auf die orthodoxen und christlichen Kulturen der Ostkirche im Balkan und im Kaukasus aus. Jedoch hatte auch die georgische und armenische Kunst Einfluss auf byzantinische Künstler. Die größte und wichtigste Kolonie der byzantinischen Kunst war Russland, das 988 zumindest offiziell zum orthodoxen Christentum konvertiert war. Seine Kunst, Kunsthandwerk und Architektur waren direkt von der byzantinischen Welt inspiriert, obgleich sie den eigenen Bedürfnissen und klimatischen Bedingungen angepasst wurden.

Zur selben Zeit blühte die russische Volkskunst weiter und nahm großen Einfluss auf die ansonsten byzantinischen Künste, die von der herrschenden Elite und der russisch-orthodoxen Kirche gefördert wurden. Auch andere Einflüsse kamen in Russland zum Tragen, wenngleich vor allem in der weltlichen Kunst – solche aus Skandinaven und Deutschland im Norden und solche der türkisch-mongolischen Steppenvölker im Süden.

Die Großplastik spielte in den orthodoxen Ländern keine Rolle und die Steinbearbeitung war fast völlig auf dekorative Muster beschränkt. Weltliche und religiöse Szenen wurden aber auf Kirchentüren in Georgien und Armenien dargestellt (wie in der Kirche von Aght'Amar am Vansee), und das Auftauchen von ähnlichen Schnitzereien auf einigen russischen Kirchen des 12. Jahrhunderts beschäftigt die Kunsthistoriker sehr.

Waren diese Kirchen aus dem fernen Kaukasus beeinflusst oder gab es mehr byzantinische Schnitzerei, als man bisher glaubt?

Figürliche Abbildungen kennt man vor allem aus der Buchmalerei, von Mosaiken und Wandmalereien. Diese lebhafte Kunst hatte ungeheure Auswirkungen auf die benachbarten christlichen Kulturen. Georgische und russische Kirchen waren innen bisweilen vollständig mit christlichen Szenen ausgemalt. Im heutigen Rumänien, besonders in der Provinz, ging dies gegen Ende des Mittelalters auch auf die Außenmauern der Kirchen über.

Vom 12. bis zum 15. Jahrhundert, während der letzten Phase des Reichs, erlebte Byzanz seine eigene Renaissance, sowohl in der Kleinkunst als auch in größeren Arbeiten; byzantinische Keramiken allerdings erreichten nie das Niveau des muslimischen Mittleren Ostens und noch viel weniger die Geschicklichkeit fernöstlicher Töpfer. Doch byzantinische Elfenbeinarbeiten konnten sich überall in der Welt sehen lassen, und Kunsthandwerker des Ostreichs brillierten auf verschiedenen Gebieten; Georgien etwa wurde für seine Cloisonné-Emailarbeiten berühmt.

Musik und Literatur der orthodoxen Welt

Viel von der mittelalterlichen westlichen Musik stammt direkt aus der byzantinischen Welt. Hier verwendeten Musiker verschiedene griechisch-römische Instrumente sowie erst kürzlich übernommene aus dem Mittleren Osten. Der moslemische Einfluss war auf dem Gebiet der Streichinstrumente sehr groß. Viele der orthodoxen Kirchengesänge im Achttonsystem, die bis heute verwendet werden, überlebten fast unverändert seit dem Mittelalter. Die weltliche Musik basierte auf einem komplizierteren Sechzehntonsystem, das vielleicht von der besonders komplexen Musik der muslimischen Welt inspiriert war.

Die meisten orthodoxen Länder bauten ihre „Kunstmusik“ auf der byzantinischen auf, nur Russland hatte seine eigene Tradition. Dies galt auch für Georgien, das bis heute eine unglaublich alte Tradition des polyphonen Gesangs hat. Im Kaukasus war die weltliche Musik besonders vielfältig. Sie verwendete Zimbeln, Lauten, Becken, Flöten, Panflöten und Sackpfeifen in einer bemerkenswerten Synthese aus alten regionalen Traditionen und neueren byzantinischen, per-sischen, arabischen und türkischen Einflüssen.

Literatur war der vom Selbstverständnis her der „klassischste“ Teil der byzantinischen Kultur, jedoch ist kaum weltliches Schrifttum überliefert. Heroische Epen wurden zum Rezitieren verfasst, vielleicht vom Dichter selbst. Eines der bekanntesten ist das „Epos des Digenes Akritas“, das im 11. Jahrhundert an der syrischen Grenze entstand. Einige Herrscher beauftragten eigene Pane-

Gegenüber: Die tiefe Spiritualität des mittelalterlichen russischen Christentums tritt in diesem Christusbild auf einer russischen Ikone des frühen 14. Jahrhunderts deutlich hervor. An Stelle realistischer Züge machen hier plastische Qualitäten die Kraft dieses Christuskopfes aus.

Unten: Russische Ikone des 14./15. Jahrhunderts mit dem hl. Johannes auf Patmos aus dem Dreifaltigkeitskloster in Sergiev. Russische religiöse Kunst entstand aus dem spätbyzantinischen Stil, wurde jedoch gefühlsbetonter und unrealistischer.

Diese byzantinische goldemaillierte Ikone des späten 12. Jahrhunderts mit dem Erzengel Michael gelangte beim vierten Kreuzzug als Beute nach Venedig. Der Reichtum und die verfeinerte Kultur von Byzanz wirkten wie ein Schock auf die rauen westlichen Kreuzritter und weckten ihre Gier und ihren Neid.

gyriker damit, ihr Loblied zu singen, während andere Dichter Satiren über die Staatsbeamten schrieben. Die Dichtung des einfachen Volkes war humorvoll und stark von Erzählungen des Mittleren Ostens wie den „Geschichten aus tausendundeiner Nacht" beeinflusst.

Orthodox-katholischer Schriftenstreit

Wie in Westeuropa wurden Sprache, Schrift und Literatur als mächtige Waffe zwischen rivalisierenden Kulturen benutzt. Zwei slawische Schriften, die kyrillische Schrift und die Glagoliza, wurden im frühen Mittelalter entwickelt, und sie wurden in den Streit der orthodoxen mit der katholischen Kirche um die Vorherrschaft auf dem Balkan verwickelt. Von Anfang an benutzte die russisch-orthodoxe Kirche eine slawische Sprache und nicht Griechisch, das wie das Latein der Westkirche für die Masse der Gläubigen unverständlich war. Darüber hinaus basierte die geschriebene Version der fraglichen Sprache auf dem Südbulgarischen und blieb so immer den meisten Russen verschlossen, selbst wenn es vorgelesen wurde.

Anders war die Situation in Georgien und Armenien. Georgien war fest in die alte persische literarische Tradition eingebunden, und auch nach seiner Konvertierung zum Christentum hatte seine weltliche Literatur mehr mit dem persisch-islamischen Kulturkreis gemeinsam als mit dem byzantinisch-griechischen. Diese Tradition zeigt sich am besten am Nationalepos Georgiens, „Der Mann im Tigerfell" (um 1200), der georgischen Version des bekannteren und rund 200 Jahre älteren persischen „Shâah-nâme".

Ein großer Teil der orientalischen Literatur wurde im Mittelalter ins Georgische übersetzt, so auch die Geschichte von „Barlaam und Josaphat". Sie enthält eine Geschichte von Buddha und kam über die manichäischen Türken Zentralasiens und die Araber des Irak in den Kaukasus. Sie wanderte in den Westen weiter, wo sie starken Einfluss auf verschiedene Häretiker wie die Albigenser in Südfrankreich gehabt haben soll.

Diese Periode der kulturellen Herrlichkeit war nur kurzlebig und ging mit der Invasion der Mongolen im 13. Jahrhundert zugrunde.

Überlieferte Versionen des armenischen Nationalepos „David von Sassoun" entstanden sehr spät und wurden stark von der türkischen Literatur beeinflusst. Die orthodoxe Kunst erschien manchmal als nicht so vielfältig wie die westliche Kunst, jedoch war das nicht wirklich so. Während die religiöse Kunst sehr einheitlich war, war die weltliche Kunst, Musik und Literatur doch sehr vielfältig.

DIE GEBURT DER ISLAMISCHEN KUNST

Die Rolle der Kunst und der Künstler war in der moslemischen Welt anders als in West- oder Osteuropa. Der Ikonoklasmus, die tief sitzende Ablehnung von figürlichen religiösen Bildern, die die Christenheit im frühen Mittelalter aufgewühlt hatte, ist ein typisches Merkmal der islamischen Kunst. Doch war die Furcht der Moslems vor realistischen Darstellungen aus Angst vor Idiolatrie nicht so groß, wie man oft annimmt. Es gab eine Fülle figürlicher weltlicher Kunst, sogar Freiplastiken, und in einigen unorthodoxen Gegenden der muslimischen Welt war eine kleine Zahl realistischer religiöser Abbildungen durchaus üblich.

Dennoch entwickelte die religiöse Kunst ein vielfältiges Repertoire von dekorativen Motiven, die aus abstrakten Mustern oder Pflanzenmotiven bestanden. Ebenso wurde die arabische Schrift oft als Muster so stark stilisiert, dass es fast unmöglich war, sie zu lesen. Dieses große Repertoire von dekorativen Motiven wurde in Büchern genauso verwendet wie in den Kuppeln der Moscheen. Weltliche Auftraggeber bestellten illustrierte Bücher mit heroischen oder humorvollen Geschichten, kunstvoll geschnitzte Elfenbeintäfelchen, riesige Holztore mit Szenen des höfischen Lebens und viele Formen von Keramik-, Glas- und Metallarbeiten, auf denen kleine menschliche Figuren zwischen der üppigen florealen oder abstrakten Dekoration fast verloren wirkten.

Wie die Kunst aller Kulturen entwickelte sich die islamische Kunst im Laufe der Jahrhunderte und spiegelte den Geschmack der neuen politischen und militärischen Elite wider. Die Seldschuken, die die meisten moslemischen Länder vom 11. bis 13. Jahrhundert regierten, brachten eine Vorliebe für Darstellungen des Menschen in der Skulptur mit, die noch aus ihrer vorislamischen Zeit stammte. Als Folge davon hielten Menschen, Tiere und Fabelwesen in die Bauplastik auch einiger religiöser Bauten Einzug. Im Gegensatz zu der Ansicht, es gebe in der islamischen Kunst keine realistische

Lüsterkacheln des 13. Jahrhunderts aus Mashad, Iran. Die Technik der Glanzglasur oder Lüstrierung wurde im frühen Mittelalter im muslimischen Irak oder in Ägypten erfunden.

فقال أيم الله للحق أحق أن يتبع وللصدق حقيق بأن يستمع إنه يا قوم لينبئكم ملء اليوم قال فكان الجماعة
ارتابت بعزوته وأبت تصديق دعوته فتوجس ما هجس في أفكارهم وفطن لما بطن من استنكارهم
بعض الظن إثم ثم قال يا رواة القريض وأساة القول المريض إن خلاصة الجوهر
الشك وقد قيل فيما غبر من الزمان عند الامتحان يكرم الرجل أو يهان

Skulptur, überlebten einige fast lebensgroße Statuen von Seldschukenherrschern. Türken und Mongolen befruchteten die Textilmuster mit neuen Ideen aus dem fernen China für Wandteppiche und Decken. In seldschukischer Zeit kam es auch zu einer bemerkenswerten Ähnlichkeit zwischen realistischen Illustrationen von verschiedenem Format. Die antike ostiranische und zentralasiatische Schule der Wandmalerei spiegelte sich nun auch in oft winzigen Buchmalereien und in neuen Formen der Dekoration von Keramik.

Das islamische religiöse Establishment soll gegenüber der weltlichen Musik fast ebenso misstrauisch gewesen sein wie gegenüber den „Götzenbildern" der figürlichen Malerei, da sie so machtvoll war, dass man befürchtete, sie könnte die Menschen der Religion entfremden. Die arabische und persische Literatur ist voll von Geschichten von Männern und Frauen, die in Trance fielen, als sie diese Musik hörten, während begabte Musiker, Dichter und Sängerinnen eine Macht und einen Einfluss besaßen, um die sie moderne Popstars nur beneiden können.

Bis zum 11. Jahrhundert hatte sich eine neue Kunstmusik aus eigenem arabischen Erbe und der Musik der Türken, Perser, Berber und Andalusier entwickelt. Musiker kamen aus jedem Winkel der islamischen Kultur, selbst aus Afrika, um Gönner unter den wohlhabenden Politikern oder Kaufleuten des Mittleren Ostens zu finden. Das Mittelalter war zwar die goldene Zeit der Musik des Mittleren Ostens, jedoch ist nur wenig darüber bekannt, wie sie klang.

Musik wurde auswendig gespielt, es gab keine Noten, aber viele Bücher über Musiktheorie. Die Grundformen waren anders als in der europäische Musik und wurzelten in indischen, persischen und byzantinisch-griechischen Klangwelten. Die Musikinstrumente waren ähnlich, jedoch wurden sie anders gestimmt. Viele davon werden noch heute benutzt, so die Harfe, Zither, Oud, Sahin und später die türkische Saz, das gestrichene Nabab und Rabab, verschiedene Holzstreichinstrumente, das saitenbespannte Qanun, das mit kleinen Hämmern gespielt wurde, und verschiedene Trommeln.

Generell war die islamische Musik für westliche Ohren sanft und klagend. Sänger waren für die hohen Triller und Koloraturen wie in der modernen Oper berühmt. Die Texte waren einfach und wiederholten sich, wurden jedoch in zahllosen Versionen gesungen.

Oben rechts: Aristoteles und ein Schüler diskutieren – Illustration von Ibn Bakhitshu aus dem frühen 13. Jahrhundert. Viele antike Gelehrte waren nach dem Fall des Römischen Reiches für Europa verloren. Im Mittleren Osten wurden sie jedoch weiterhin studiert.

Oben links: Die humorvoll-moralische Erzählung vom Gauner und dem Narren, hier nach einem Manuskript des 13. Jahrhunderts, war sehr populär in der Welt des Islam. Das Bild zeigt außerdem den „Kadi", den Richter, auf einem Esel.

Gegenüber: Männer sprechen in der Bibliothek in Basra im Irak über Literatur, in einer Illustration von al-Wasiti aus dem frühen 13. Jahrhundert. Wie in europäischen Bibliotheken lagen die Bücher flach in den Regalen, hier sind sie zudem nach Themen geordnet.

Die Schiiten entwickelten zwar eine emotionale Form des religiösen „Passionsspiels“, doch scheint es, als sei die Musik unter türkischem Einfluss stärker in den orthodoxen moslemischen Gottesdienst eingedrungen. In Anatolien führten Sufi-Bruderschaften vielleicht unter christlichem Einfluss Musik und sogar Tanz in ihre religiösen Zeremonien ein. Die bekanntesten waren die Mevlavi oder heulenden Derwische.

Die Welt der Worte

Es gab keinen Begriff für „Literatur“ in der islamischen Kultur, in der das Schreiben fast alle Bereiche der Kultur und des täglichen Lebens betraf. Der Koran, das Heilige Buch der Moslems, war mehr als Literatur, er war auch die Grundlage der perfekten Sprache. An zweiter Stelle kam die antike arabische Poesie. Diese wurzelte zwar in einer epischen Tradition der Wüste, doch entwickelte sie sich während des Mittelalters zu neuen poetischen Formen und Themen, wie Versen über die Liebe, den Wein und den Krieg.

Jede Form hatte strikte Regeln und der Poet wurde hoch geschätzt – nicht so sehr für das, was er sagte, sondern dafür, wie er es sagte. Vom 10. bis zum 12. Jahrhundert blühten auch in entfernteren arabischen Städten literarische Zentren. Andalusische Dichter zum Beispiel wurden berühmt und hatten ihrerseits starken Einfluss auf die südfranzösischen Troubadours.

Man erwartete von der herrschenden Schicht, dass sie Dichter unterstützte, und literarisches Können war so hoch angesehen, dass sogar in offiziellen Dokumenten eine weitschweifige Form gereimter Prosa verwendet wurde. Gleichzeitig schilderte die arabische Literatur die gleichen heroischen Erzählungen wie die europäische, doch als städtische Kultur mit einer blühenden Mittelschicht erfanden die Araber auch ein neues Genre, in dem ein pfiffiger Held die religiösen oder politischen Machthaber überlistete.

Die persische Literatur ging einen anderen Weg. Er begann im Ostiran im 10. und 11. Jahrhundert als Ausdruck des Widerstands gegen die dominante arabische Kultur. Wie andere Aspekte dieses persischen Revivals griff die Literatur auf das antike Persien zurück, wie am besten Firdawsis Nationalepos „Shâah-nâme“ zeigt, das um 1010 vollendet wurde. Persische Literatur blühte weiter unter den Seldschuken und brachte eine Reihe von politischen und militärischen Traktaten hervor, unter ihnen die „Fürstenspiegel“, welche die führende Klasse in guten Manieren unterrichtete. Persisch wurde die Sprache der Verwaltung, Arabisch die der Religion, vor allem dort, wo Türken den Hauptteil der Bevölkerung stellten. Das blieb im Türkischen Reich bis in unser Jahrhundert unverändert.

Türkische Literatur hatte selten den gleichen Rang wie arabische oder persische, doch im späteren Mittelalter gab es großartige Kriegerepen und auch die lustigsten Geschichten der islamischen Literatur. Die Eskapaden des Nasradin Hoja waren typisch türkisch, oft respektlos und rüde, aber zugleich tief moralisch. Die Sufibruderschaften, die charakteristisch für Anatolien waren, sorgten für das Überleben des Türkischen während der mongolischen Invasion. Von da an blühte auch eine eigenständige türkische Literatur.

Die anderen Sprachen der mittelalterlichen moslemischen Welt bekamen nie große Bedeutung. Manche wurden erst in heutiger Zeit literarisch, im Sinne von schriftlich, festgehalten. Berberdialekte zum Beispiel wurden von der Mehrheit der Menschen Nordafrikas gesprochen, jedoch gab es keine Berberliteratur. Andere fast vergessene Sprachen überlebten in Ecken der moslemischen Welt, selbst in Arabien. Zum Beispiel sprach das Volk der Qara in der Provinz Dhufar Shahari. Diese Sprache ähnelte den Dialekten in Äthiopien, und die Legende berichtet, dass die Qara „aus dem Westen“ nach Dhufar kamen. Vielleicht ist die eigenständige Kultur der Qara ein Überbleibsel der Kulturen, die den Jemen und Südarabien in antiken Zeiten dominierten.

DIE ÄLTESTE KULTUR DER WELT

China war bis zum 20. Jahrhundert die am längsten ununterbrochen bestehende Kultur der Weltgeschichte. Dies spiegelt sich in seiner Kunst, die durch Kontinuität des Stils und der Inspirationsquellen geprägt ist. In der Sung-Dynastie (10. bis 13. Jahrhundert) jedoch war China stärker nach innen gerichtet und gegen äußere künstlerische Einflüsse verschlossen als in der vorherigen Zeit der Tang-Herrscher (618–909), obgleich es weit reichende Handelskontakte pflegte. Zugleich versorgte die ökonomische und kulturelle Blüte der Sung-Periode Künstler, Schriftsteller und Handwerker mit vielen Gönnern. Obgleich sich die Patronanz unter der Mongolenherrschaft (1237–1387) änderte, war die mongolische oder Yüan-Zeit eine der originellsten in der chinesischen Geschichte, besonders im Vergleich zur anschließenden hoch konservativen Ming-Ära (1368–1644).

Korea unterschied sich von China in der Sprache und in seinem nun tief verwurzelten Buddhismus, während in China Buddhisten in der Minderheit blieben, auch wenn der Buddhismus die Kultur beeinflusste. Dennoch hatte China enormen Einfluss auf viele Formen der koreanischen Kunst.

Die Kunst Japans stand wie auch viele andere Aspekte seiner Kultur unter starkem chinesischen Einfluss. Doch die Hauptphase des Lernens von außen endete im 10. Jahrhundert und wurde gefolgt von Jahrhunderten der kulturellen und politischen Isolation. Fremde Einflüsse wurden unterdrückt und die japanische Kultur dehnte sich aus sich heraus aus. Im 10. und 11. Jahrhundert waren die Städte die Zentren der Kultur, darauf folgte eine Zeit der politischen Instabilität, in der Kultur und Mäzenatentum dezentralisiert wurden. Diese Zeit nannte man das feudale Zeitalter. In der anschließenden Kamakura-Periode (1185–1392) blühte die japanische Kunst und Literatur auf, doch es dauerte einige Zeit, bis diese glänzende Kultur die entlegenen Provinzen erreichte.

Inzwischen war in Zentralasien entlang der Seidenstraße eine Kultur entstanden, die als Verbindung Chinas mit dem Mittleren Osten galt. Zwischen dem 4. und 14. Jahrhundert bestanden einige kleine Handelsstädte vollständig aus buddhistischen Klöstern und Tempeln, die in steile Hänge gehauen waren. Sie waren voll mit Wandmalereien, Statuen aus Holz oder Ton, Textilien und religiösen Büchern. Beeinflusst von der chinesischen und japanischen Kunst, bewahrten sie auch ihren eigenen kraftvollen türkisch-mongolischen Charakter und soll-

Oben: Die geschnitzte Holzskulptur eines Ringers in einem japanischen Zen-Tempel, erbaut 1450. Die kriegerischen Künste waren mit dem Zen-Buddhismus in Japan eng verbunden.

Dieses japanische Gemälde auf einem Shio-Schrein zeigt öffentliche Belustigungen am Shio Gawa in Kyoto. Es entstand in der späten Muromachi-Periode zwischen der Mitte des 14. und dem 16. Jahrhundert. Der Kontrast der graziösen Bewegungen der Tänzerinnen und der Würde ihres gebildeten Publikums mit dem Benehmen des einfachen Volkes ist typisch für japanische Malerei. Das Kabuki-Theater entwickelte sich aus dieser Art der Darbietungen.

ten eine Hauptrolle bei der Verbreitung ostasiatischer künstlerischer und kultureller Werte während des mongolischen „Weltreichs" im 13. und 14. Jahrhundert spielen.

Der kulturelle Reichtum dieser Zentren spiegelte vielleicht jenen der buddhistischen Klöster Tibets. Diese blieben bis zur verheerenden chinesischen Besetzung im 20. Jahrhundert geradezu unberührte Schatzkammern zentralasiatischer Kunst. Tibet war nicht so isoliert, wie man glaubte, und während des Mittelalters wurden seine Künste, die Verwaltung, die Literatur und auch die Religion von einigen benachbarten Kulturen beeinflusst. Während der Mongolenherrschaft im 13. und 14. Jahrhundert spielte Tibet seine eigene vitale Rolle als Zentrum des nördlichen Buddhismus. In dieser Zeit sandten die mongolischen Herrscher von Zentralasien, China und dem Iran Geschenke an diese Klöster, darunter erstaunliche Teile von lackierten Panzern, Pferdeharnische und andere Objekte, die erst jetzt ans Licht kommen.

Künstler mit dem anderen Auge

China war die Quelle der ostasiatischen Kunst, hauptsächlich in der Malerei und Keramikkunst. Während der Sung-Dynastie gab es eine Renaissance der chinesischen Malerei; die feinste wurde auf Seide gefertigt.

Papier war mehr das Medium für Alltagskunst. Die Grundinspiration der chinesischen Malerei war jedoch anders als in der westlichen Welt. Künstler waren geschult, Dinge genau und mit großer Einfühlung abzubilden. Dies geschah jedoch aus dem Gedächtnis und nicht nach dem Modell. Chinesische Künstler sollten sich mehr auf das verlassen, was sie in sich fanden, als auf das, was sie außen sahen.

Chinesisches Porzellan wurde in viele Teile der Welt exportiert. Fragmente wurden in Europa, Afrika, Zentral- und selbst Australasien gefunden. Jedoch waren chinesische Porzellanmanufakturen nicht ohne Konkurrenz: Die Koreaner verwendeten die ausgezeichnete Seladonglasur, und moslemische Töpfer machten große technische Fortschritte, als sie die chinesischen Keramiken zu imitieren versuchten.

Die Musik und Literatur des Fernen Ostens basierte auf ähnlichen ästhetischen Werten und unterschied sich gänzlich von der Kunst Europas und des Mittleren Ostens. Es gab jedoch klare Verbindungen zwischen den chinesischen Musikinstrumenten und denen der moslemischen Welt. Chinesische Musiker machten erstaunlichen Gebrauch von Zithern, Panflöten, Trommeln, Glocken und verschiedenen Holzbläsern. Das beeinflusste das benachbarte Korea und Japan, wo der Tanz sehr hoch geachtet war, besonders wenn ihn junge Frauen vorführten.

Die Standardform der Bilderschrift wurde in China während der Han-Dynastie (206 v. Chr. bis 220 n. Chr.) entwickelt und umfasste bis zu 9000 Zeichen, von denen jedoch nur ein Teil ständig verwendet wurde. Ab dem 11. Jahrhundert waren die autorisierten Versionen der antiken oder klassischen Texte genauso in den kaiserlichen Bibliotheken etabliert wie wissenschaftliche Arbeiten. Hier wurden auch politische, technische, wissenschaftliche und militärische Texte aufbewahrt. Im Jahre 1054 beschrieben chinesische Astronomen sogar schon die Erscheinung des Krebsnebels am nächtlichen Himmel.

Die größten Entwicklungen der chinesischen Literatur fanden im frühen Mittelalter statt, und viel Literatur war das Werk von Staatsdienern, die die Bildung und Freizeit dafür hatten. Gut bezahlt war Poesie zum Lob von Herrschern. Andere Literaten waren zwar gebildet, standen aber außerhalb der Bürokratie und fanden ihre Inspiration im Alkohol. Reisende, verhungernde Geschichtenerzähler notierten die Inhalte und Charaktere von Volkssagen. Dies war die Geburt der chinesischen Novelle, deren schönste Formen in der Ming-Periode entstanden.

Lady Murasaki beendete 1020 das vielleicht größte mittelalterliche literarische Werk Japans, „Genji monogatari" (Der Roman des Prinzen Genji). Papier war bereits im Einsatz, für Literatur wie für Dokumente.

Diese Buchillustration aus dem späten 14. oder 15. Jahrhundert zeigt Tänzerinnen, die eine Hochzeitsprozession oder etwas Ähnliches anführen. Der Stil sowohl der Malerei als auch der Gewänder der Tänzerinnen ist eine Mischung aus chinesischen, zentralasiatischen und persischen Elementen.

INDISCHE KUNST – NAHRUNG FÜR DIE SEELE

Die klassische indische Ansicht betrachtete Kunst als „Nahrung für die Seele", die man aufnehmen und genießen solle. Es war die Qualität der Kunstfertigkeit, welche zählte, während der Künstler als besserer Handwerker galt, der „wusste, wie die Dinge gemacht werden sollten". Indische Ästhetik beinhaltete auch das Konzept des „engelhaften" Prototyps für alle Dinge, ein Konzept, das dem platonischen Ideal ähnelte, welches später die Kunst der italienischen Renaissance beeinflusste. Arbeiten nach dem lebendigen Modell wurden missbilligend betrachtet, denn sie widersprachen der Überzeugung, dass die Kunst den Geist himmelwärts lenken und sich nicht auf diese unvollkommene Welt konzentrieren solle. Die Kunst sollte das Volk als Ganzes spirituell erleuchten und sich nicht den Launen eines Geldgebers unterordnen.

Innerhalb von Indien nahmen die Völker des Dschungels und der Berge das indische kulturelle Grundmuster in eigenen Versionen an. Nur in den entlegensten Regionen des benachbarten Sri Lanka vermieden die eingeborenen Vedas eine Assimilation durch die ceylonesischen Siedler.

Diese tief spirituelle, aber konservative Ästhetik fand man auch in den indischen Kulturen Südostasiens, und diese erwiesen sich als so stark, dass in vielen Gegenden die einheimischen Kulturen von der indischen, hinduistischen und buddhistischen Kultur geradezu ausgelöscht wurden. In anderen Gebieten wurden die Eroberer kulturell von jenen überwältigt, die sie besiegt hatten. Dies geschah zum Beispiel im 11. Jahrhundert in Burma, als die Burmesen die Kultur der indisch geprägten Mon einverleibten. Der Reiz der indischen Kultur führte auch dazu, dass viele indonesische Völker viele, wenn auch nicht alle Aspekte der indischen Kunst übernahmen.

Musik hatte einen besonders hohen Rang in der indischen Kultur. Man dachte, sie sei göttlicher Abstammung und rechnete sie eher der weiblichen als der männlichen Kreativität zu. Hindutempel und buddhistische Klöster waren wichtige Förderer der Musik und Musiker. Im Mittelalter übernahm auch die Aristokratie einen Teil dieser Fördererrolle. Die indische Kunstmusik wandelte sich durch den arabischen und persischen Einfluss auf die Musik Nordindiens im

Sitzende Gottheit in einer jainischen Buchmalerei von Madyha Pradesh aus dem 15. Jahrhundert. Der Jainismus entstand aus dem Hinduismus und führte dessen Ideal der Askese noch weiter.

Spätmittelalter. Im Süden jedoch überlebten ältere und wohl mehr klassische indische Traditionen. Hier war die moslemische Eroberung nur sehr oberflächlich.

Tanz galt als Tochter der Musik. Traditioneller indischer Tanz ist charakterisiert durch ein hochstilisiertes Repertoire von Bewegungen, Gesten und Themen. Dies ermöglichte den Tänzern durch Mimik, komplexe Geschichten zu erzählen und die menschlichen Emotionen darzustellen.

Mittelalterliche indische Literatur war wie in China der alten Tradition von epischen und religiösen Werken verhaftet. Die meisten Werke waren in Sanskrit geschrieben. Das „Kavya", die Abenteuer hinduistischer Prinzen in der Liebe, im Krieg oder in den Fängen der Justiz, war seit dem 7. Jahrhundert verfallen. Das charakteristische traditionelle Sanskrit-Drama dagegen war nicht an der Darstellung von Zeit und Raum interessiert. Es konzentrierte sich fast nur auf die Gefühle seiner Charaktere. Das indische Drama war auch an Tragödien nicht interessiert, es handelte meist von der Liebe.

Die früheste bekannte Literatur Indonesiens taucht im Java des 11. Jahrhunderts auf, wo die poetische Form des „Kakawin" auf indischen Themen basierte. Die lokale javanesische Schrift verschwand um 1400, jedoch waren indische vedische Epen Grundlage für Puppenspiele für das einfache Volk. Von der mittelalterlichen Khmer-Kultur ist keine Literatur bekannt, doch sollen die frühesten erhaltenen Thai-Schriften des späten Mittelalters auf einer verlorenen Khmer-Tradition beruhen.

Im Gegensatz dazu war vietnamesische Literatur, vor allem die aus dem nördlichen Kernland, chinesisch. Malaiische Literatur aus dieser Zeit überlebte wohl nicht die Hindu-Kultur, von ihr wurden frühe Fragmente im 14. Jahrhundert in moslemische Quellen eingebaut. Alte Geschichten, die auf antiken Hindu- oder frühen Geschichten aus Java basierten, überlebten als Puppenschattenspiele, die die moslemische Bevölkerung bis heute unterhalten. Die vielfältige Literatur Malaysias umfasste auch arabische und persische Erzählungen; am bekanntesten davon ist die von Alexander dem Großen. Im 15. Jahrhundert begannen die Malaien ihre eigene Geschichte aufzuzeichnen. Weiter nördlich in Burma stammt die älteste überlieferte Literatur aus dem späten 12. Jahrhundert und enthält religiöse, juristische und die Verwaltung betreffende Texte für die führende Pagan-Dynastie.

Gigantische Köpfe des Bodhisattva Lokesvararaja an der Front des Tempels von Bayon in Angkor Wat, Kambodscha, aus dem 12. oder 13. Jahrhundert. Sie repräsentieren wahrscheinlich den Khmer-König Jayavarman VII. als Lokesvararaja oder Herrn der Welt.

3 DIE BAUKUNST

Die Skyline etlicher Teile der Welt wird von Gebäuden beherrscht, die im Mittelalter errichtet wurden. In Westeuropa bilden hoch aufragende gotische Kathedralen den Stolz Dutzender Städte. Menschliche Katastrophen wie Zerstörungen und natürliche Katastrophen wie Erdbeben sorgten dafür, dass im Mittleren Osten nur ein paar mittelalterliche Reste bestehen blieben. Das Gleiche gilt für die indische Holzarchitektur.

VON SCHLÖSSERN ZU KATHEDRALEN

Bis zum heutigen Tag wird die profane Architektur von den vor Ort verfügbaren Baumaterialien geprägt. Nur die Reichen konnten Steine in Gegenden importieren, in denen sie fehlten, oder mit Ziegeln bauen, wo es sehr viel Holz gab. Daraus resultiert, dass die Häuser der einfachen Leute in Größe, Ausstattung und auch Pracht – wo die Auftraggeber reiche Kaufmannsfamilien waren – von Land zu Land oder Region zu Region sehr stark variierten.

Im Südosten Englands zum Beispiel waren die meisten Häuser aus Holz. Das Gleiche gilt für Russland und weite Teile Skandinaviens. In einigen Teilen der Iberischen Halbinsel dominierten Steinhäuser, jedoch in anderen gab es eine ausgeprägte architektonische Tradition der Ziegelbauten. Dasselbe gilt für Italien. In Frankreich jedoch gab es eine klare Trennlinie zwischen der Holzarchitektur des Nordens und der Steinarchitektur des Südens.

Dies hieß jedoch nicht, dass alles aus Holz gebaut war, wenn Holz in einer Gegend dominierte. Im 14. und 15. Jahrhundert hatten die meisten englischen Herrenhäuser Rauchfänge aus Ziegel oder Stein, um die Brandgefahr einzudämmen und Rauch wirksam zu entfernen. Das Innere der Häuser wurde oft verputzt, die Böden waren verfliest.

Die ärmsten Dorfbewohner dagegen lebten mit einem ineffizienten Loch als Rauchabzug in der Decke, Stroh auf der nackten Erde und rissigen Bretterwänden, durch die der Wind heulte. In frostigen Wintern war auch das Zimmer des lokalen Fürsten eiskalt und finster, obgleich in einer Ecke ein offenes Feuer im Kamin loderte.

Im sonnigeren Süden waren die Winter kürzer, jedoch nicht unbedingt wärmer. Hier bedeutete Reichtum, dass der städtische Mittelstand und auch einige wohlhabende Bauern, in der Lage waren, komfortablere Häuser zu bauen. Einige Bestandteile der römischen Privatarchitektur überlebten zumindest bei den Bessergestellten, und ihre Villen hatten große Ähnlichkeit mit denen der Antike. Die dicht gedrängten städtischen Wohnverhältnisse römischer Städte waren im Westen Europas nicht so gegeben, jedoch im östlichen Mittelmeerraum und Byzanz gang und gäbe.

Im fernen Norden überlebte die einfache Architektur des frühen Mittelalters und der Wikingerperiode (5. bis 10. Jahrhundert). Die niedrigen Stein-, Holz- oder Grasnarbenlanghäuser wie auf den schottischen Inseln bestanden meist aus einem oder zwei Räumen, dazu kamen im 11. Jahrhundert Unterkünfte für die Haustiere und noch später weitere Nebenräumlichkeiten. Diese schlichten Wohnhäuser waren wahrscheinlich sehr wirkungsvoll darin, das letzte bisschen Hitze zu bewahren – sie fanden sich im gesamten Norden Skandinaviens und bis hin nach Island und Grönland.

Gemütlichkeit in einem Schloss

Im 11. Jahrhundert reflektierten auch die Befestigungen das Repertoire der lokal verfügbaren Materialien, vor allem Holz, Grasnarben und Erde. Ab diesem Zeitpunkt wurde die aus Stein gebaute Festung zum Symbol einer neuen politischen Ordnung. Das berühmteste Beispiel ist der „White Tower“ des „Tower of London“, erbaut von Wilhelm den Eroberer um 1070.

Nicht alle Burgenanlagen des 12. Jahrhunderts sahen aus wie die der Normannen, aber in allen Gegenden wurden Stein- oder

Gegenüber: Die ältesten der Trulli-Häuser in Alberobello in Apulien, Süditalien, stammen aus dem 12. Jahrhundert. Sie wurden mit den in Fülle vorhandenen Steinen aus der nächsten Umgebung kegelförmig gedeckt und ähneln den „Zuckerhut“-Häusern in Zentralsyrien. In diesem Teil Süditaliens entstand im 9. Jahrhundert ein kurzlebiger moslemisch-arabischer Staat, während im 12. Jahrhundert die apulische Herrscherfamilie mit den ersten Herrschern des Kreuzritter-Fürstentums Antiochien verwandt war.

Ziegelbefestigungen entweder verbessert oder in neue Gegenden verlegt.

Im westeuropäischen Kernland wurden im 10. und 11. Jahrhundert als Reaktion auf die Invasionen und Überfälle aus verschiedenen Richtungen unzählige kleinere Festungen errichtet, die von der zunehmenden Zersplitterung der Autoritäten zeugten.

In ganz England, Frankreich und den Niederlanden wurden im Laufe des 12. Jahrhunderts die im 11. Jahrhundert gebauten Holz- und Lehmburgen durch Steinburgen ersetzt, die oftmals im selben Stil wie vorher erbaut wurden. Weiter im Süden, in den mediterranen Ländern, bauten Architekten Burgen im Stil der römisch-byzantinischen Vergangenheit und verwendeten Anregungen aus den fortschrittlichen benachbarten moslemischen Ländern. Nachfahren der Kreuzritter gründeten im 12. und 13. Jahrhundert im Nahen und Mittleren Osten diverse kurzlebige Staaten und errichteten unter noch stärkerem moslemischem Einfluss „europäisch" anmutende Festungen wie im frühen 13. Jahrhundert Krak des Chevaliers in Syrien. Die Kelten hatten inzwischen ihre eigene Form der Verteidigungsanlagen entwickelt, in Form von hohen, fensterlosen, rauchfangartigen Türmen mit nur einem Tor auf einer Seite des Walls.

Politische und ökonomische Veränderungen in Europa führten zu bemerkenswerten Änderungen in der Architektur der Burganlagen. In Frankreich, Deutschland und Italien wurden Burgen von Königen, Kaisern und vielen mächtigen Baronen zum Statussymbol, sie wurden luxuriös und sogar mit einem gewissen Komfort ausgestattet.

In England war dies anders, die meisten Burgen wurden nicht zu Festungen, sondern zu aristokratischen Häusern. Dies führte dazu, dass im 15. Jahrhundert die Befestigung mehr Zierde als Schutz war. In städtischen Gebieten und strategischen Häfen hatten die Befestigungen eher geschäftliche Gründe, hier war die Mächtigkeit der Befestigung ein Ausdruck von Wohlstand und Unabhängigkeit des Besitzers.

Architektonischer Glanz zu Ehren Gottes

Die am weitesten entwickelte Form der Architektur war der Kirchenbau. Die großen Kathedralen im mittelalterlichen Westeuropa waren einige der schönsten Bauwerke, die je errichtet wurden. Vom 11. bis zum 13. Jahrhundert gab es außergewöhnliche Entwicklungen in der Technik, Hallenweite und Dekoration. Auch abgelegene Ecken Europas, wie zum Beispiel die Orkneyinseln nördlich von Schottland, entwickelten ihre eigene architektonische Blütezeit. Die prächtige Kathedrale in Kirkwall wurde 1137 gegründet, als lokaler Wohlstand und große Macht aufkam, eine Folge der Lage auf einer der wichtigsten nordatlantischen Handelsrouten.

Es erschien, als würden die Kirchenräume immer weiter, die Wände und Bögen leichter, die Fenster größer und mit immer prächtiger bemaltem Glas ausgestattet. Tatsächlich ist das gotische bunte Glasfenster eine der schönsten Entwicklungen der Gotik.

Diese Entwicklungen setzten sich bis ins 14. und 15. Jahrhundert fort, wobei die Steine immer kunstvoller behauen wurden, und gemalte Dekorationen spiegelten sich in Holzschnitzereien von erstaunlicher Qualität. Es gab natürliche regionale Unterschiede, selbst bevor die italienische Renaissance die europäische Architektur auf völlig andere Wege schickte. Viele der Kirchen, die für den Kreuzritterorden der Templer gebaut wurden, waren rund, da sie auf dem Felsendom in Jerusalem basierten, von dem man irrigerweise annahm, er sei ein Überbleibsel eines jüdischen Tempels. Abteien, die für die neuen Mönchsorden, wie zum Beispiel die puritanischen Zisterzienser, gebaut wurden, kannten keine Skulpturen, die anderswo in Fülle auftraten, und in Teilen Spaniens und Italiens herrschte großer islamischer Einfluss auf die christlich-religiöse Architektur.

Über die Architekten und Baumeister dieser erstaunlichen Werke und über die Frauen,

Die hölzerne Stabkirche in Fasgusnes, Norwegen, entstand um 1150. Einige Holzkirchen in Skandinavien sind erhalten, und einige späte Exemplare wie dieses wurden Mastkirchen genannt, denn ihr Mittelschiff erreichte ganz erstaunliche Höhen.

Unten rechts: Die Decke der Kathedrale in Gloucester aus dem 14. Jahrhundert ist das älteste erhaltene Fächergewölbe in England. Die Steinmetze soll Edward III. aus London geschickt haben, nachdem sein ermordeter Vater Edward II. in der Kathedrale bestattet wurde.

Unten links: Kloster und Kirche von San Giovanni degli Eremiti wurden 1132 erbaut. Als die Normannen Süditalien und Sizilien im 11. Jahrhundert eroberten, gründeten sie ein neues Königreich, das Italien, das byzantinische Griechenland und arabisch-islamische Kulturen umfasste. Ein Resultat davon ist diese bemerkenswerte Kirche im Stil einer nordafrikanischen Moschee.

die an ihrer Ausstattung mitwirkten, ist heute noch viel bekannt. Das mittelalterliche Europa hatte eine echte Bauindustrie.

Ab dem 11. Jahrhundert wurden die Handwerker mehr zu Spezialisten, obgleich der Großteil der Arbeiten von ungelernten Wanderarbeitern gemacht wurde. Zimmerleute spielten eine Hauptrolle, da viele Häuser aus Holz gebaut wurden und auch bei Stein- oder Ziegelbauten viel Holzarbeit benötigt wurde. Die meisten Zimmerleute hatten ihre eigene Werkstatt, wo Holz auf den Boden gelegt und zu einem Rahmen gefügt, aber noch nicht verbunden wurde. Die so vorbereiteten Hölzer wurden markiert, auf die Baustelle gebracht und dort zusammengesetzt. Die „Säger" bildeten bereits ein eigenes Handwerk – sie hatten die Aufgabe, das Holz zu fällen und mit Sägen, die von zwei Männern bedient wurden, in verarbeitbare Bretter zu zersägen.

Vor Ort waren die Tischler wiederum für den Fenster- und Torbau zuständig. Zimmerer und Dachdecker verwendeten das Material der engsten Umgebung, auch Holzschindeln oder Steinplatten. Ihre Aufgabe war auch der Bau von Rauchfängen und der Lehmbewurf der Wände mit einer Mischung aus Erde, Dung und Mörtel, vermischt mit Stroh oder Haaren, der anschließend mit Putz geglättet wurde. Tondachziegel nahmen im 13. Jahrhundert vor allem in den Städten zu, da sie die Brandgefahr verringerten.

In den Abrechnungen großer Baustellen wurden Maurer und Verputzer oft getrennt aufgeführt, da sie mit verschiedenem Material an verschiedenen Teilen des Gebäudes arbeiteten. Steinmetze errichteten Steinbauten, ihre Spitzenkräfte hießen Hauer oder Freimaurer. Die Ziegelsetzer oder Maurer, die tatsächlich die Mauern hochzogen, hatten einen niedrigeren Status als die Freimaurer. Selbst bei Holzbauten konnten alle Arten von Maurern mitarbeiten, da deren Fundamente meist aus Stein waren.

Die meisten Arbeiter waren Tagelöhner. Die Höhe des Lohnes richtete sich auch nach den Tageslichtstunden, so dass sie im Winter weniger verdienten. Die höchsten Löhne wurden in Südostengland bezahlt, doch überall erhielten Facharbeiter zumindest doppelt so viel wie ungelernte. Vorarbeiter wurden länger beschäftigt, Spezialisten jedoch bisweilen nur für einige Tage. So wanderten solche Fachleute durch das Land und arbeiteten im Winter anderweitig, um ihre Familien ernähren zu können. Selbst gute Facharbeiter waren manchmal sehr arm.

Diese französische Buchillustration des 15. Jahrhunderts zeigt Louis Leidet beim Bau eines Palasts. Den Rangunterschied zwischen Architekten und einfachen Arbeitern zeigt die Kleidung – ein Mann von Rang würde niemals lose hängende Beinkleider tragen.

VON VILLEN ZU FESTUNGSTÜRMEN

Ein großer Teil der byzantinischen religiösen und militärischen Architektur blieb erhalten, jedoch kaum Wohnbauten. Dennoch waren die Häuser der einfachen Leute wahrscheinlich ähnlich wie in römischer Zeit. Die Armen lebten entweder in kleinen Häusern mit Stroh auf dem Boden oder in bis zu neun Stockwerke hohen Gebäuden. Die meisten Gebäude waren aus Ziegeln, nur die Reichen nahmen Stein; in holzreichen Regionen wie am Schwarzen Meer war fast alles aus Holz. Die Häuser der Reichen hatten schräge Ziegeldächer, einfachere Häuser, vor allem in den trockeneren Gegenden, hatten Flachdächer. Die Landhäuser der Elite hatten starke Tore, als Schutz vor Banditen und Unruhen. Diese waren nach dem Zusammenbruch von Gesetz und Ordnung im 14. und 15. Jahrhundert an der Tagesordnung. Befestigte Häuser, ähnlich der italienischen Stadtarchitektur, waren die Folge. Ein typisches Beispiel ist das Palataki-Haus aus dem 14. Jahrhundert.

Die meisten Fenster des Erdgeschosses gingen in einen zentralen Innenhof, Fenster der höheren Räume gingen auch nach außen und waren oft mit kleinen Glasscheiben versehen. Die Stallungen öffneten sich in den Innenhof, wo sich eine Zisterne oder ein Brunnen befand. Die Häuser der Bessergestellten waren mit Toiletten ausgestattet, die, in einigen Fällen, Anschluss an ein Kanalsystem hatten, das ins Meer führte. Oft gab es auch ein kleines separates Badehaus, und die Reichen hatten auch noch Schreine oder kleine Kapellen in ihren Gärten. Die Anlage der Häuser folgte antiken Vorbildern und sie bestanden meist aus einem zentralen großen Raum, von dem die anderen Räume abgingen. Einige davon bildeten kleinere Säle, in denen die Männer Gäste empfingen, während die privaten Wohnräume in den oberen Stockwerken lagen und verkleidete Fenster auf den Innenhof hatten. Viele hatten einen Raum, der im Winter mit Holzkohle oder in reichen Häusern mit Fußbodenheizung beheizt werden konnte. Die spätbyzantinische Privatarchitektur wurde von den ottomanischen Türken im 15. Jahrhundert übernommen.

Wegen ihres schlichten Äußeren wirkten byzantinische Paläste weniger prachtvoll.

Oben: Segnung der Bauarbeiten um 1320 an der Himmelfahrtskathedrale im Moskauer Kreml. Diese Kopie einer russischen Chronik wurde für Zar Ivan den Schrecklichen angefertigt.

Diese skulptierten Kapitelle der Basilika von Monreale auf Sizilien entstanden im späten 12. Jahrhundert. Wie die meisten Bildhauerarbeiten in Monreale ist es eine Mischung aus byzantinischen, italienischen, französischen und islamischen Stilelementen.

Gegenüber: Die Klosterkirche von Moldoveanu, Rumänien, wurde im frühen 16. Jahrhundert bemalt. Die Bemalung der Außenseiten von Kirchen erreichte ihren Höhepunkt im alten Fürstentum Moldawien. Zu diesen Bildern gehört auch eine der ersten Wiedergaben der Eroberung von Konstantinopel durch die Türken.

Jedoch war das Innere hell und luftig und farbenfroh ausgestattet, mit bunten Marmorverkleidungen oder brillanten Mosaiken.

Die Profanarchitektur des Balkans war der byzantinischen sehr ähnlich, jedoch hielten sich in Georgien, vor allem in ländlichen Gebieten, hartnäckig alte Traditionen. Die typischste Hausform war das „Darbazi". Sein unterer Teil war aus Stein, und die obere Hälfte bestand aus überlappenden Brettern, die eine Kuppel oder eine Pyramide bildeten. In diesen Regionen waren auch Felsenwohnungen charakteristisch – entweder in natürlichen Höhlen oder in den Fels gegrabenen Kammern.

Die russische Hausarchitektur bestand fast ausschließlich aus Holz. Es gab jedoch einen beträchtlichen Unterschied zwischen Nord und Süd. Im Süden um Kiew herrschten die zentralasiatischen, halb unterirdischen Häuser vor. Ihre Wohn- und Lagerräume lagen halb unter der Erde, als Schutz gegen das grimmige Klima, während der obere Teil und die Dächer aus Holz waren, das mit Ton verschmiert und wetterfest gemacht wurde. Im nördlichen Russland, wo der Boden fast das ganze Jahr gefroren war, wurden die Häuser oberirdisch aus langen Baumstämmen in Blockbauweise aufgeschichtet.

Mit wenigen Ausnahmen war die mittelalterliche byzantinische Militärarchitektur nicht so hoch entwickelt wie die ihrer Nachbarn. Ausnahmen wie die Befestigung von Konstantinopel stammen aus frühen Jahrhunderten – sie wurde von Kaiser Theodosius II. 413 n. Chr. begonnen. Byzantinische Festungsbauer konnten auf römische und frühbyzantinische Anlagen zurückgreifen, die sie nur aufstocken und reparieren mussten. Byzantinische Befestigungsanlagen waren weder besonders innovativ noch besonders kunstvoll.

In Armenien und Georgien war dies anders. Die Armenier waren die effizientesten Militärarchitekten des frühen Mittelalters. Die Georgier erbten ebenfalls die Traditionen der Byzantiner, Moslems, Armenier, Türken und Mongolen. Georgien kämpfte ständig um seine Freiheit als Vorposten der Christenheit und wurde dadurch ein Land der Burgen und Festungen. Wie erwähnt, bestanden russische Befestigungsanlagen größtenteils aus Holz und Erde. Ein paar Steinwälle entstanden unter westeuropäischem Einfluss und militärischem Druck im Nordwesten, doch in den anderen Landesteilen entwickelte sich eine wirksame Tradition hölzerner Befestigungsanlagen und Stadtmauern. Nur im Fürstentum Moskau entstanden im 15. Jahrhundert mit dem Aufstieg zur Macht so genannte „Kreml" – Festungen aus Ziegelmauerwerk. Der älteste Turm im Moskauer Kreml entstand 1485.

Glanz der Kuppeln und Mosaike

Die religiöse Architektur in Byzanz war in vieler Hinsicht ein Unikum. Sie entstand als ein Zusammenschluss griechisch-römischer, mittelöstlicher und persischer Traditionen, der sich bis zum 11. Jahrhundert zu einem neuen komplexen Stil entwickelte. Auftraggeber waren die orthodoxe Kirche und der Kaiser. Byzantinische Kirchen wurden nach detailreichen Plänen gebaut und üppig und kleinteilig dekoriert. Im Zuge der Schwächung des Reiches wurden auch sie kleiner. Nach der Wiedererlangung der byzantinischen Macht und dem Fall des Kreuzritterreiches Konstantinopel 1260 kam ein neuer Zug in die religiöse Architektur. Er basierte auf existierenden Bautraditionen, jedoch wurden die Bauten kleiner und intimer gebaut, auch zurückhaltender, mit kleineren Kuppeln auf hohen Zylindern.

Inzwischen entwickelten die orthodoxen Staaten des Balkans ihre eigenen Stile, die zwar auf byzantinischen Konzepten basierten, sich jedoch voneinander unterschieden. Alle tendierten dazu, höher und mit mehreren Kuppeln zu bauen. Auch hier waren georgische und armenische Kirchenbauten anders, sie fußten auf mehreren Traditionen. Als Folge davon ähnelten zwar die Grundrisse der georgischen und armenischen Kirchen und Kathedralen denen der byzantinischen, ihre großartige Wirkung und Ausstattung schien jedoch mehr mit der persischen und türkischen Architektur zu tun zu haben.

Russische religiöse Architektur hingegen war fest verwurzelt in byzantinischen Prinzipien, wurden jedoch den klimatischen Erfordernissen des russischen Winters angepasst. Die Kuppeln der Kirchen wurden steiler, um den Schnee abzuweisen, und wie die steilen Hängedächer bald über die Mauern hinausgezogen, um Regen und Schnee abprallen zu lassen. Die Wände wurden dicker und die Fenster zum Schutz vor der Kälte kleiner. Als Resultat davon vermittelte der dunkle, aber reich dekorierte Innenraum der russischen orthodoxen Kirchen, wie zum Beispiel in der 1052 errichteten Kathedrale der heiligen Sofia in Novgorod, ein mächtiges Gefühl von mysteriöser und religiöser Intensität, das den lichteren und luftigeren griechisch-orthodoxen Kirchen fehlte.

RAUM FÜR PRIVATHEIT

Moslemische Profanarchitektur verband eine Vielfalt von Traditionen und reichte von ausgedehnten, prächtigen Palastanlagen bis zu einfachen Höhlenwohnungen. In jedem Fall jedoch dominierte der Islam die Gestaltung des Inneren, und daher hatten all diese „Wohnungen" Gemeinsamkeiten, vor allem die Betonung des Privaten und ein fast modernes Verhältnis zu Frieden und Stille.

Trotz des Wohlstands und des militärischen Hintergrunds aller moslemischen Regierungen waren islamische Paläste selten wirklich befestigt. Die meisten Palastanlagen bestanden aus Unterkünften, Schreibstuben, Moscheen, Parade- und Trainingsplätzen, Pferderennbahnen, Gärten, Zisternen und manchmal auch aus Wildreservaten. Am größten war die Palaststadt des Kalifen von Samara im Irak des 9. Jahrhunderts. Später wurden Paläste viel kleiner, entsprachen aber dem gleichen Typus mit großer repräsentativer Empfangshalle und privaten Wohnräumen im Zentrum und umgebenden Nebengebäuden und Gärten. Diese verzierten, eindrucksvollen Bauten waren größtenteils aus Ziegeln viele auch aus ungebrannten Ziegeln, sodass von ihnen nicht viel übrig ist.

Einfache Häuser blieben in noch geringerem Maß erhalten. Archäologische Funde zeigten, dass im 12. Jahrhundert in Kairo die meisten Profanbauten aus Lehmziegeln, gestützt durch Sandsteinsäulen, bestanden. Diese Gebäude konnten bis zu sechs Etagen hoch sein und hatten vermutlich viel mit den Wohntürmen im Jemen gemeinsam. In Kairo hatte jedes Stockwerk Toiletten, die durch ein Rohrsystem in den Mauern verbunden waren und mit Wasser gespült wurden. Jedes Haus oder Geschäft und jede Werkstatt hatte eine Zisterne für das Trinkwasser, und diese wurden aus Reservaten gespeichert, die es in jedem Stadtviertel gab. Jeder Wohnblock hatte seinen eigenen Hof, von dem aus man in die Erdgeschossräume gelangte – erst in

den öffentlichen Empfangsraum, dann in die privaten Räume des Harems. Manuskripte wie das humorvolle Maqamat von al-Hariri aus dem 13. Jahrhundert schildern weitere Haustypen; eine Art hatte einen mit einer leichten Holzkuppelkonstruktion gedeckten Hof, die auf einer Seite geöffnet werden konnte. Fast alle hatten Ventilationskanäle, die den Wind einfingen und im Haus einen kühlen Luftzug erzeugten. Auch Brunnen und kleine Wasserkanäle sorgten für höhere Luftfeuchtigkeit im Haus. Die Treppen lagen meist außen und boten Platz für tönerne Trinkwassergefäße, die das Wasser durch die Verdunstungskälte frisch hielten.

Die Dekoration der Häuser und Paläste bestand größtenteils aus Oberflächenstrukturen und Farben und weniger aus der Baustruktur. Das oft raue Klima machte idealisierte Miniaturlandschaften wie Gärten sehr beliebt, die mit ihrem Schwergewicht auf Grün, Schatten und fließendem Wasser ein Abbild des Paradieses sein sollten. Die Gärten verstanden sich nicht als Akzentuierung einer freundlichen Natur, sondern als Ersatz für eine feindliche. Dies galt auch für gemäßigtere Klimazonen wie die Iberische Halbinsel, die Türkei und den Balkan. Wasser war überall als dekoratives Gestaltungsmittel begehrt, wegen seiner klimatischen, seiner dekorativen Wirkung und seines entspannenden Geräuschs.

In ländlichen Dörfern waren die Häuser einfacher. Schriftliche Quellen und Abbildungen zeigen, dass es überall Tiere gab, und alle Ansiedlungen bis auf die primitivsten

Der Löwenhof in der Alhambra in Granada, Spanien, wurde 1377 begonnen. Er zeigt maurische Muster in größter Vollendung. Auch die Verwendung von Wasser zur Kühlung des Inneren und als angenehmes Hintergrundgeräusch war charakteristisch für die islamische Architektur.

Gegenüber: Die „Zuckerhut"-Häuser in Khan-Shaikhun in Zentralsyrien. Sie liegen rings um einen antiken „Tel", einen Schutthügel, das Produkt von Jahrtausenden menschlicher Besiedlung.

hatten ihre eigenen Geschäfte, Wasserbecken und Moscheen. In Syrien gab es die Form der Bienenstockhäuser. Diese sahen zwar sonderbar aus, jedoch hielt ihre runde Form im Sommer die Hitze ab und konservierte diese im Winter im Inneren. Anderswo lebte die Landbevölkerung in Höhlen, jedoch nicht, weil sie so rückständig war, sondern wegen dieses temperaturausgleichenden Effekts.

Nach der türkischen Invasion im 12. Jahrhundert kam es in der islamischen Profanarchitektur zu Veränderungen. Sie spiegelten nicht nur die nomadische Vergangenheit der Türken in Zentralasien, sondern vielleicht auch chinesische Einflüsse. Einige dieser Veränderungen lassen sich an gewöhnlichen seldschukischen Häusern, zumindest jenen der Reicheren, sehr gut ablesen. Sie stehen weitaus stärker unter zentralasiatischem Einfluss als die Paläste der Seldschukenherrscher (1037–1300). Diese bestanden aus verstreuten Pavillons und waren kein geschlossener Komplex. Die Liebe der Seldschuken zu Gärten und Brunnen setzte die islamische Tradition fort und wurde von den ottomanischen Türken im 14. Jahrhundert übernommen.

Zitadellen für den Sultan

Wirksame Befestigungsanlagen waren in der muslimischen Welt sehr fortschrittlich und verarbeiteten die militärische Tradition eines Großteils der bekannten Welt. Dazu gehörten Pechnasen, durch die die Verteidiger ungefährdet Steine und Pech auf die Angreifer fallen lassen konnten, und der neuere geknickte Zugangsweg, der im 8. Jahrhundert übernommen wurde und Angreifer zwang, den Verteidigern ihre ungeschützte rechte Seite zuzuwenden. Lehmziegel und gebrannte Ziegel waren zwar altmodisch, jedoch absorbierten die Lehmziegelwände feindliche Wurfgeschosse gut, behielten die Form, auch wenn sie unterminiert wurden, und waren billig und schnell zu errichten.

Im moslemischen Spanien und in Nordafrika entstand im 10. Jahrhundert eine Art Beton. Er ermöglichte es den Architekten, Befestigungen schnell zu reparieren und neue zu errichten, die ebenso billig, wirkungsvoll und hässlich waren wie moderne Betonbefestigungsanlagen.

Religiöse Architektur bildet einen Höhepunkt der islamischen Kultur. Die Moschee war vor allem ein Ort für gemeinschaftliche Gebete, und es fehlte ihr der „weihevolle" Charakter der christlichen Kirchen oder der „heilige" eines orientalischen Tempels.

Frühe Moscheen wie die große Moschee in Damaskus aus dem späten 7. Jahrhundert basierten eher auf dem traditionellen arabischen Haus als auf früheren religiösen Bauwerken, und dieses einfache Prinzip hatte zur Folge, dass die Grundmoschee leicht in andere, spezialisiertere Gebäudetypen umgewandelt werden konnte, wie zum Beispiel in Schulen oder Treffpunkte für Derwisch-Bruderschaften oder bis zum 12. Jahrhundert sogar in Krankenhäuser.

Zur selben Zeit wurden die kunstvollen Grabmäler der religiösen und politischen Führer mit Moscheen oder zumindest Bethallen verbunden – eine türkische oder persische Erweiterung der Moscheen. Besonders eindrucksvoll ist der Grabkomplex für den türkisch-mongolischen Eroberer Timur Lenk und seine Familie in Samarkand, der 1434 fertig gestellt wurde.

Das wenige, das über die Erbauer der Moscheen und Paläste bekannt ist, wirft ein interessantes Licht auf die islamische Kultur. Sklavenarbeit war so gut wie unbekannt, und Architekten bildeten eine hoch bezahlte Elite, die von weit her berufen wurden.

Die Mihrab – Gebetsnische – der großen Moschee von Córdoba in Spanien markiert für die Betenden die Richtung nach Mekka und ist mit großartigen Mosaiken verziert. Die Moschee entstand im 8. Jahrhundert, wurde später oft vergrößert und war einige Zeit die größte Moschee der Welt.

VERZIERTE BALKEN

In China verwendete die Profanarchitektur zumeist Holz, und auch wenn nur wenige dieser Bauten noch übrig sind, geben Illustrationen in Manuskripten doch ein gutes Bild davon. Die abgebildeten Häuser, vor allem die der Reichen, bestanden danach aus Holz und hatten große Fenster. In der Stadt lebten die reichen Leute in mehrgeschossigen Häusern mit kunstvoll geschnitzten Balken, die bemalt und manchmal sogar vergoldet waren. Ihre Außenmauern waren normalerweise verputzt. An den Wänden im Innenraum hingen Wandteppiche, während Paravents in diesen offenen Raumfolgen eine gewisse Privatheit ermöglichten. Die Illustrationen zeigen, dass normale Häuser mit roten Ziegeln, religiöse hingegen mit gelben Ziegeln gedeckt waren.

Verglichen mit diesen reich dekorierten chinesischen Häusern erschienen japanische wesentlich schlichter. Auch das häusliche Leben selbst der japanischen Elite wirkte spartanisch. Das Haus einer reichen Familie nannte man „Shinden", und obwohl es auf ein chinesisches Vorbild zurückging, zeigte es bereits ab dem 11. Jahrhundert japanische Charakteristiken. Das Design dieser Häuser mutet sehr einfach an, und die Fußböden schwebten über dem Erdboden, um Feuchtigkeit während bestimmter Jahreszeiten zu vermeiden. Im Unterschied zu China waren in Japan Privathäuser selten mehr als einstöckig. Außerdem deckten die Japaner wegen der großen sommerlichen Hitze ihre Dächer nicht mit Ziegeln, da sie vermeiden wollten, dass diese die Hitze stauten.

Das Zuhause eines aristokratischen Samuraikämpfers nannte man im 12. Jahrhundert „Yakata" und es bestand aus mehreren Einheiten innerhalb eines umzäunten Hofs. Dieser wiederum war durch befestigte Holzgatter auf drei Seiten und einen umlaufenden Wassergraben gesichert.

Innerhalb dieser simplen Festung gab es Gemüsegärten, Lagerhäuser und Brunnen. Die meisten Gebäude dieses Komplexes

Die Halle der perfekten Harmonie steht inmitten der verbotenen Stadt in Peking. Sie wurde von der chinesischen Ming-Dynastie im 15. Jahrhundert begonnen.

義靜三藏於西天取得此

Der Kinkaku-Ji-Tempel, auch bekannt als goldener Pavillon, wurde im 14. Jahrhundert im japanischen Kyoto erbaut. Die wunderschöne Lage dieses Bauwerks reflektiert den buddhistischen Glauben, dass der Mensch ständig von der Natur lernen muss.

waren durch gedeckte Gänge miteinander verbunden und bestanden aus sehr leichten getäfelten Wänden, besaßen mit Schindeln oder Stroh gedeckte Dächer und große offene Veranden.

China ohne große Mauer

Wenn man an chinesische Befestigungen denkt, fällt einem wohl zuerst die berühmte Chinesische Mauer ein. Diese war während des größten Teils des Mittelalters jedoch eine verlassene Ruine, die erst im 15. und 16. Jahrhundert renoviert wurde. Im Mittelalter verlief die chinesische Grenze viel weiter nördlich als die Mauer, und die größte Bedrohung Chinas kam aus dem Westen und dem Nordwesten und nicht aus dem Norden – die Mauer war als Verteidigungsinstrument also fast obsolet. Die Nord- und Westgrenze des Reiches war mit einer Kette von einzelnen, aber sehr starken Forts gesichert, die durch Wachtürme untereinander verbunden waren. Die westlichsten dieser Anlagen waren nicht einmal aus Stein erbaut, sondern in einer Art Fachwerkbauweise aus Lehm und Kleinholz.

In China selbst waren die wichtigsten Städte und Metropolen jedoch gut befestigt, und zwar so effektiv, dass man erst im späten vierzehnten Jahrhundert als Folge der Erfindung der Kanone darangehen musste, diesen Stil zu ändern. Charakteristisch für diese Bauwerke waren ein äußerer Erdwall, eine hohe Hauptmauer und eine davon isolierte innere Zitadelle. Im 12. Jahrhundert ordnete die südliche Sung-Dynastie (1127–1279) eine Verdoppelung der Mauerhöhe an, wohl wegen des Auftauchens von Katapulten mit Gegengewichten aus dem Westen.

Anstelle von China war es ausgerechnet Korea, das seine nördliche Grenze im Mittelalter mit Hilfe einer langen Mauer zu sichern suchte. Diese wurde von der Koryu-Dynastie (935–1392) erbaut, um die ganze koreanische Halbinsel gegen die lästigen Nachbarn aus der Mandschurei und der Mongolei abzudichten.

Die Japaner verbesserten das in China entwickelte Befestigungssystem aus Erde, Holz und Gips, das den obersten Teil der meisten Festungen bildete, und machten daraus eine ebenso schöne wie effektvolle Architektur, auch wenn diese eher für das 16. und 17. Jahrhundert als für das Mittelalter charakteristisch wurde.

So wie alle Arten feiner chinesischer Architektur waren auch sakrale Gebäude hinsichtlich ihrer Farbe, Form und ihres Grundrisses bestens durchdacht. Die Tempel und Klöster, die für die zahlreichen in China tolerierten Religionen errichtet wurden, hatten jedoch grundsätzlich viele Eigenschaften mit anderen sakralen und auch weltlichen Gebäuden gemeinsam. Besondere Aufmerksamkeit und Phantasie widmete man beispielsweise den Dächern, die besonders ausgefallene, phantasievolle und komplizierte Formen erhielten.

Ein Gebäudetyp allerdings wurde eine typisch chinesische Bauform: die Pagode, eine hohe, turmähnliche Struktur mit aufgeworfenen Dachrändern in jedem ihrer zahlreichen Stockwerke. Eine der ältesten ist die Weiße Pagode von Pai-t'a-ssu in der inneren Mongolei, die bald nach 1031 gebaut wurde. Dieser Gebäudetyp wurde möglicherweise von der buddhistischen Stupa stark beeinflusst, die zuerst als gekuppelter Grabhügel entwickelt wurde und sich später zu einer Reliquienhalle entwickelte. Schließlich wurden Stupas zu rituellen Zentren der buddhistischen Klöster. Sie ruhten auf einem quadratischen Sockel, der auch als Umgang diente, und ganz oben befand sich meistens ein Mast und darauf symbolische rituelle Parasole oder Schirme.

In Japan wurde der Mast mit seinen Schirmen darauf ein derart dominierendes Element, dass er zu einer Art Pagode mutierte. Wie jedoch der Großteil der japanischen Bauwerke waren diese Tempel, Klöster und Pagoden aus Holz. In Korea verwendete man eher Stein, auch Marmor, wodurch koreanische Architekten sich profilieren und von der chinesischen Bauweise lösen konnten.

Die Reliquienhalle des Enkakuji-Klosters in Kamakura wurde 1285 errichtet. Die Verwendung traditioneller Baustoffe wie Holz und Stroh entsprach dem japanischen Wunsch nach natürlicher Harmonie und spiegelte den chinesischen Einfluss auf Japan durch den Zen-Buddhismus.

HÄUSER AUF STELZEN

Die Mehrheit der indischen Privathäuser bestand vermutlich aus Holz und Lehmziegeln, aber der Grundriss ist großteils unbekannt. Frühe Illustrationen von Palästen zeigen Säulenwälder, kunstvoll geschnitzte Balustraden und frühe Kuppelformen. Am Fuße des Himalaja gab es regionale Varianten: Hier fanden sich steilere Dächer, und im regenreichen Kaschmir wurde mehr Holz verwendet.

Häuser im indischen Einflussbereich Südostasiens wurden auf Stelzen gebaut, um die Wassermassen des Monsuns, Schlangen und andere ungebetene Gäste fern zu halten. Die meisten Gebäude im klimatisch ähnlichen Küstengebiet Indonesiens waren fast immer aus Holz, Bambus und Stroh, aber manche der wichtigeren Gebäude im Landesinneren bestanden aus Stein. Trotzdem baute man auch hier viele Häuser aus Holz, ebenso Tempel und Paläste, die chinesische Besucher im 13. Jahrhundert als vergoldet und reich verziert beschrieben.

Die einfachen Befestigungen in Südostasien waren ebenfalls aus Holz gebaut, auch wenn manche Städte Ziegelmauern hatten. Indien aber war stark befestigt; eindrucksvolle Verteidigungsanlagen bestanden aus Geröll und darüber gelegten festen Steinplatten. Nach Beschreibungen chinesischer Pilger des 6. Jahrhunderts hatten indische Dörfer befestigte Tore, Erd- und Ziegelwälle und zusätzlich Wälle aus Bambus und Holz. Späteren arabischen und persischen Berichten zufolge hatte sich daran wenig verändert, aber bis zum 14. Jahrhundert entwickelte sich ein wichtiges Merkmal der indischen Verteidigung: das zeremonielle „Chatris", ein Kiosk über dem Haupttor, wo ein Befehlshaber beobachten und gesehen werden konnte.

In Indien und seinem Einflussgebiet sollte die sakrale Baukunst den Status seiner Befehlshaber beschönigen und zugleich religiösen Zwecken dienen, da Könige in gewissem Ausmaß göttlich oder zumindest Mittler zwischen Göttern und Normalsterblichen waren. Besonders im Süden Indiens, wo viele mittelalterliche Bauwerke von Hindus, Jains und Buddhisten die islamische Invasion vom 11. bis zum 14. Jahrhundert überlebten, offenbarte sich die indische Opulenz in fantastischen Formen und dekorativen Schnitzarbeiten. Beispielsweise ist das Dach des Siva-Tempels in Amritapura aus dem 13. Jahrhundert voll mit kleinen geschnitzten Figuren in dekorativen Nischen. Auch hier waren fast alle Nebenbauten aus

Holz. Dasselbe Schicksal verbreitete buddhistische religiöse und andere Bauwerke in Sri Lanka in Richtung Süden. Hier wurden erst seit dem 12. Jahrhundert Steine und Ziegel in größeren Mengen verwendet. Danach blieb der ceylonesische Baustil eher konservativ. Klöster zum Beispiel bestanden weiterhin aus erhöhten Hallen zum Wohnen sowie aus Stupas für Reliquien, Altäre, Essräume und Küchen.

Vom 8. bis zum 14. Jahrhundert hatte in mehreren Teilen Südostasiens monumentale Architektur eine gewisse Hochkonjunktur, besonders in Borobudur (Java, 8. Jh.) und Angkor (Kambodscha, spätes 12. Jh.), wo bis heute riesige, über und über geschnitzte Bauwerke im Dschungel stehen. Die Anlage ganzer Städte spiegelte die Hindu-Vorstellung vom Kosmos als Anordnung konzentrischer Kreise, wobei der riesige Tempel im Zentrum den mystischen Berg Meru symbolisierte, den mythischen Weltmittelpunkt. Manchmal säumten künstliche Seen und Kanäle diesen Haupttempel, stellvertretend für die Ozeane, die die Kontinente voneinander trennen. Obwohl diese Bauwerke sich an indischen orientierten, waren sie von heimischen Handwerkern errichtet worden. Architektonisch waren sie sehr einfach strukturiert, sie bestanden im Wesentlichen aus gemeißelten Stein pfeilern. Stand die Grundform, so begannen die Bildhauer ganz oben mit ihrer Arbeit, während die Erde rundum nach und nach abgetragen wurde.

Allein ihre Größe macht einige Tempelstädte einzigartig: Angkor Wat in Kambodscha bleibt der größte einzelne sakrale, von Menschenhand erbaute Komplex der Welt.

Oben: Der weitläufige Buddhistentempel in Angkor Wat in Kambodscha besteht aus Türmen, Pavillons, Arkaden und Toren. Dieses bemerkenswerte Beispiel der Khmer-Architektur strebt gleichzeitig nach außen und gen Himmel.

Gegenüber: Der Sonnentempel in Orissa, Indien, ist ein Beispiel für den Einfluss komplexer Turmstrukturen auf religiöse Hindu-Bauwerke im Mittelalter. Sie stellten den Wohnsitz der Götter in den Bergen dar.

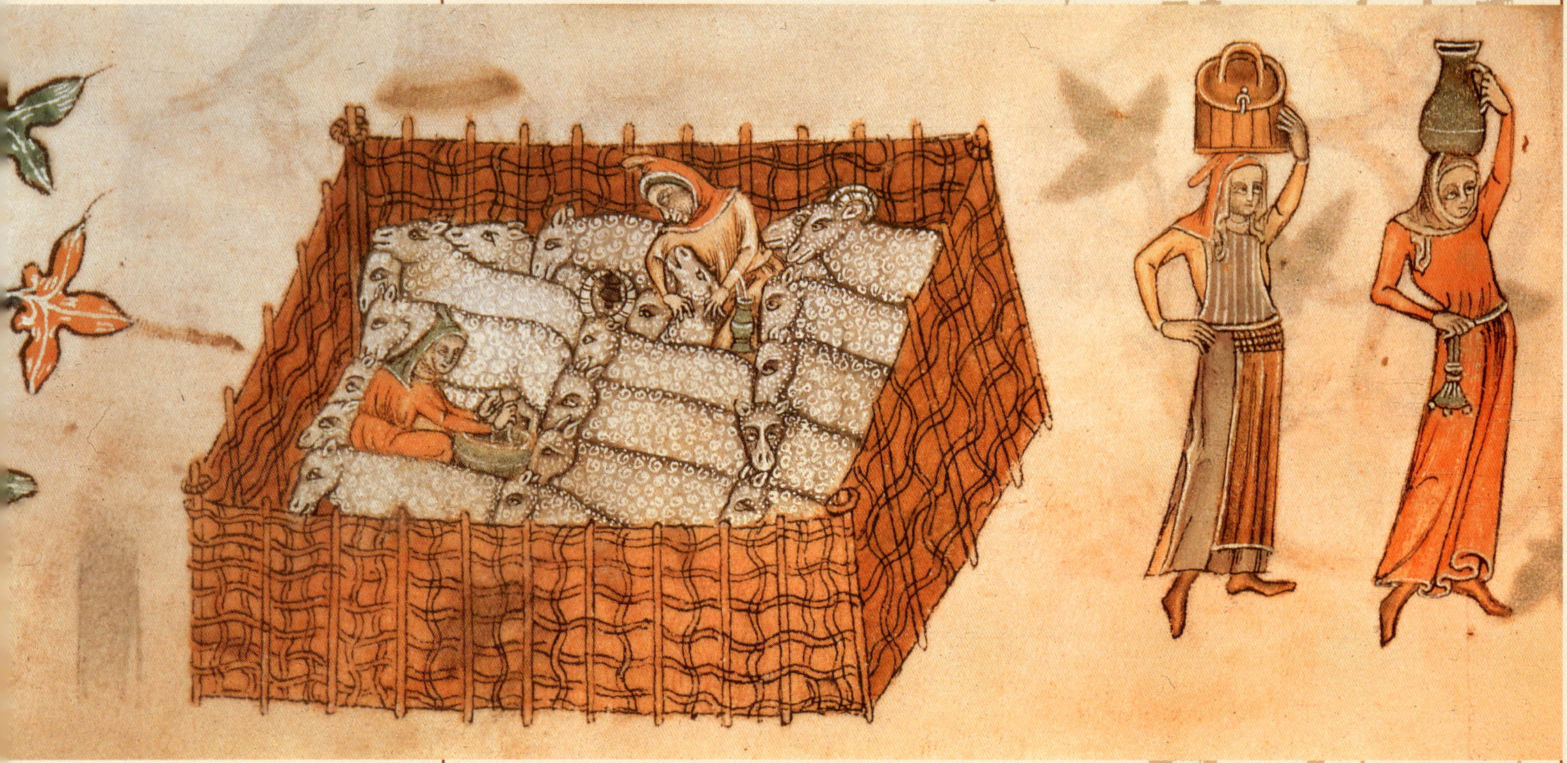

4 LEBEN AUF DEM LAND

Der Ackerbau bildete die Basis für alle mittelalterlichen Kulturen, selbst für stark urbanisierte und merkantile. Technische Neuerungen auf diesem Gebiet wie neue Werkzeuge, Maschinen und neues Saatgut hatten ungeheure Auswirkungen auf das Leben und die Arbeit der Landbevölkerung. Eine Folge war eine Zunahme der Nahrungsproduktion und neue Handelsformen, die Produkte über bemerkenswerte Entfernungen exportierten.

DIE GRUNDLAGE DER MITTELALTERLICHEN GESELLSCHAFT

In Westeuropa veränderte sich im Mittelalter das Klima. Zwischen 11. und 12. Jahrhundert wurde es milder, ab dem 14. wieder kühler und feuchter. In mehreren Ländern begann man, früher marginale Regionen zu kultivieren, beispielsweise Wälder und Moorlandschaften sowie schwere Lehmböden. Dies führte zu einer Steigerung der Nahrungsmittelproduktion und somit zu einem Bevölkerungswachstum. Dieser hatte ein Eindringen politisch dominanter Völker ins Hinterland zur Folge. So drangen Germanen ins Gebiet der Slawen und Anglonormannen vom 12. bis 14. Jahrhundert ins Gebiet der Kelten in Wales, Irland und Schottland vor, wo sie der Sieg von Robert the Bruce in der Schlacht von Bannockburn 1314 stoppte.

Man ging dabei systematisch vor, besetzte und verteidigte ein bestimmtes Gebiet, siedelte sich dort an und plante den Aufbau wie bei einer der modernen „neuen Städte". Auch für die Landwirtschaft ungeeignete Gebiete wusste man zu nutzen. Man weidete Rinder auf rauem Grasland, Schweine an Waldrändern, trotz der Bedrohung durch Wölfe, und ließ nur extreme Sumpflandschaften brachliegen. Nach dem Temperaturrückgang im 14. Jahrhundert verließ man jedoch die meisten der neu kultivierten Landschaftszonen.

Eine Schätzung ergab, dass Anfang des 20. Jahrhunderts etwa gleich viel von der Fläche Englands genutzt wurde wie im 14. Jahrhundert. Das Bild eines Landes mit Wäldern voller Gesetzloser gehört eigentlich zu den vielen mittelalterlichen Mythen.

Die wichtigste Verwaltungseinheit in Westeuropa war die Pfarre, deren Grenzen vielerorts bereits im 12. Jahrhundert festlagen. Die zweitwichtigste war das ländliche oder feudale Herrenhaus, gemeinsam mit Klosterbesitztümern und anderen kirchlichen Großgrundbesitzern. Im Großteil des mittelalterlichen Europa standen der Ritter des Lehngutes und seine Familie an der Spitze der ländlichen Gesellschaft, und die einfachen Dorfbewohner kamen zu ihnen um Rat und Hilfe. Meist war ein Mitglied der Ritterfamilie, manchmal ein Sohn des Ritters, auch der Dorfpriester. Obwohl es sich um keine demokratische Gesellschaft handelte, behielt das alte Konzept, sich die privilegierte Stellung zu verdienen, indem man die Verantwortung für gesellschaftlich tiefer Stehende übernahm und ihnen diente, noch über mehrere Jahrhunderte Gültigkeit.

In friedlicheren Teilen Europas wandten sich die Ritter bereits im 13. Jahrhundert von ihrer Kriegslust ab und widmeten sich

mehr der Landwirtschaft, den Wollpreisen und der lokalen Rechtsprechung als dem Krieg.

Trotzdem wählten die Zweitgeborenen mancher Ritter, die nichts erbten, lieber die Soldatenlaufbahn. Ein solcher war William Marshall, jüngerer Sohn einer unbedeutenden Familie, der durch seine Tapferkeit und Fähigkeiten zum Earl of Pembroke avancier-

Gegenüber: Maler fügten ihren Illustrationen von Manuskripten gerne Details des Alltags hinzu. In diesem Beispiel aus dem 14. Jahrhundert melken zwei Frauen Schafe, während zwei andere die Milch wegtragen.

Unten: Knechte arbeiteten auf den herrschaftlichen Feldern oft unter Aufsicht, hier ernten sie Getreide mit Sicheln. Später würden Frauen kommen, um die stehen gebliebenen oder zu Boden gefallenen Reste einzusammeln.

Gegenüber: In diesem englischen Buch über Tiere kehren Bienen zu ihren Stöcken zurück. In solchen beliebten Büchern fand man sowohl wirkliche Tiere als auch mythische Monster. Die Texte waren voll mit moralischen Belehrungen, z. B. wie die fleißigen Bienen ihrer Königin gehorchten.

te, Vormund des jungen Königs Henry III. und der mächtigste Mann Englands im 13. Jahrhundert wurde.

In Frankreich, England und in benachbarten Regionen war die offene Felderwirtschaft gebräuchlich. Große Felder wurden in Streifen unterteilt, die von Bauernfamilien nach dem Prinzip des Fruchtwechsels bebaut wurden. Außerdem gab es große Weiden. Der herrschaftliche Verwalter sorgte dafür, dass jeder Dorfbewohner mehrere Tage pro Woche für seinen Herrn auf dessen Ländereien arbeitete. In arbeitsreichen Phasen mussten die Bauern zusätzlich für ihn arbeiten und wurden mit Naturalien – Weizen, Butter, Käse oder Saatgut – entlohnt. Zumeist gab der Herr dann auf seine Kosten für alle ein Fest.

Bis zum 14. Jahrhundert verpachteten viele Landbesitzer ihr Land an andere und nahmen dafür Geld statt Arbeit von ihren Bauern, wodurch eine neue Schicht der reicheren Kleinbauern aufkam. Die Knappheit an Arbeitskräften und die steigenden Wollpreise motivierten viele in England dazu, sich auf die Schafzucht zu spezialisieren, die auch auf weniger fruchtbarem Gelände möglich war. Deswegen zogen viele weg von ihren Dörfern und arbeiteten auf Schaffarmen. Außerdem ließ die Pest ganze Dörfer aussterben, und viele Bauern flüchteten in die Stadt.

Gegen Ende des 15. Jahrhunderts begannen Grundbesitzer und reiche Bauern, ihre Ländereien zu teilen und abzugrenzen, und das auf Kosten der ärmeren Bevölkerung. Viele Heckenreihen entstanden zu dieser Zeit in der englischen Landschaft. Außerdem führten die Knappheit an Arbeitskraft und die florierenden Geschäfte mit Wolle zu höheren Löhnen für jene, die die Pest überlebt hatten. Hohe Steuern, der ausschweifende Lebenswandel der Aristokratie auf der einen Seite und das zunehmende Selbstbewusstsein der Bauern und ihr schwindender Respekt gegenüber jeglicher Autorität auf der anderen lösten ein Aufbegehren des Volkes und Revolten in ganz Europa aus.

Neue mittelalterliche Städte

Natürlich unterschied sich das Leben der Zivilbevölkerung außerhalb des Herzens Europas erheblich. Trotzdem wurden auch diese Randgebiete von Neulingen wie Anglonormannen, Flamen und anderen besiedelt. Spezialisten, „Locatores“ genannt, konstruierten Pflanzsiedlungen, die von dem Ort Tancredston in Wales im Jahr 1100 bis zur Stadt Bruck an der Leitha nahe der österreichisch-ungarischen Grenze zwischen 1236 und 1239 reichten. Agrarland teilte man in Parzellen und errichtete Häuser, Kirchen und Mühlen, man holte Siedler und gab ihnen die notwendige Unterstützung. Dafür bekamen die „Locatores“ die besten Gründe und Handelsprivilegien wie das Marktrecht.

Inzwischen kam es zu Veränderungen in der ländlichen keltischen Gesellschaft. Die Bewohner der schottischen Inseln zum Beispiel waren Nachkommen der Kelten und Wikinger, die von Ackerbau, Fischfang und Überfällen lebten. Die reichsten Farmer, die „Odelars“, verwalteten die Farmen eigentlich nur für ihre ausgedehnten Familien.

Man kannte auch andere Variationen. In Norddeutschland und dem Donaubecken gehörten religiöse und militärische Orden zu den erfolgreichsten Siedlern. Oft wurden diese von ungarischen und slawi-schen Herrschern angeheuert. Im ländlichen Skandinavien überlebten frühe Gesellschaftsformen der Wikinger, wenn auch unter wachsendem germanischen Einfluss.

Die Scheune in Ter Doest in Belgien ist eines der größten Beispiele der mittelalterlichen Architektur in Europa und gehörte zu einer Abtei. Die Wände sind aus Ziegeln, das Dach und die Träger aber sind aus Eichenholz.

ipm xpo p bonam opacionem conformem

arte componunt. et ex uariis floribz cond
innumera ple castra replent. Exercitum et
mouent. Fumum fugiunt. tumultu exaspa
experti sunt de boum cadaueribz nasci. Nam
uitulorum occisorum carnes uerberant ut ex

In diesem angelsächsischen Kalender von 1030 pflügen Kleinbauern mit Ochsen. Der Pflug ist groß und bricht die Erde richtig auf, anstatt nur eine Furche für Samen zu ziehen. Für schweren Boden brauchte man vier Ochsen, wie in diesem Bild.

Es war üblich, dass die ältesten Söhne das Land erbten, während die jüngeren aufgrund des Bevölkerungswachstums zunehmend militärische und Handelsberufe ergriffen bzw. ein Handwerk wählten. Auch setzten sie die Tradition der Wikinger, fremde Länder zu besiedeln, fort, nun allerdings getarnt als Kreuzzüge gegen Finnland und Estland.

In Italien herrschten wiederum andere Sitten. Im 11. und 12. Jahrhundert zog der Landadel in die Städte und ging rasch unter die Kaufleute, indem er aus reinem Geschäftsinteresse in die Landwirtschaft investierte. Gemeinsam kauften sie die besten Ländereien auf, legten Sümpfe trocken, bewässerten trockene Gebiete, legten Terrassen für den Anbau auf Hügeln an und bauten bessere Straßen. Diese neuen Unternehmer stellten auch das Geld bereit, das kleine Bauern für neues Saatgut und Gerät benötigten, und teilten den Gewinn mit ihnen.

Deswegen war die italienische Landwirtschaft durch ihre modernen Techniken, die Verteilung und Marktsysteme führend, auch wenn die Seite der armen Bauern selten berücksichtigt wurde. Aufzeichnungen aus dem 14. und 15. Jahrhundert überliefern nur die Meinung der städtischen Elite über die rauen Landgesellen. Trotzdem entstammten der italienischen Landbevölkerung zu einer Zeit, in der das „Condottieri"-System vorherrschte, zahlreiche erfolgreiche Heerführer. In der Stadt hingegen galt der Besitz eines Landhauses für die Renaissancegesellschaft als Zeichen wirtschaftlicher Erfolge.

Mittelalterliches Dorfleben

Die Dörfer unterschieden sich wesentlich im Hinblick auf Klima und Kultur. In England und Frankreich besaß der Grundherr zumeist einen Taubenschlag und die Mühle, in der seine Bauern ihr Korn mahlen mussten. In den meisten Dörfern arbeiteten auch Töpfer, Schmiede, Tischler und Radmacher. Das Heu wurde zentral gelagert und gerecht verteilt, die Molkerei zentral verwaltet und überwacht, und ein Müller betrieb die zentrale Wasser- oder Windmühle.

Erst ab dem 15. Jahrhundert gab es Gaststätten für Reisende. Das Dorf bestand meist aus Häusern entlang einer Straße oder um einen Anger. Die Ärmsten hatten kleine Häuser aus Holz und Lehm mit einem Zimmer, die Reicheren mehrere Zimmer, Fensterläden und Möbel.

Schlösser und Herrenhäuser bildeten die Verwaltungszentren und zugleich die Heimstätte für Ritter und ihre direkten Vasallen, und in Krisenzeiten exerzierten Ritter und Knechte im Schlosshof, während Fährtensucher und Kundschafter die Gegend beobachteten. Auch in Friedenszeiten trieben Gesetzlose und Banditen in den Wäldern und Bergen ihr Unwesen, Piraten zur See, und aufmüpfige Untertanen machten der Obrigkeit immer wieder zu schaffen.

Die deutlichsten Unterschiede dazu gab es in den europäischen Randgebieten. Auf den schottischen Inseln gerbte man zum Beispiel Leder, schnitzte Holz und fertigte Töpfe. Im nördlichen Skandinavien, auf Island und auf Grönland baute man wegen der ständig sinkenden Temperaturen Häuser aus Sandstein und Torf, deren bis zu zwanzig Räume Mensch und Tier gemeinsam beherbergten. Ein Lagerhaus aus massivem Stein wurde oft daneben errichtet – es hinderte Wölfe und Bären daran, sich an den Vorräten und

Pelzen, die für den Export bestimmt waren, gütlich zu tun.

Die europäische Landwirtschaft im Mittelalter entwickelte sich rasant und profitierte besonders von einem neuen Pflugsystem, das ungefähr ein Jahrhundert nach dem Fall des Römischen Reichs wohl in Deutschland erfunden wurde. Dieser Pflug wendete die Erde richtig um, anstatt nur eine Furche zu ziehen wie die alten Geräte. Manche dieser Furchen und Rillen des mittelalterlichen Pfluges kann man heute noch sehen, meist mit einem großen Wendeplatz für die Ochsen an jedem Ende. Natürlich konnte man den neuen Pflug nicht überall einsetzen, besonders nicht im Süden, wo die Erde nicht tief genug war; an diesen Stellen musste man den alten mediterranen Pflug weiter verwenden.

Das Chaos in der europäischen Landwirtschaft nach dem Fall des Römischen Reiches ging am südlichen Sizilien vorüber; es blieb bis zur Eroberung durch Araber und Berber 827–901 unter römisch-byzantinischer Herrschaft. Danach hatte auch Sizilien an dem Agrarfortschritt der islamischen Kultur Anteil.

Schließlich übernahmen im 11. Jahrhundert die normannischen Besatzungsmächte Siziliens florierende Landwirtschaft, ohne sie zu verwüsten, und machten daraus die wichtigste Weizenquelle für die wachsenden Wirtschaftsgebilde in Mittel- und Norditalien. Im 12. und 13. Jahrhundert erholte sich hier die Landwirtschaft und litt unter Übervölkerung und Seuchen bis zum späten 14. und 15. Jahrhundert, als die Renaissance mit einer erneuten landwirtschaftlichen Expansion begann. Diese Zeit war geprägt durch neues Saatgut wie Maulbeerbäume für die Seidenindustrie um Lucca, Safran aus Aquila, um Damen das Haar zu färben und Speisen zu würzen. In der Poebene wurde Reis angebaut und im tiefen Süden gab es ausgedehnte Olivenhaine.

Die Tierzucht war im größten Teil des mittelalterlichen Europa weniger bedeutend, auch wenn das einfache Volk seine Herden normalerweise auf öffentlichem Land weidete. Schafe und Ziegen dienten der Woll-, Fleisch- und Milchgewinnung, ebenso eine kleine Zahl an Kühen. Das größte Problem der Bauern war jedoch, die Tiere während der Wintermonate zu ernähren. Manche wurden für die Zucht verwendet, der Großteil jedoch kam unter das Messer. Im 14. und 15. Jahrhundert nahm der Schafbestand mit der wachsenden Bedeutung von Wolle und Tuch deutlich zu, und die Italiener widmeten sich nun ebenfalls der Schafzucht, auch wenn ihre Wolle nie die Qualität der englischen und spanischen erreichte.

Männer stampfen Trauben auf dieser Illustration in einem Psalter aus dem 12. Jahrhundert. Die Nacktheit kann auf die römischen Vorbilder dieser Szene zurückgeführt werden, hatte aber auch handfeste hygienische Gründe: Indem man die Kleidung ablegte, war sie vor Farbspritzern und der Wein vor Wanzen und Flöhen geschützt.

DER NIEDERGANG DES BYZANTINISCHEN BAUERN

Das Landleben im Byzantinischen Reich verlief seit den Zeiten der Römer größtenteils ohne Unterbrechung, auch wenn es zuweilen tief greifende Veränderungen gab. Große Landverluste an die Moslems im 7. Jahrhundert – besonders der „Brotkammer“ Ägypten – verursachten Hungersnöte, vor allem in den Armeen und Städten, und die Regierenden versuchten die Situation der verbleibenden Kleinbauern zu verbessern, um der Nahrungsmittelproduktion neuen Schwung zu geben.

Trotzdem galt es für Kleinbauern und ihre Familien als ungesetzlich, den Wohnort zu wechseln, und spezielle Papiere waren für Aufenthalte nahe der Landesgrenze notwendig. Die Kluft zwischen Landbesitzern und Landarbeitern blieb sehr weit. Die Steuerlast wurde hauptsächlich von den Untertanen getragen, vor allem von bezahlten Arbeitern, Knechten und Sklaven.

Bis zum 11. Jahrhundert existierten nur noch wenige freie Bauern, und ihr Ansehen sank tiefer und tiefer. Währenddessen verließ der byzantinische Adel die Städte und kaufte das beste Land auf. Die gesamte byzantinische Welt wurde 1204 durch den vierten Kreuzzug und den Fall von Konstantinopel zerstört. Danach gingen die Fragmente des Reiches eigene Wege. Das Reich Trapezunt zum Beispiel unterschied sich stark von den anderen Teilen, hier herrschte in den Pontus-Bergen und an den Küsten des Schwarzen Meers stellenweise subtropisches Klima, und die Vegetation gedieh üppig. Die Größe der Bauernhöfe hielt sich hier im Rahmen, während in den Bergen und auf der anatolischen Hochebene wenige Landbesitzer große Rinderfarmen anstelle kleinerer Äcker besaßen.

Trotzdem blühte hier im Gegensatz zu anderen Teilen des byzantinischen Gebiets das freie Bauerntum bis zum Ende. Eine „Gonikeia“, ein kleiner Hof, konnte vererbt, verpfändet, verkauft oder bearbeitet, nicht aber verlassen werden. Auch die Aristokratie von Trapezunt bestand eher aus noblen Kleinbauern denn aus kleinen Adligen. Die einzigen großen Barone entstammten den halb selbstständigen Großfarmen im Süden.

Entgegen mancher Gerüchte vom unterdrückten russischen Knecht ging es diesem wahrscheinlich um einiges besser als manchem westeuropäischen Landbewohner.

Zwischen dem 11. und 13. Jahrhundert bestand die russische Landbevölkerung größtenteils aus freien Bauern, auch wenn so mancher Sklave die Felder des lokalen „Bojaren", Herrn, bebaute. Das größte Problem russischer Bauern bildete die Zahlung der Steuern in schlechten Erntejahren. In diesem Fall wurden manche Familien zu Knechten, die erst ihre Schulden abarbeiten mussten. Falls sie sich jedoch davonmachten und gefangen wurden, waren sie auf Lebenszeit Knechte ihrer Gläubiger.

Das Dorfleben unterschied sich je nach der jeweiligen Klimazone erheblich. In vielen Teilen des Byzantinischen Reiches umgaben Dörfer die herrschaftlichen Villen wie im Römischen Reich. Außer dem Priester gab es meist einen Schmied, Töpfer, einen Ziegelbrenner und den Betreiber der Wassermühle, die auch zur Bewässerung des Landes diente. In manchen größeren Orten befanden sich auch Geschäfte. Obstgärten außerhalb des Dorfes gehörten einzelnen Bauernfamilien, ebenso die Felder, aber das entlegene Weideland gehörte der Dorfgemeinschaft gemeinsam.

Ewig gleiche Landschaften

Die Landwirtschaft bediente sich einfacher Geräte und Pflüge, die von Ochsen oder Maultieren gezogen wurden. Das byzantinische Saatgut blieb weitgehend unverändert, und der Rückgang der Bewässerung dürfte zum Teil auf die Invasionen und die darauf folgenden Störungen des Landlebens zurückzuführen sein.

In der Tat waren die byzantinischen Agrartechniken von Byzanz rückständig im Vergleich zur benachbarten muslimischen Welt oder der Entwicklung in Westeuropa, und die einzigen großen Gebiete intensiven Ackerbaus lagen nahe der Küsten. Seit dem 6. Jahrhundert kannte man die Seidenindustrie, angeblich durch zwei Mönche, die Seidenraupen in einem hohlen Bambusstab geschmuggelt hatten, aber Reis gab es erst zu Ende der byzantinischen Ära.

Windmühlen wurden nicht übernommen, und Wassermühlen und Pflüge blieben unverändert. Trotzdem waren große Teile des Byzantinischen Reiches wichtige Exporteure von Wein, Olivenöl, Getreide, Trockenobst, Nüssen, Holz, Rindern und Schafen. Trapezunt etwa war sehr fruchtbar und gut bewässert, wenngleich in manchen Tälern so steil, dass sich Männer bei der Arbeit zur Sicherheit an Bäumen festbinden mussten.

Der Ackerbau war sehr arbeitsintensiv, besonders in den Monaten August und September. Getreide wurde mit einfachen Handsicheln gemäht, gedroschen und in der nächsten Wassermühle gemahlen. In einem

Gegenüber: Christus und ein Hirte in einer byzantinischen oder serbischen Ikone. Die Engelsfigur ist traditionell, während der Hirte mit der breiten Krempe und dem schweren Holzprügel realistisch anmutet.

Unten: Eine Jagdszene in einem serbischen Manuskript aus dem 12. Jahrhundert. Malerei, Kleidung und Leben der Balkanvölker hatten mit der byzantinischen und der westeuropäischen Welt viel gemeinsam.

Oben: In der Nacht lockten Fischer ihre Beute oft mit Lampen an, hier eine byzantinische Illustration aus dem 11. Jahrhundert. Diese antike griechische Methode wird bis heute in der Ägäis eingesetzt.

Gegenüber: Ein Physikus beobachtet Knechte bei der Arbeit, in der arabischen Übersetzung eines griechischen Medizinbuchs, das im 12. Jahrhundert im Irak erschien. Oben graben zwei Männer, einer schneidet Unkraut, während ein vierter Nahrung bringt. Darunter dreschen weitere Arbeiter Weizen.

interessanten Manuskript für den Trapezunter Adligen Prokopios Chantzames illustrierte Johannes Argyrios 1346 sehr detaillier die Arbeiten jedes Monats.

Auch in Süd- und Zentralrussland war der Getreideanbau sehr wichtig. Im Norden hatten die Siedler jedoch andere Probleme. Rund um Novgorod bestand der Boden aus einer sehr dünnen, fruchtbaren Lehmschicht. Russen, Balten und Finnen setzten bewusst weiterhin flache Pflüge ein, um die fruchtbare Schicht nicht mit unfruchtbarem Unterboden zu bedecken. Manche der russischen Siedler übernahmen von finnisch-ugrischen Stämmen sogar die primitive Brandrodung und zogen nach Art der Nomaden von einer Lichtung im Wald weiter zur nächsten, wenn der Boden erschöpft war und Zeit zur Erholung brauchte.

Auch die Tiere auf dem Lande waren im Byzantinischen Reich sehr traditionell. Als Lasttiere fungierten vor allem Maultiere, Ochsen dienten als Zugtiere von Pflügen und schweren Karren und halfen beim Dreschen und Pumpen von Wasser. Auch Rinderzucht wurde betrieben; die Herden überwinterten in den Tälern und grasten im Sommer in den Bergen. An den Küsten widmete man sich eifrig der Fischerei, auch des Nachts, wobei man Lampen an den Booten befestigte. In Kreta verdienten die Leute durch die Zucht von Jagdhunden Geld, anderswo fing man Singvögel für städtische Märkte. Auch Jahrmärkte fanden im byzantinischen Kulturkreis großen Anklang – dort konnte man sich nämlich auch Geld leihen, wenn man in Schwierigkeiten steckte.

DIE GRÜNE REVOLUTION DES ISLAM

Im Mittleren Osten begann im 7. und 8. Jahrhundert eine landwirtschaftliche Revolution, die sich bis zum 11. Jahrhundert über die gesamte islamische Welt bis hin zur Iberischen Halbinsel verbreitete und sehr großen Einfluss hatte. Diese Revolution führte in allen betroffenen Gebieten zu einem starken Bevölkerungswachstum, da sich die Lebensbedingungen und der allgemeine Gesundheitszustand der Menschen erheblich verbesserte. Man veränderte die Art zu kochen und baute andere Feldfrüchte an, die wiederum neue Industrien hervorbrachten.

Die phänomenale Ausbreitung der Bewässerung in diesem eher trockenen Teil der Welt bedeutete, dass es neue und verbesserte Systeme zum Hinaufpumpen und Weiterleiten von Wasser geben musste. Das wichtigste und sichtbarste davon war wohl das senkrechte Nouria-Wasserrad, das sich vom Iran bis nach Portugal verbreitete.

Weniger dramatisch spielte sich die allmähliche Entwicklung eines komplexen und ausgeklügelten Rechtssystems ab, das die gerechte Zuteilung des Wassers zur Bewässerung sichern sollte. Dessen Gesetze basierten auf älteren aus Syrien und dem Jemen aus vorislamischer Zeit und besagten, je dichter ein Bauer an der Wasserquelle war, desto größer waren seine Rechte. Die offensichtliche Ungerechtigkeit dieses Konzepts wurde durch die Tatsache kompensiert, dass reiche Bauern eher im fruchtbaren Tiefland zu finden waren als in den armen, rückständigen Regionen der Stämme im Hochland.

Rechts: Zwei Fischer in einem Manuskript aus Ägypten oder Syrien, ca. 1350. Das ausgeworfene Netz gleicht jenen, die auch heute im Mittleren Osten verwendet werden, wenn auch kleiner. Der zweite Mann trägt einen Wasserbehälter aus Tierhaut, vielleicht um Fische lebend auf den Markt zu bringen.

Mongolische Invasion und Niedergang der Landwirtschaft

Natürlich gab es Ausnahmen von dieser islamischen Agraridylle des Mittelalters. Nach der Schlacht von Mantizert 1071 versuchten die Seldschuken als neue Landesherren, den Niedergang der Landwirtschaft in Anatolien aufzuhalten, der die vorhergegangenen Jahre geprägt hatte, und erneuerten das Bewässerungssystem, auch um wieder Steuern eintreiben zu können – mit wenig Erfolg. Die mongolischen Eroberungen hatten im 13. Jahrhundert schon sehr viel Land im Osten des islamischen Einflussbereichs zerstört, da sie bestrebt waren, das pastorale Leben großflächig wiederherzustellen, um ihr Nomadenleben weiterführen zu können.

Anderswo im Mittleren Osten war die Landzerstörung durch die Mongolen weniger stark, doch zerstreuten die nachfolgenden Kriege die Kleinbauern, die die Bewässerungssysteme instand gehalten hatten. Sackte dieses empfindliche System aber erst einmal unter ein bestimmtes Niveau, verloren viele Kleinbauern ihre Lebensgrundlage und mussten weiterziehen. Damit begann im 13. Jahrhundert ein Teufelskreis des Verfalls, der sich bis ins 20. Jahrhundert fortsetzte.

In Nordafrika und der Iberischen Halbinsel hinterließen Invasionen und Völkerwanderungen weniger dramatische Spuren. Zwischen den Berbern an den Küsten, Oasen und Bergen, ihren nomadischen Verwandten und verschiedenen arabischen Nomadenstämmen herrschte seit dem 11. Jahrhundert eine beachtliche Form der friedlichen Koexistenz. Anders als die früheren arabischen Eroberer, die in den Städten die regierende Elite bildeten, führte die Ankunft ganzer Araberstämme wie der Banu Hilal und Banu Solaim, die 1057 den Großteil Tunesiens eroberten, zu einem lokalen Niedergang der Landwirtschaft, vergleichbar dem Einfall der Mongolen im Osten. Doch dieser war nicht so großflächig und zerstörerisch. Berberstämme siedelten sowohl im Hochland als auch in der Wüste, während Berbergemeinden das fruchtbare Land rings um die Machtzentren kultivierten oder rings um solche urbanen Gebiete Palmen und Olivenbäume setzten.

Links: Ein Mameluckenreiter tötet ein Wildschwein in diesem Kavalleriehandbuch aus dem 14. Jahrhundert. Im Unterschied zu westeuropäischen Rittern bestand die Kavallerie-Elite des mittelalterlichen Islam aus bezahlten Profis, die ständig trainiert wurden. Auch die Jagd gehörte dazu.

Die fruchtbarsten Ackerböden wurden auch von den Verwaltern arabischer Aristokraten beherrscht, während anderswo autonome Berberstämme nur ihrem eigenen Häuptling unterstanden, der seinerseits die Autorität eines fernen Sultans vertrat.

In der Agrarwirtschaft war Felderwechsel üblich. Die abhängigen Kleinbauern durften nur eine Saison lang Getreide auf unbewässerten Feldern anbauen. Vier Fünftel der Ernte gebührten dem Grundherrn. Für den Obstanbau gab es solche Verträge über mehrere Jahre. Am wertvollsten waren natürlich die bewässerten Felder.

Auch die Landaufteilung folgte sehr komplexen Regeln. In manchen Stammesgebieten besaßen einzelne Stammesangehörige Höfe, und Landbesitz beruhte meist auf alten Traditionen. Schriftliche Unterlagen gab es nur bei wertvollen Gütern in Stadtnähe, was wohl die Ursache dafür war, dass fruchtbarer Boden Gegenstand endloser Streitereien um Schenkungen, Verkäufe und Erbschaften war.

Ähnlich sah es im Mittleren Osten aus, auch wenn in unfruchtbaren, entlegenen oder kriegsgeplagten Gebieten die Bevölkerung unter verzweifelter Armut litt. Als Folge davon zeigten sich gerade diese Gebiete für neue unorthodoxe Religionen sehr empfänglich. Wanderderwische und schiitische Sekten fanden großen Anklang, und alle Versuche der Regierung, diesen häretischen Strömungen entgegenzusteuern, waren zum Scheitern verurteilt.

Neues Saatgut, neue Farmen

In begünstigten Gebieten ermöglichten neues Saatgut und verbesserte Technik zwei Ernten im Jahr, wo früher nur eine möglich war. Der Ausbau bestehender Bewässerungssysteme machte es auch möglich, Ackerland zu bebauen, das oft jahrzehnte-, wenn nicht jahrhundertelang brachgelegen hatte.

Nirgendwo war diese Entwicklung deutlicher als im Irak vor der mongolischen Eroberung. Mittlerweile verbreiteten sich Orangen und Zitronen von Indien westwärts bis nach Spanien, genauso Zuckerrohr und der Anbau von Baumwolle, Reis und Maulbeerbäumen für die wachsende Seidenindustrie.

Eine Beduinenfrau hütet eine Kamelherde in einem Manuskript aus Bagdad 1237. Der Maler al-Wasiti ist einer der wenigen namentlich bekannten Künstler des frühmittelalterlichen Islam. Er illustrierte gerne Alltagsszenen gewöhnlicher Leute.

Besonders bemerkenswert war die Verbreitung von Bananen von Südostasien nach Marokko und Spanien. Man konnte diese nicht als Samen verbreiten, sondern musste lebende Pflanzen versetzen, und das ging immer nur stückweise von einer Generation zur nächsten. Bücher über Agrartechniken waren daher sehr gefragt, eines der wichtigsten das Buch über Landwirtschaft des Andalusiers Ibn Bassal, der 1085 seine Kenntnisse praktisch umsetzte, indem er für den Regenten Sevillas einen botanischen Garten anlegte.

Auch bereits existierende geldbringende Produkte wie Mandeln, Feigen und Kork erlangten größere Bedeutung, und man kannte sogar schon Spargel und Auberginen. Der alte Pflug veränderte sich kaum im byzantinischen Raum, da er sich als für flache Böden am geeignetsten erwies. Trotzdem verfasste man Bücher über Ackerbau und Botanik und bezog das Wissen Indiens und des Fernen Ostens mit ein. Sie behandelten die einzelnen Bodenarten, Düngerformen, die Bewässerung und das geeignetste Saatgut sowie die Veredelung von Bäumen und ihren Transport über lange Strecken.

Marktkräfte und Viehbestand

Die Viehzucht änderte sich nicht stark, doch war man auf Grund der religiösen Praktiken und des Lebensstils des Islam auf Fleisch, vor allem Schaffleisch, angewiesen, und das bedeutete, dass auch die Wirtschaft der entlegensten Völker marktorientiert wurde. Als Folge davon förderten die Wolle und Häute dieser Tiere die Entwicklung der Textilindustrie.

Auch die etablierten Handelsbeziehungen über weitere Entfernungen, typisch für den mittelalterlichen Islam, förderten die Ausrichtung der Landwirtschaft auf den Markt. Große Mengen an Grundnahrungsmitteln und kleinere Mengen an wertvollen Kräutern und Gewürzen wurden über große Strecken zu Land oder auf See befördert. Trockenfrüchte, Honig und Nüsse wurden im Mittleren Osten von Land zu Land getragen, während man Schnee in Bleigefäßen in Kühlhäuser im Iran und Irak brachte, damit die Reichen auch bei sommerlicher Hitze ihre Drinks eisgekühlt genießen konnten. Eis wurde sogar verwendet, um im 9. und 10. Jahrhundert frische Wassermelonen von Mittelasien nach Bagdad zu transportieren.

Rinder waren weniger wichtig, außer in jenen islamischen Ecken, wo alte Traditionen noch hochgehalten wurde. Ein Beispiel hierfür sind die Qara von Dhufar. Bei ihnen spielten Kühe eine fast so wichtige Rolle wie in Indien, obwohl die Qara natürlich moslemischen Ursprungs und keine Hindus waren. Frauen durften die Kühe zwar füttern, doch nur Männern war es gestattet, die Kühe zu melken.

ACKERBAU UND VIEHZUCHT STREITEN UM DAS LAND

義靜三藏於西天取

Die frühen Mongolen lebten in den riesigen sibirischen Wäldern und in den östlichsten Steppen Zentralasiens, waren jedoch arme, rückständige Leute verglichen mit ihren türkischen Nachbarn, die die Seidenstraßen im Süden unter Kontrolle hatten. Türken und Mongolen zeigten kaum Interesse an den Bewohnern Sibiriens und der Tundra, weil diese noch ärmer waren als sie selbst, hingegen war das reiche China das Hauptziel ihrer Überfälle, und Chinas Reichtum basierte auf der Landwirtschaft.

Mehr als tausend Jahre kontrollierte die chinesische Regierung die Bewässerungssysteme, den Hochwasserschutz und das Transportwesen, das landwirtschaftliche Güter in alle Provinzen des riesigen Landes beförderte. Doch trotz dieser Vorkehrungen litt die Landbevölkerung schwer unter Naturkatastrophen, und ganze Gemeinden zerfielen oder zogen weg. Die Regierung erkannte, dass es in ihrem eigenen Interesse war, diese Menschen sehr bald wieder fest anzusiedeln, um von ihren Erträgen wieder Steuern einheben zu können.

In besseren Zeiten ermutigte man Bauern, Bewässerungssysteme zu installieren, und die Fläche des bebauten Landes und seine Erträge nahmen allmählich zu. Auch Japan erlebte ein ähnliches Anwachsen der Agrarproduktion, besonders ab dem 13. Jahrhundert – eine Folge des Nassreisanbaus in sumpfigen Feldern, die in guten Gegenden zwei- bis dreimal im Jahr abgeerntet werden konnten, und der besseren Verteilung der Wasserressourcen.

Die überwältigende Mehrheit der Chinesen lebte von der Landwirtschaft, und das Bauernjahr drehte sich um religiöse Feste, die sich auf landwirtschaftliche Ereignisse bezogen. Wie im Islam gab es auch hier Bücher über die Landwirtschaft und deren Feste für die gebildete Klasse der Landbesitzer. Diesen Werken waren auch Anstandsregeln, die Leitung einer Familie und die richtige Erziehung der Söhne zu entnehmen.

Der Mangel an Weiden und die strengen Winter motivierten die Leute, sich zu überlegen, wie man wertvolles Vieh über den Winter bringen konnte. Für Pferde lagerte man Weizenkleie in speziellen versiegelten Behältern.

Japans Ländereien wurde seit dem 9. Jahrhundert von der Aristokratie dominiert, die den größten Teil des besten Landes besaß. Einen großen Teil guten Landes besaßen auch Klöster und religiöse Orden – steuerfrei. Die wichtigste Wirtschaftseinheit bestand jedoch in den Herrenhäusern des kleinen Landadels, der eine offizielle Regierungsfunktion anstrebte, die mit einer Steuerbefreiung für sie und ihren Besitz verbunden wäre.

In anderer Hinsicht handelte es sich bei diesem niederen Landadel eher um eine Mittelschicht, auf die die städtische Elite ebenso wie auf die Bauern herabsah. Im 12. und 13. Jahrhundert jedoch wurden diese geschmähten Provinzler wirtschaftlich und militärisch sehr wichtig. Damals, in der feudalen Kamakura-Periode (1185–1392),

Mongolenzelte in mongolischen Bergen. Mit „Yurt" meint man das Weideland dieser Familie. Seit den Tagen des Dschingis Khan haben sich solche Szenen kaum verändert.

zersplitterte die japanische Verwaltung. Die alte Unterteilung in Sklaven und Freie verschwand unter der Masse der verarmten Landbevölkerung. Diese litten auch in guten Zeiten unter dem Snobismus der Elite, die Kleiderverordnungen erließ und sogar bestimmte, was jene (nicht) essen durften. Der gesellschaftliche Status dieser Leute war so gering, dass die Militärbehörden, die im spätmittelalterlichen Japan regierten, alles in ihrer Macht Stehende taten, um die Verschuldung der Militärs und ihren nachfolgenden sozialen Abstieg zu verhindern.

Ein ähnlicher, jedoch nicht identischer Prozess spielte sich in Korea unter den Koryu (935–1392) und Yi- oder Li-Herrschern (1392–1910) ab. Hier fielen große landwirtschaftliche Gebiete an den Staat, der sie durch komplexe Übereignungen an Beamte verteilte. Später gelangten diese Landstriche in die Hände weniger Adelsfamilien, und freie Bauersleute wurden immer mehr zu Knechten.

Ein Prinz reitet mit seinem Falken in dem Manuskript von 1400 oder 1500, wahrscheinlich aus Transoxanien. Seine Kleidung ist eine kunstvolle Ausführung jener, die zentralasiatische Kunst seit dem 8. Jh. abbildet. Ähnliches gilt für das Zaumzeug, das Schwert ist jedoch chinesisch und kein gebogener türkischer Säbel.

Agrarwissenschaft im Osten

In China war die Landwirtschaft natürlich hoch entwickelt. Als Standardmaß galt der Mou, theoretisch ein Landstreifen von 240 Schritt Länge und einem Schritt Breite. Schätzungsweise kamen auf jeden Bewohner etwa 14 Mou. Zum Düngen verwendete man alles Mögliche, auch tierische und menschliche Exkremente vermischt mit Knochenmehl. Ein komplizierter Fruchtwechsel sicherte die Fruchtbarkeit des Bodens. Dabei wurde eine Doppel-Mou, also ein zwei Schritt breiter lang gestreckter Acker, in drei enge Furchen aufgeteilt, die durch Kämme getrennt waren. Mit der Hand legte man den Samen vorsichtig in jede Furche. Die Lage der Kämme und Furchen wechselte jedes Jahr als Form von Felderwechsel im Kleinen.

Das Hauptanliegen der Farmer war die Versorgung der eigenen Familie mit Nahrung und Kleidern. Zusätzlich zu Pflügen und radförmigen Sämaschinen verwendeten die Bauern auch mechanische Reismühlen, obwohl die schwerste Arbeit das Hinaufpumpen des Wassers für die Felder war.

Reis war die Hauptnahrung in Südchina, im Norden waren es Weizen und Hirse und im Nordwesten Gerste. Aus Vietnam kam im 11. Jahrhundert eine Reissorte, die gegen die Trockenheit besser resistent war.

Verglichen mit der chinesischen Landwirtschaft wirkt die japanische sehr einfach, wenn auch ähnlich intensiv. In Tibet hingegen strebten die isolierten Täler danach, sich autark mit Gerste und Gemüse zu versorgen.

Fischfarmen und Viehzucht zur Fleischproduktion brachten den chinesischen Kleinbauern ein kleines Zusatzeinkommen, aber wichtiger war die Viehzucht für die Nomadenvölker Zentralasiens. Für die Türken- und Mongolenstämme war die Zucht von Rindern, Ziegen, Schafen und Pferden, die sie mit gutem Gewinn an die Chinesen verkauften, eine Überlebensfrage. Die Pferde lebten in fast wilden Herden, bis sie an die Reihe kamen, versammelt und gezähmt zu werden. Reiter fingen dann die Tiere mit Lassos an langen Stangen ein. Die Bewohner Zentralasiens ernährten sich im Unterschied zu den Chinesen vorwiegend von Fleisch und Milch, importierten aber auch Reis und Getreide von ihren sesshaften Nachbarn. Ähnlich lebten die tibetanischen Nomaden, nur hatte man am „Dach der Welt" eher Yaks als Rinder.

Die Jagd war sehr wichtig für Zentralasien, aber nicht so sehr in China, Korea und Japan. Mongolen und Türken am Rande oder inmitten der sibirischen Wälder betätigten sich auch als Fallensteller, da Pelze bei sesshaften Völkern immense Preise erzielten. Die besten Einnahmequellen der chinesischen Bauern waren Holz, Obstbäume und Gemüsegärten. Maulbeerbäume für Seidenraupen und Gummibäume zur Herstellung von Lack für die Lackareiten gewannen erst im Spätmittelalter an Bedeutung.

Studie eines Schafes und einer Ziege des chinesischen Malers Chao Meng-Fu, 1254–1322. Die Chinesen konnten Tiere sehr gut zeichnen, besonders die Künstler der Yuan-Periode, während der China von einer mongolischen Dynastie regiert wurde. Dies geschah nicht nur aus ästhetischen Gründen, sondern spiegelte auch das chinesische Verständnis der Stellung des Menschen in der Natur.

MONSUN

Monsunregen bestimmten die landwirtschaftlichen Zyklen Indiens und Südostasiens. Trotzdem gab es genug Variationen beim Getreideanbau und in der Dorforganisation vom trockenen Norden Indiens bis zum üppigen Indonesien. Sogar in Gebieten mit viel Regen musste man das Wasser bei der Verteilung rationieren; in Sri Lanka gab es 800 km lange Kanäle aus der Zeit des Königs Parakrama Bahu I. im 12. Jahrhundert. In Indochina war die Erde schlecht, nur in den Tälern konnte man Reisfelder anlegen, während die Bergbewohner Brandrodung betrieben. In Malaysia beschränkte sich die Landwirtschaft auf die Flussufer. Java hingegen war fruchtbar, auch wenn gelegentliche Vulkanausbrüche verheerende Folgen hatten.

Der Zyklus von Monsun und Trockenheit brachte viele südostasiatische Staaten dazu, Wasserreservoirs und Bewässerungssysteme anzulegen, die dafür sorgten, dass Reis in einem viel größeren Ausmaß als zuvor angebaut werden konnte – dies betraf vor allem die Umgebung der Großstädte. Das Landleben wurde dabei von mächtigen Herrschern und der strengen Befolgung der Regeln des Hinduismus und Buddhismus geprägt. In diesen hinduistischen und buddhistischen Königreichen besaßen Tempel und Klöster viel Land und beschäftigten zahlreiche landlose Arbeiter. Die meisten Bauern dürften jedoch frei gewesen sein. Bei den Cholas in Südindien (10. bis 13. Jahrhundert) organisierten sie sich zu einer Art Kriegstruppe gegen die häufigen Zusammenstöße mit den Ureinwohnern aus dem Dschungel.

Weniger Konfliktherde gab es in Indonesien, wo Dörfer selbständig waren und einem Ältestensenat, dem „Ramani Dusun", unterstanden. Das einfache Volk zahlte Steuern an königliche Beamte und leistete Frondienste an den Bewässerungssystemen oder sakralen Bauten. Das wenige, das man über das Dorfleben im Reich der Khmer vom 9. bis 14. Jahrhundert weiß, weist darauf hin, dass das niedere Volk Altäre und Einsiedeleien der Elite betreuen musste. Jede Familie hatte offenbar genug Land für den Eigenbedarf, wobei die Frauen die meiste harte Arbeit auf dem Land verrichteten. Ähnlich verhielt es sich im Südvietnam vom 11. bis zum 15. Jahrhundert. In weniger entwickelten Gegenden gab es größere Unterschiede zwischen den Bewohnern des Landes und der Küstengebiete. Die Stämme des Landesinnern Malaysias begaben sich selten an die Küsten, und auf den Philippinen sprachen die Stämme der Küste und des Landesinnern oft eigene Sprachen.

In den meisten Gebieten diente die Bewässerung dem Reisanbau auf Nassfeldern nicht nur entlang der Flüsse, sondern auch dazwischen. Reis war die wichtigste Getreideart in Süd- und Südostasien, doch es gab auch andere. In Südindien zog man auf Lichtungen mitten im Wald Kokospalmen und Bananen. In Indonesien pflanzte man Reis auf der fruchtbaren Vulkanerde, und in ärmeren Teilen Indochinas ergänzten Hirse, Bananen, Orangen und Granatäpfel den Speiseplan, der vom Reis beherrscht war. Überlieferte Inschriften und Schnitzereien aus dem späten 12. Jahrhundert zeigten, daß Bauern auch Schweine die sumpfigen Felder nach Nahrung durchwühlen ließen. Sie waren die wichtigsten Nutztiere dieser Zeit. Diese Inschriften sprechen auch von Ingwer und Honig – vielleicht von wilden Bienen –; beides wurde für rituelle Speisen bei religiösen Festen verwendet.

Zu den primitivsten Völkern zählten die Vedda, die Ureinwohner in den Wäldern Sri Lankas, die sich von Rieseneidechsen, Affen und Betelnüssen ernährten. Man weiß wenig von diesen Jägern und Sammlern. Ihre gesellschaftliche Organisation dürfte vielfältig gewesen sein. Sie lebten in Höhlen und schliefen auf Felsen, nicht auf dem feuchten Waldboden. Ihre singalesischen Nachbarn glaubten, dass sie niemals lachten, und die Vedda selbst hielten sich für Königssöhne.

Die Jagd erwies sich auch für noble Leute als höchst profitabel. Die Khmer sammelten Exotisches für den Export, zum Beispiel Dufthölzer und bunte Federn. Das Federkleid des männlichen Königsfischers war in China so begehrt, dass die Vogelfänger der Khmer Käfige mit weiblichen Tieren an den Flussufern als Köder benutzten.

Gegenüber: Der Gott Krishna melkt seine Kühe in einem indischen Relief in den Höhlen von Mahalibalipuram nahe Madras, aus dem 7. Jahrhundert. Die Kuh hatte große religiöse Bedeutung für die Hindus, doch wie hier die Kuh aufgefordert wird, zur Stimulation des Milchflusses ihr Kalb abzulecken, gibt der Abbildung einen realistischen Zug des Alltagslebens.

Unten: Diese Schnitzerei um 1200 zeigt Kleinbauern mit einem Ochsenkarren und einem Elefanten. Sie sind auf dem Weg zu einer Baustelle, vielleicht um einen Tempel zu errichten, da einer der Männer einen Spaten trägt und der Karren mit einem riesigen Stein beladen ist.

5 STADTLEBEN UND HANDEL

Die mittelalterliche Welt war kreuz und quer von ebenso vielen Handelsrouten durchzogen wie die moderne und in manchen Regionen war das Finanzwesen so komplex wie heute. Doch es gab andere Gegenden, auch in Europa, wo die Wirtschaft stagnierte und die Leute buchstäblich nichts über die Aussenwelt wussten. Ähnlich unterschiedlich war das Verhältnis zu Geld und Handel, obgleich nur wenige Herrscher dem Wunsch nach Einnahmen aus Handel, Industrie und dem Geschäftsleben widerstehen konnten. Manche förderten die Entwicklung von Märkten und Kommunikationswegen, andere hoben nur höhere Steuern ein.

BLÜHENDE STÄDTE UND EXPLOSION DES HANDELS

Obwohl die Wikinger des 9. und 10. Jahrhunderts den Ruf der Zerstörer und Plünderer haben, gründeten sie zahlreiche neue Städte in Skandinavien, aber auch in Russland und auf den Britischen Inseln. Beispielsweise geht die irische Hauptstadt Dublin auf eine Siedlung der Wikinger von 841 zurück. Bis zum 11. Jahrhundert breiteten sich bestehende Städte in den meisten Teilen Westeuropas immer weiter aus. Im 11. und 12. Jahrundert etwa wuchs die jüdische Kaufmannschaft im Einklang mit dem mitteleuropäischen Wirtschaftswachstum. Hundert Jahre später war der Platz innerhalb der Stadtmauern gefüllt mit Geschäften und Häusern, also verlegte man Gärten nach außerhalb.

Die wachsende Stadtbevölkerung diente der Milch- und Fleischerzeugung der umliegenden Dörfer als neuer Absatzmarkt. Innerhalb der mittelalterlichen Stadtmauern war es lange nicht so schmutzig und unhygienisch, wie man heute annimmt. Viele Straßen waren gepflastert, und jeder war für die Reinigung des Straßenteils vor seiner Haustür verantwortlich, was sehr notwendig war in Zeiten, als täglich Viehherden durch die Stadt zogen. Der neue Reichtum der Städte ermöglichte den Bau prächtiger Kathedralen, zu Gottes und der Städte Ruhm, und die Verwaltungs- und Gerichtszentren, die Stadthallen, waren oft nicht minder prunkvoll.

Obwohl mittelalterliche Städte viele Möglichkeiten dazu boten, kam nicht jeder zu Reichtum. Um 1400 ging es den Armen sogar noch schlechter als zuvor. Kaufleute, Handwerker und ungelernte Arbeiter bildeten eine feste Hackordnung und Letztere konnten sich oft nur bemerkbar machen, wenn sie sich zusammenrotteten.

In der Stadt lief man am ehesten Gefahr, an der Pest oder einer anderen Epidemie zu erkranken. Trotzdem erholten sich die Städte nach Katastrophen rasch und wuchsen rasch weiter, da viele Landbewohner in der Stadt ihr Glück und ein besseres, bequemeres Leben zu finden hofften. Zahlreiche Kriege, Aufstände und besonders die schwere Pest von 1348 brachten die überlebenden reichen Kaufmannsfamilien vielleicht dazu, aus Furcht, mehr für die Armen zu tun.

Gegenüber: Der bischöfliche Markt in Sens, Frankreich, in einem französischen Manuskript aus dem 14. Jahrhundert. Hier werden Schafe verkauft, Kaufleute sitzen in ihren Ständen, während andere Wein oder Bier ausschenken, alles unter dem wachsamen Auge des Bischofs.

Rechts: In einem Traktat über die sieben Todsünden aus dem späten 14. Jahrhundert stehen italienische Bankiers für den Geiz. Erfolgreiche Bankhäuser wie in Florenz hatten große Macht.

Diese eigenartige Verbindung eines wandernden Kesselflickers mit einer Meerjungfrau, die sich in einem Spiegel bewundert, war wohl für einen Künstler des 14. Jahrhunderts eine Art aufzuzeigen, wie weibliche Eitelkeit einen Ehemann viel Geld kosten konnte, wenn Kaufleute an das Burgtor klopften. Andererseits hatten die meisten mittelalterlichen Haushalte vielleicht einen Hund, der den Kesselflicker verjagte.

Deswegen spendeten die meisten reichen Kaufleute im 15. Jahrhundert große Summen für gemeinnützige Einrichtungen wie Armenhäuser und Bibliotheken sowie für medizinische Behandlungen und humanere Gefängnisse.

In Südeuropa dominierte erstmals die Stadt das Leben des umliegenden Landes. In anderen Regionen, zum Beispiel in den Kreuzzugsgebieten des Mittleren und Nahen Ostens, verloren die Ritter Territorien an islamische und byzantinische Truppen und zogen sich in die Küstenstädte zurück, bis auch diese fielen. Die letzte solche Bastion, die Stadt Akkor, wurde im Jahre 1291 von den Moslems zurückerobert.

In Italien und Teilen der Iberischen Halbinsel hatte der Adel entweder schon immer in den Städten gelebt, oder er war neuerdings dorthin gezogen. Gleichzeitig erkauften sich immer reichere Kaufmannsfamilien Adelsprädikate, indem sie Herrschern Geld liehen, die kurzfristig knapp bei Kasse waren, aber mit Adelstiteln einen höheren sozialen Status anzubieten hatten.

Die Urbanisierung Italiens

In Italien wurden diese Stadtritter zu einer wichtigen politischen und militärischen Macht. Sie befehligten Stadttruppen und hatten Ämter inne, bis die Kaufleute reich genug wurden, um mit ihnen hierin zu wetteifern. Zusätzlich zu oder an Stelle von Landgütern hatten die städtischen Ritter oft auch monetäre Lehen, die manchmal in dem Recht auf die Besteuerung des Wochenmarktes, auf die Einhebung von Maut bei Brücken oder Fähren oder in Einnahmen aus einer Fabrik oder einem Geschäft bestanden.

In den blühenden italienischen Städten lebten noble Familien eher in befestigten Häusern als in Burgen. Manche besaßen Türme innerhalb der Stadtmauern und bekämpften rivalisierende Familien, wie Shakespeare in seinem Drama „Romeo und Julia" beschreibt. Manche Städte sahen durch diese Türme fast aus wie Wälder.

Italiens Reichtum machte das Land auch zum Bankzentrum Europas, wo viele der reichsten Männer des 14. Jahrhunderts ihr

Vermögen durch Kredite finanzierten. Im 15. Jahrhundert gab es nur sehr wenige echte Kaufmannsfamilien.

Ein Ziel, das die meisten Städte anstrebten, war größere Unabhängigkeit. Viele Städte standen im 11. Jahrhundert unter der Herrschaft eines Barons oder der Kirche, denen sie feudale Treue schuldeten. Allmählich erkauften sich die Städte aber Freibriefe, sei es gegen Geld oder für ihren Beistand in Krisenzeiten, die ihnen ein lukratives Maß an Unabhängigkeit in internen und wirtschaftlichen Angelegenheiten verliehen. Solche Städte besaßen eine eigene Verwaltung, die aus einem Stadtrat, einem Bürgermeister und einem Sheriff bestanden, die nach dem Rechten sahen und die Verteidigung der Stadt organisierten.

Bis zum 14. Jahrhundert hatten sich zahlreiche Städte von feudalen Verpflichtungen befreit, ein bemerkenswertes Privileg in einer Welt, in der das feudale System als normale Form, die Gesellschaft zu ordnen, galt. Bürgerstolz und die ständige Bedrohung durch ansteckende Krankheiten waren der Anlass zur Reinigung der Straßen und Märkte und zur Bekämpfung der Feuergefahr durch die Stadträte.

Dorfleute konnten ihre Güter in nahe gelegenen Städten auf dem Markt verkaufen, auch wenn sie Maut für Brücken oder Fähren zahlen mussten. Beim Verkauf ihrer Produkte mussten sie auch Standgebühren bezahlen. Teure exotische Güter wurden in permanenten Geschäften verkauft, wo es zum Beispiel orientalische Gewürze im Ganzen, gemahlen oder auch schon als fertige Gewürzmischungen zu kaufen gab.

Oft waren die Handwerker auch Eigentümer der Geschäfte, in denen sie ihre Produkte verkauften und wo sie auch offen arbeiteten. Um Streitigkeiten zu vermeiden, waren diese Geschäfte an Markttagen meist geschlossen. In ganz Europa bemühten sich kleine Städte um das Recht, diese lukrativen Märkte abzuhalten; beispielsweise erhielt die kleine Stadt Loughborough im englischen Leicestershire das Marktrecht im Jahre 1221.

Zünfte und städtische Karrieren

Zünfte spielten eine zentrale Rolle im Stadtleben. Die frühesten wurden von einflussreichen Kaufleuten gebildet und unterlagen der Genehmigung des Herrschers. Später teilten sich diese Kaufmannsgilden in Handels- und Handwerkszünfte, wobei die ärmeren Berufszweige ihre zuletzt gründeten. Junge Männer begannen als Lehrlinge bei einem Handwerksmeister oder Kaufmann und arbeiteten über eine gewisse Anzahl von Jahren hinweg unbezahlt, um ihr Handwerk zu erlernen. Danach wurden sie zu Gesellen und erhielten Tageslohn, bis sie von ihrer Zunft zu Meistern gemacht wurden. Wenn sie genug Kapital hatten, konnten Meister und Gesellen auch ihr eigenes Geschäft gründen und ihrer Zunft beitreten.

Die Lehrlinge mochten zwar ein aufmüpfiger Haufen gewesen sein, aber sie waren auch militärisches Potenzial für ihre Stadt oder zumindest für eine der politi-

Sigurd und der Zwerg fertigen ein Schwert auf dem geschnitzten Portal der Holzkirche von Hylestad in Setesdal. Auf den Balken dieser Kirche befinden sich mehrere mythologische Szenen, und diese gibt ein klares Bild der Metallarbeit des 12. Jahrhunderts.

Des nouuelles Dalbyon
Sil vous en plaist escouter
Mon frere z mon copaignõ
Achiez qua mon retoũer
May este deca la mer
Et eu a ioyeuse chiere

schen Fraktionen. Bis zum 14. Jahrhundert besaßen viele Zünfte sogar ihre eigenen Uniformen für Zeremonien. Zünfte oder Gilden spielten auch eine kulturelle Rolle, da sie religiöse Mysterienspiele aufführten oder finanzierten und Straßen, Brücken und Kapellen renovierten. Außerhalb Italiens kamen in Europa ähnliche Organisationen auf, und zwar nicht ausschließlich in Städten. Auf den nordschottischen Inseln, zum Beispiel, schlossen sich die Besatzungen von Handelsschiffen zu temporären Handelsgemeinschaften zu gegenseitiger Unterstützung und gemeinsamem Nutzen zusammen.

Einhörner aus Grönland

Die Industrialisierung Westeuropas war tief greifender, als es den Anschein hatte. Obwohl die meiste Kohle aus der See stammte und an Stellen wie der englischen Nordostküste angeschwemmt wurde, wurde sie auch abgebaut, jedoch nicht für den Hausbrand oder die Waffenerzeugung, da diese nur minderwertiges Eisen erzeugten.

Die Eisenindustrie existierte schon seit Jahrhunderten, auch wenn ab dem 11. Jahrhundert das Produktionsvolumen dramatisch anstieg. Blei verwendete man für Dächer, Abflussrohre und verschiedene Legierungen, und auch Zinn, Kupfer, Silber und Gold hatten bestimmte Verwendungszwecke. Ähnlich wie die Holzfällerei war auch der Abbau und Transport von Steinen für den Hausbau eine wichtige mittelalterliche Industrie. Auch Ton wurde benötigt, für die Herstellung von Dachziegeln und Keramik.

In vielen Teilen Europas spielte der Export lederner Häute eine wichtige Rolle. Die Glasindustrie war eher an bestimmte Orte gebunden. Der Wollhandel und die Tuchindustrie erlebten eine dramatische Expansion, besonders in England, das gemeinsam mit Spanien die beste Wolle produzierte. Trotzdem avancierte besonders im 14. und 15. Jahrhundert Italien zum Zentrum des Textilhandels.

Westeuropa gehörte also zu einem beinahe weltweiten Handelsnetz, das von Grönland bis Japan reichte und sogar große Teile Afrikas einschloss. Mittelalterliches Tuch und Eisen aus Skandinavien wurden sogar bei Ausgrabungen von Siedlungen der Inuit (Eskimos) in ganz Nordostkanada gefunden, und es ist wahrscheinlich, dass diese Eingeborenen eine wichtige Quelle für Robbenhäute, Bärenfelle und Jagdfalken für europäische und asiatische Königshäuser bildeten. 1341 wurde tatsächlich ein Handelsagent von Bagdad nach Norwegen geschickt, um mehr von diesen exotischen Dingen wie Seifenstein und Narwalhörner zu kaufen, von denen man glaubte, dass sie von Einhörnern stammten.

Kriege unterbrachen zwar vorübergehend den Seehandel, doch größer war ihre Auswirkung zu Lande, und selbst in Friedenszeiten war das Reisen schwierig. Die meisten Straßen waren schlammige oder staubige Wege, wenngleich manche der wichtigeren Brücken oder Pässe in vernünftigem Zustand gehalten wurden. Erst im 15. Jahrhundert wurden manche Straßen gepflastert, und im 12. und 13. Jahrhundert kamen die ersten Gasthöfe auf. Nur große Damen oder Kranke reisten in Kutschen, man ritt auf Eseln und Pferden und verwendete Karren zum Lastentransport.

Es war billiger, große Mengen von Waren auf Flüssen zu transportieren. Hochseeschiffe wurden immer größer, und in manchen Teilen Südeuropas, besonders in Italien, reisten Ritter ebenso oft zu Schiff wie zu Lande. Venezianische und Genueser Ritter spielten eine wichtige Rolle beim Schutz von Handelsschiffen, und die Kenntnis fremder Häfen konnte sich als nützlich erweisen, falls ein Ritter eine Partnerschaft mit einem Handelsherrn plante. Wichtige Häfen wurden durch Mauern und Türme befestigt und zudem mit einer Kette gesichert. Venedig und Genua hatten auch Stützpunkte im östlichen Mittelmeerraum, der Ägäis und dem Schwarzen Meer und kannten Asien daher sehr gut, besser als manche europäischen Herrscher.

Oben: Das wunderschöne Dorf Perouges nordöstlich von Lyon ist so gut erhalten, dass es oft als Filmkulisse dient. Viele Straßen sind seit dem 15. Jahrhundert kaum verändert, als sie nach einer Belagerung im Jahr 1468 wieder aufgebaut wurden. Diese hier hatten wahrscheinlich Geschäfte im Untergeschoss.

Gegenüber: Bild des Tower of London in einer Gedichtsammlung für den Herzog von Orléans. London war der geschäftigste Hafen des mittelalterlichen England. Einige Boote ankern auf der Themse, während andere in Richtung Traitor's Gate unterwegs sind. In der Ferne sieht man die alte London Bridge und andere Gebäude.

STÄDTE DER PARKS, GÄRTEN UND SLUMS

Die griechisch-römische Kultur überlebte in jenen Städten, die das Byzantinische Reich bilden sollten, und nach Jahrhunderten des Niedergangs kam es im 10. Jahrhundert zu einem bescheidenen urbanen Aufstieg. Doch erlebte die byzantinische Welt niemals die rasche Explosion von Städten, Handel und Handwerk wie Westeuropa. Ihre Städte blieben angenehme, verschlafene Orte mit vielen Gärten und offenen Plätzen, auf denen sich Männer – keine Frauen – in der Öffentlichkeit entspannen und ihre Freunde treffen konnten.

Die Einkünfte gewöhnlicher Leute scheinen sehr gering geblieben zu sein. Manche waren selbständig, andere arbeiteten für die Kirche, für die mächtigen Klöster oder in Fabriken der Regierung. Der Staat schien mehr Einfluss zu haben als im Westen. Die Regierung konnte Kaufleute und Handwerker daran hindern, das Reich zu verlassen, aus Angst, sie könnten in benachbarten Ländern Konkurrenzunternehmen aufbauen. Vielleicht war dies weise, denn der Normannenkönig von Sizilien war so gierig darauf, seine eigene Seidenherstellung zu etablieren, dass er im Jahre 1147 sogar einige der berühmten Weber aus der griechischen Stadt Theben entführte. Im Gegensatz dazu wurden die Armen und Arbeitslosen immer wieder aus den Slums verjagt, die sie um relativ reiche Städte errichtet hatten.

Anders als Westeuropa wurde die byzantinische Welt vollkommen durch die Hauptstadt Konstantinopel beherrscht, die „Große Stadt", auf der alle Augen der orthodoxen Christenheit ruhten. Sie war größer als jede andere Stadt des Reiches, doch ihre Mauern wurden erst in ottomanischer Zeit mit Gebäuden gefüllt. Zuvor umschlossen ihre unglaublichen Befestigungsanlagen Gärten, Obstgärten, Baugründe und Deponien, und nur der Osten der Stadt, das Gebiet um den Kaiserpalast, die Kirche der Hagia Sophia und das Hippodrom, war dicht besiedelt. Ansonsten bestanden sieben getrennte klösterliche und säkulare Bezirke im Stadtgebiet.

Trotz dieser Freiflächen und ihren landwirtschaftlichen Möglichkeiten musste die Große Stadt ständig Nahrungsmittel importieren, die unter der Aufsicht der Regierung in Häfen innerhalb der Seemauern ausgeladen wurden. Die Städte wussten, dass jede Unterbrechung der Getreideversorgung Aufstände hervorrufen konnte. Die Regierung versuchte auch den Handel mit Pökelfisch, einem Grundnahrungsmittel, und Eisen für die Waffenerzeugung zu steuern. Konstantinopel wurde vom byzantinischen Hof beherrscht und entwickelte keine eigenen städtischen Institutionen, auch wenn jedes Viertel hier wie in den meisten byzantinischen Städten seinen eigenen anerkannten Vormann hatte und Hospize für Alte und Arme bereitstellte, die teilweise durch Spenden finanziert wurden.

Unten links: Brotmodel aus Konstantinopel, 12. Jahrhundert. Öffentlich verkauftes Brot musste im Reich von Byzanz so gekennzeichnet werden, um sicherzugehen, dass Qualität und Gewicht korrekt waren. Sollte der Bäcker diesen Standard nicht erreichen, konnte man ihn leicht identifizieren.

Rechts: Maurer in einem Mosaik der Markuskathedrale in Venedig aus dem 13. Jahrhundert. Diese Mosaike entstanden zwar in Oberitalien, sind aber vollkommen byzantinisch im Stil. Die Männer, die hier arbeiten, verwenden wohl die gleichen Werkzeuge und Techniken wie im Byzantinischen Reich.

Das mittelalterliche Russland war anders, auch wenn sich die Staatsverwaltung an der byzantinischen orientierte. Die Städte waren klein, und das Wichtigste war die „Veche“, die fast autonome Stadtverwaltung. In diesem weiten und spärlich bevölkerten Land war sie für Recht und Ordnung und für die Verteidigung durch die Stadtmilizen zuständig. Manchmal, so wie in Novgorod im hohen Norden, ging diese Friedenssicherung weit über die Stadtgrenzen hinaus.

In der russischen Geschichte kam es öfter vor, dass eine Stadt einen Regenten hinauswarf, der die dominanten Kaufleute dort irgendwie verärgert hatte. Der berühmte Alexander Newski, der 1242 die Kreuzritter auf dem gefrorenen Peipus-See besiegt hatte, wurde mehrmals aus Novgorod vertrieben, bevor er Großfürst und Herrscher über ganz Russland wurde. Typisch war auch die Wanderung der Bevölkerung aus dem verarmenden Süden in die expandierenden Städte des Nordens, die bereits vor der Mongoleninvasion von 1237 bis 1240 einsetzte.

Der Niedergang des byzantinischen Handels

Der Handel war das wirtschaftliche Rückgrat des Byzantinischen Reiches, das seinen Reichtum sicherte. Mit dem Rückgang des Handels begann auch der Niedergang des Reiches. Auch der Mangel an Mineralien hemmte die wirtschaftliche Entwicklung. Trotzdem war Byzanz für seine großartigen kunsthandwerklichen Luxusgüter aus Seide, Gold, Silber und Elfenbein weithin bekannt. Das meiste stammte aus Konstantinopel selbst, während geringer angesehene Handwerke wie Keramik- und Lederbearbeitung aus der Stadt gedrängt wurden.

Andere byzantinische Städte waren auf eigene kleine Industrien spezialisiert. Trapezunt zum Beispiel exportierte feines Tuch, Seide, Häute, Felle und Bergbauprodukte. Dadurch blieb es bis zur türkischen Invasion 1461 eine reiche Stadt.

Im Mittelalter bestand die Hauptrolle der byzantinischen Kaufleute und Kunsthand-

Die Heiligen Boris und Gleb auf einer russischen Ikone aus Holz, Moskau 1340. Sie werden oft als Krieger dargestellt, sind hier jedoch wie Aristokraten gekleidet. Ohne ihre Speere könnten sie reiche Kaufleute sein.

werker darin, Luxusartikel für Hof, Kirche und Adel bereitzustellen.

Aus den römischen Kollegien entstanden für jeden Industriezweig Gilden oder Zünfte, die Löhne und Qualität überwachten, auch wenn Handwerker nicht unbedingt beitreten mussten. Jede Gilde wählte einen Vorsitzenden, den die Regierung approbierte, und es schien schwierig zu sein, den Berufsstand der Familie zu wechseln.

Obwohl Byzanz eine wichtige Verbindung im Handelsnetz zwischen China, Indien und Europa bildete, nutzte Konstantinopel bis ins späte 12. Jahrhundert seinen großartigen Standort nicht aus. Dann hatten italienische Kaufleute seinen Außenhandel bereits übernommen. In ähnlicher Weise war auch Trapezunt, das „Tor Asiens" an der Schwarzmeerküste, auf die lokale Wirtschaft beschränkt, da man so hohe Gebühren von fremden Kaufleuten verlangte, dass sie natürlich Häfen im Besitz Genuas und Venedigs bevorzugten.

Der Handel anderer christlicher Länder im Osten war unterschiedlich; georgische Herrscher verkauften beispielsweise ihre Untertanen als Sklaven an die Mamelucken im Mittleren Osten. Der russische Handel florierte sogar unter der Mongolenherrschaft. Das Land war reich an natürlichen Ressourcen, von arktischen Fellen, Wachs und Honig aus den Wäldern bis zu Weizen aus dem Süden und Fischen aus den größten Flüssen Europas. Kleine Städte erlangten dadurch großen Reichtum. Da es wenige Straßen gab, verlegte man den Handel auf die Flüsse; Handelsschiffe reichten vom Langschiff nach Wikingerart bis zu großen Einbäumen.

Byzantinische Straßen waren kaum besser als anderswo. Die städtische Elite fuhr in Kutschen durch die Stadt, Aristokratinnen wurden in Sänften getragen, aber außerhalb der Stadt war das alte römische Straßensystem zusammengebrochen. Frauen und Tiere trugen Lasten, und im Allgemeinen bevorzugte man den Seeweg. Trotzdem verloren die Schiffe von Byzanz ständig an den Rivalen Italien, auch auf dem Schwarzen Meer.

EINE KULTUR MIT GESCHÄFTSSINN

Von Anfang an lag der Schwerpunkt der islamischen Kultur auf der Stadt, wo die Bevölkerungsexplosion mit der des Handels einherging. Die meisten moslemischen Städte wuchsen organisch, was die Ursache für ihre engen, gewundenen Straßen und die getrennten Viertel diverser Konfessionen war. Dies erwies sich damals als eine effiziente Art des Güterverkehrs in den Handelszentren bei gleichzeitiger Achtung der für das islamische Familienleben so wichtigen Intimsphäre. Diese Städte waren auf ihre Vorstädte angewiesen, die sowohl reiche Residenzen als auch slumartige Wohnviertel für Tagelöhner umfassten. Außerhalb der Stadtmauern lagen auch Mülldeponien und Friedhöfe, auf denen häufig Kriminelle hausten. Vor einem Haupttor lag ein großer Gebetsplatz für religiöse Feste und vermutlich auch für öffentliche Hinrichtungen, außerdem befanden sich hier mehrere Übungsplätze für das Militär.

Die Städte konnten je nach Klima und lokalen Traditionen verschieden aussehen, doch stets dominierte die kaufmännische Mittelschicht. Die Einwohner waren ihrem eigenen Viertel gegenüber loyal, das meist ihre religiöse und ethnische Herkunft spiegelte, doch gab es wenig Bürgersinn in der gesamten Stadt. Die gesellschaftliche Organisation basierte auf der Großfamilie, ebenso wie auf dem Beruf und dem Verhältnis zu

Ein weiteres Bild von al-Wasiti im Maqamat, das 1237 entstand, zeigt in der Karawanserei von Wasit, dem Heimatort des Künstlers, schlafende Kaufleute. Karawansereien waren eine Art mittelalterliche Motels des Mittleren Ostens entlang der wichtigsten Handelsrouten und in jeder Stadt.

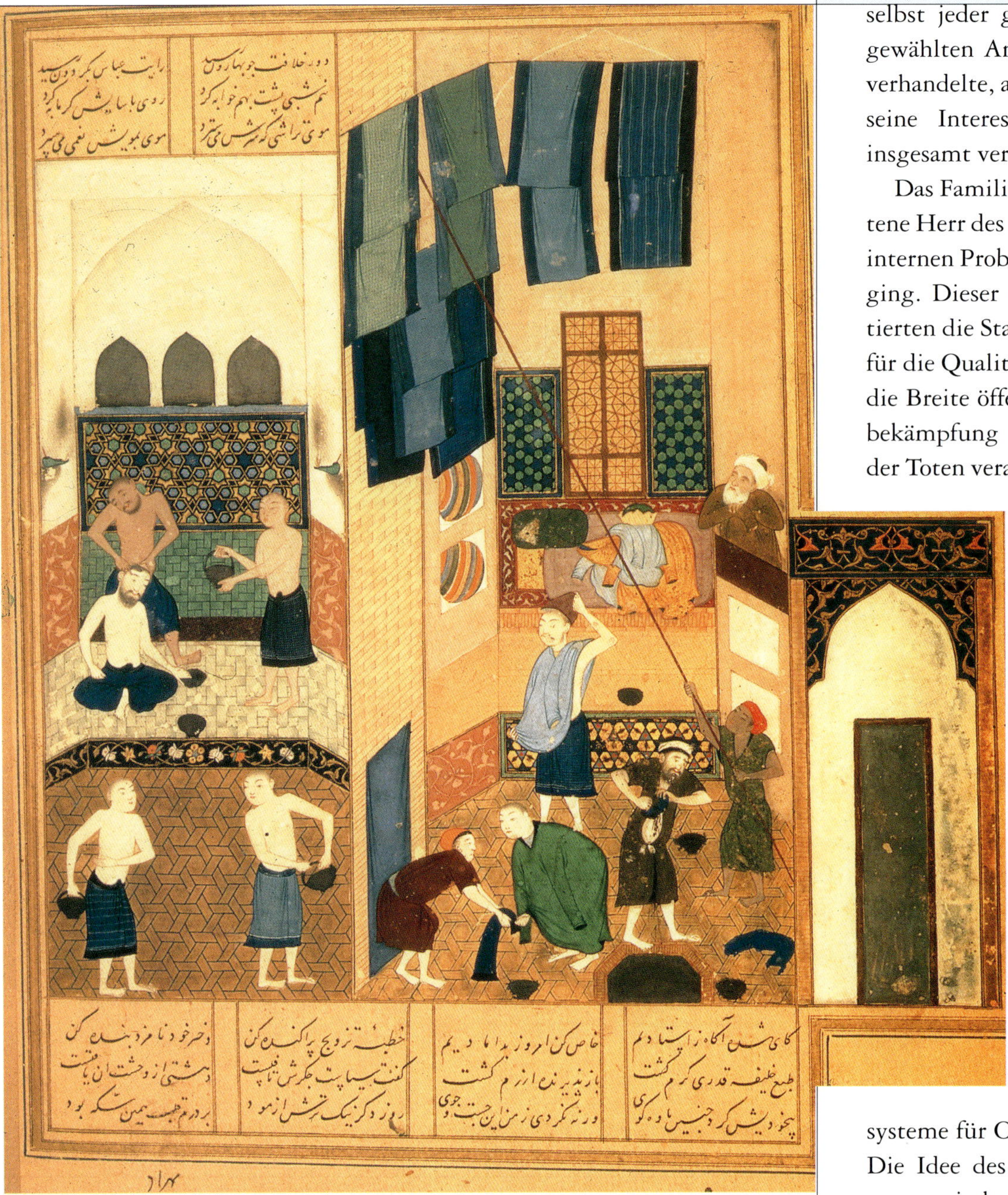

Geschichten über die großen Kalifen der Abbasidenzeit, besonders über Harun al-Rashid, waren im mittelalterlichen Islam sehr beliebt. Diese persische Illustration aus dem späten 15. Jahrhundert zeigt den Kalifen bei einem Barbierbesuch in Bagdad. Im Nebenzimmer kleiden sich andere Kunden wieder an.

städtischen Behörden. Auch die Mitglieder eines reichen Haushalts konnten Teil seiner wirtschaftlichen und sozialen Einheit sein.

Die Rolle des Staates konzentrierte sich meist auf das „Dar al-Imara", das Büro des Gouverneurs in einer Befestigung der Stadt. Ein typisches Beispiel ist die Zitadelle von Aleppo aus dem 13. Jahrhundert, die sich über Mengen von Schutt aus Tausenden Jahren menschlicher Besiedlung über die Stadt erhebt. Die wichtigste Rolle des Gouverneurs lag in der Verteidigung und der Sorge für Recht und Ordnung. Jedes Viertel und selbst jeder große Wohnblock besaß einen gewählten Anführer, der mit der Obrigkeit verhandelte, außerdem eine eigene Miliz, die seine Interessen oder notfalls die Stadt insgesamt verteidigte.

Das Familienoberhaupt war der unbestrittene Herr des Hauses, obwohl die Familie bei internen Problemen vor den „Kadi" (Richter) ging. Dieser und der „Muhtasib" repräsentierten die Stadtobrigkeit. Letzterer war u. a. für die Qualität des Trink- und Badewassers, die Breite öffentlicher Straßen, die Seuchenbekämpfung und die schnelle Beerdigung der Toten verantwortlich. Die Stadtobrigkeit hatte keinerlei Kompetenz außerhalb der Mauern, weswegen Friedhöfe oftmals zu Räuberlagern wurden.

Ein weiteres Charakteristikum des islamischen Stadtlebens war der Waqf, eine religiöse karitative Organisation, die direkt mit dem Kadi und den religiösen Behörden verhandelte. Ihr gehörten durch Schenkungen meistens viele öffentliche Bäder und Fabriken einer Stadt, und mit den Einkünften unterstützte sie das Schulsystem und baute sogar Bewässerungssysteme für Obstgärten außerhalb der Stadt. Die Idee des Waqf wurde im Gefolge der ottomanischen Eroberungen ab 1348 in ganz Osteuropa verbreitet.

Neue Städte auf byzantinischem Boden

Die neuen Städte der Seldschuken auf erobertem byzantinischem Gebiet sahen ostasiatischer aus als alles zuvor, sie waren weitläufig mit verstreuten Gärten, Märkten, Fließwasser und Springbrunnen. Die Türken bauten auch zusätzliche Hamams, öffentliche Bäder. Im Unterschied zu römischen Bädern hatten sie kein Schwimmbecken, dafür hatten sie ständig fließendes Kalt- oder Warmwasser in kleineren Becken.

Die Seldschuken und ihre ottomanischen Nachfolger veränderten das Gesicht des Byzantinischen Reiches mit Moscheen, Madrasahs (Schulmoscheen), Krankenhäusern, Suppenküchen und Heimen für die Armen. Viele davon wurden wieder vom Waqf gefördert und verwaltet.

Religiöse Organisationen waren im Islam von den Steuern befreit, doch leisteten Stadtbewohner Abgaben an ihre Obrigkeit, Mieter an ihre Lehnherren, Benutzer von Waqf-Land an die Waqf-Verwaltung, freie Landbesitzer an die Staatskasse, und unverheiratete Männer mussten eine zusätzliche Abgabe entrichten, bis sie eine Frau fanden.

Ein Bereich außerhalb der Stadtmauern war für Tiere reserviert, die als Nahrung auf den Markt kamen. Die meisten übel riechenden Industriezweige lagen entweder knapp außerhalb oder gerade innerhalb der Mauern. Je wertvoller seine angepriesenen Produkte, desto näher am Stadtzentrum lag ein Markt. Deswegen ballten sich Goldschmiede und Buchhändler meist um die zentral gelegene Moschee im Herzen der Stadt.

Obwohl der Islam keine Zünfte kannte, stand jedem Handelszweig ein staatlich anerkannter Mann vor. Angehörge eines Berufes identifizierten sich mit ihrem Beruf, gingen in dieselbe Moschee und dienten gemeinsam als Miliz zur Verteidigung der Stadtmauern. In Industrie und Landwirtschaft waren kaum Sklaven beschäftigt, außer in manchen Salzminen und Zuckerplantagen, da die Sklaverei in der muslimischen Welt vor allem als Quelle ausgebildeter Hausdiener und einer Elite von Berufssoldaten galt.

Die Technik und die Industrie der mittelalterlichen Moslemkultur waren in vieler Hinsicht sehr fortschrittlich. Die Parfumindustrie arbeitete mit Destillationstechniken, und neuartige chemische Glasuren waren das Ergebnis des ständigen Versuchs der Moslems, mit der importierten chinesischen Keramik Schritt zu halten. Eine wissenschaftlich betriebene Metallurgie ermöglichte es islamischen Schmieden, neue Arten der Stahlerzeugung aus Indien und China anzuwenden. Relativ schnelle Kommunikationswege über große Entfernungen verbreiteten diese Techniken und bildeten den Kern der blühenden islamischen Handelsbeziehungen mit China, Südostasien, Indien, Ostafrika, Westafrika südlich der Sahara und Europa. Die meist exportierten Güter des Islam waren handgearbeitete Luxusartikel wie Holzschnitzereien, Metall und Glas, Lüsterkeramik und Fliesen. Die zerstörerische Mongoleninvasion des 13. Jahrhunderts führte zu einem ernsthaften

Schiffe werden in der mittelalterlichen Kunst oft sehr stilisiert dargestellt, zeigen jedoch auch interessante Details. Dieses Schiff im Sturm von al-Wasiti entstand 1237 in Bagdad als Illustration des Maqamat von al-Hariri. Es hat zwei Masten, ein Steuerruder, und der Rumpf sieht mehr vernäht als zusammengenagelt aus. Bis in die Neuzeit verwendete man diese Bauweise im Arabischen Golf.

Oben: Die typische Hektik eines Markts des Mittleren Ostens zeigt dieses kleine Manuskript des irakischen Malers al-Hariri aus dem 13. Jahrhundert.

Gegenüber: Dieses vietnamesische Gemälde aus der Zeit um 1400 zeigt einen Mann und eine Frau beim Ausritt. Keiner von ihnen verwendet Steigbügel, die Frau hält einen Sonnenschirm, während ein Diener zu Fuß ihr Gepäck trägt.

Niedergang der Industrie, auch wenn der vom Mongolischen „Weltreich" ganz Asien aufgezwungene Frieden zu einer neuen Blüte von Industrie und Handel mit dem Rest der Welt führte.

Vertragsverhandlungen

Die Vertragssysteme, auf denen solcher Handel beruhte, blieben im Laufe des Mittelalters buchstäblich unverändert. Kaufleute arbeiteten auf Kommissionsbasis und liehen manchmal Geld von einem Reichen oder einem Handelskonsortium, das aus Moslems, Christen oder Juden bestehen konnte. Eine bemerkenswerte Sammlung von Dokumenten, die vor einiger Zeit in einer ägyptischen Synagoge gefunden wurden, enthält zahlreiche Handelsverträge, die ein detailliertes und sehr humanes Licht auf das Leben mittelalterlicher Kaufleute des Mittleren Ostens warfen. Handelspartnerschaften wurden oft nur für einen einzigen Abschluss eingegangen. Freundschaften ermöglichten hingegen Handelsbeziehungen über große Distanzen. Sobald Handelsware eine der Städte passierte, die Knotenpunkte dieses außergewöhnlichen Handelsnetzes waren, erhoben die Behörden Steuern, was die Produkte stark verteuerte, bis sie am Zielort ankamen. Trotzdem war der moslemische Handel niemals auf fremde Märkte für Export oder Import angewiesen und blieb im gesamten Mittelalter autark.

Das Transportsystem war einfach, doch wirkungsvoll: Vor jeder Stadt versammelten sich Lasttiere, große Märkte hatten eigene Lagerhäuser, und Kaufleute fanden in Karawansereien in oder vor den Städten eine Unterkunft. Erhaltene Beispiele von solchen Rasthäusern aus dem 13. Jahrhundert im türkischen Hochland sind etwa dreißig Kilometer, neun Gehstunden für beladene Lasttiere, voneinander entfernt.

Außer Nil, Euphrat und Tigris waren nur wenige Flüsse schiffbar; also musste man auf die See ausweichen. Die Wissenschaft der Navigation war hoch entwickelt; man kannte den „Kamal", einen primitiven Sextanten zur Berechnung der Sternhöhe, und den chinesischen Magnetkompass. Mit genauen geografischen Kenntnissen ausgestattet, konnten die Moslems Meere überqueren und nicht nur die Küsten abklappern.

Muslimische arabische Seeleute führten auch große dreimastige Handelsschiffe im Mittelmeer wieder ein und entwickelten eine spezielle Galeere zum Pferdetransport, die „Tarida". Auch die Karavallen, die Christoph Kolumbus nach Amerika brachten, wurden aus frühen muslimischen andalusischen Kähnen entwickelt. Es gab sogar einen künstlichen Kanal zwischen dem Nil und dem Golf von Suez – und dadurch zwischen dem Mittelmeer und dem Roten Meer –, auch wenn dieser mehrmals verschlammte. All dies konnte jedoch nicht verhindern, dass ab dem 12. Jahrhundert italienische Seeleute das Mittelmeer beherrschten.

STÄDTE DES HIMMLISCHEN REICHES

Im Mittelalter verlagerte sich der ökonomische Schwerpunkt Chinas von Norden nach Süden. Die südliche Hauptstadt der Sung und der Hafen Hangzhou wurden zusammen zur mit Abstand größten Stadt der Welt, und die Bevölkerung von neun weiteren chinesischen Städten überschritt im 11. Jahrhundert die Millionenmarke.

Das Stadtbild war durch breite Straßen, Alleen und offene Kanäle geprägt. Die Türme der Feuerwache überblickten jedes Stadtviertel; Feuer war für Städte, die fast nur aus hölzernen Häusern bestanden, besonders gefährlich, und Soldaten der Feuerwache patrouillierten durch die Straßen. Die Bewohner wurden um sieben Uhr früh von den Tempelgongs geweckt, und Mönche und Novizen zogen durch die Straßen, um Langschläfer zu wecken. Die Tore zwischen den Stadtvierteln wurden geöffnet, Straßenverkäufer priesen lautstark ihre Waren an und Beamte machten sich auf den Weg in ihr Büro. Kauf und Verkauf fanden sowohl auf den großen Märkten statt, die von Sonnenaufgang bis lange nach Mitternacht geöffnet waren, als auch auf kleinen Basars mit Blumen und Süßigkeiten und durch Straßenhändler, die manchmal auch nur heißes Wasser verkauften.

Teehäuser, ebenfalls typisch für chinesische Städte, fungierten zumeist auch als Arbeitsvermittlung, und sehr Arme konnten sich in den Privatarmeen mächtiger reicher Bürger verdingen, die so ihre Konkurrenten einzuschüchtern hofften. Manche dieser Banden waren bewaffnet und hatten sogar eigene Uniformen.

Trotz des chinesischen Schwergewichts auf der Landwirtschaft wurden Chinas Städte zu den wichtigsten Handelszentren der

義靜三藏於西天取得此

Ganz oben: Die chinesische Malerei der Sung-Periode zeigt viele erstaunliche Details des Alltagslebens, aber wenige Bilder sind mit Zhang Zeduans „Entlang des Flusses beim Frühlingsfest“ vergleichbar. Dieser kleine Ausschnitt zeigt eine geschäftige Straßenecke in Kaifeng, wo Leute ihre täglichen Arbeiten verrichten.

Oben: Ein anderer Ausschnitt des detaillierten Gemäldes von Zhang Zeduan zeigt Bewohner von Kaifeng bei der Beobachtung eines Kahns, dessen Besatzung Schwierigkeiten dabei hat, Mast und Segel rechtzeitig vor einer Brücke abzusenken.

Welt. Auch hinderte die überhebliche Haltung der Behörden gegenüber dem Handel sie nicht daran, von ihm durch Abgaben zu profitieren. Sie ermutigten auch reiche Kaufleute, ihr Geld für das Wohl der Gemeinschaft zu verwenden. Die Ärmsten wurden jedoch von Buddhistenklöstern mit Waisenhäusern, Krankenhäusern, Altenheimen und sogar Friedhöfen versorgt.

Der Transport von Getreide in die großen Städte war sehr gut organisiert, doch waren die Gewinne daraus so niedrig, dass die Behörden die Kaufleute dieser Branche subventionierten. Getreidespeicher für die Sicherung der städtischen Versorgung gab es schon seit dem frühen Mittelalter, doch der Reis darin war für Regierungsmitglieder und die Armee bestimmt, während so genannte „freiwillige Speicher“ als ausreichend für die Ernährung der Bevölkerung betrachtet wurden.

Industrie und Infrastruktur

Der berühmteste chinesische Industriezweig war die Seidenherstellung, besonders im östlichen Teil Chinas, während golddurchwirkte Seidenstoffe eine Spezialität der westlichen Provinzen wurden. Offizielle Zünfte waren hoch entwickelt, jedes Handwerk hatte seine spezielle Kleidung, und viele Handwerker arbeiteten direkt in Staatsfabriken. Die chinesische Regierung spielte eine wichtige Rolle in der Industrie und im Bergbau und verhängte sogar staatliche Monopole über strategische Handelszweige, z. B. über den sehr lukrativen Teehandel.

In Korea verhielt es sich ähnlich. Die Industrie konzentrierte sich auf die Umgebung der Hauptstadt, und die meisten Fabriken gehörten der Regierung und waren oft mit Sklaven besetzt. Verschiedene Industriezweige waren betroffen, besonders die für den Staat wichtige Baumwollerzeugung. Dagegen befanden sich die einfachen Handwerke bei zentralasiatischen Nomaden in Familienhand. Für sie bedeutete die Kontrolle des Außenhandels wichtigen Gewinn.

Ein altes chinesisches Sprichwort besagt: „Im Norden nimm ein Pferd, im Süden ein Boot.“ Viele wichtige Städte waren durch Kanäle mit den ländlichen Gebieten verbunden, die sie mit Nahrungsmitteln belieferten. Diese Kanäle vereinfachten die Güterversorgung erheblich, und wie die Straßen wurden sie von Kleinbauern in Fronarbeit errichtet, die sie anstelle von Steuern zu leisten hatten. Straßen gab es in verschiedenen Ausführungen, von Reichsstraßen für Regierungsbeauftragte, mit einem Mittelstreifen für den Kaiser, bis zu Straßen für die Armee.

An wichtigen Straßen waren Regierungsposten aufgestellt, die Banditen und Flüchtlinge aufhalten sollten. Ochsen zogen große Wagen, Esel kleine Karren, und ganz arme Bauern zogen ihre eigenen zweirädrigen Handkarren. In Bergen und Wüsten waren Maultierzüge effizienter als Wagen, während Pferde als zu wertvoll für den Lastentransport galten; sie zogen nur die Kutschen der Elite. Korea verfügte über ein ähnliches Straßensystem, und der Handel zwischen Korea und China war für Korea so wichtig, dass es Herbergen für fremde Kaufleute einrichtete.

Flüsse waren lebenswichtig für den chinesischen Binnenhandel, wobei die Kanäle in Nord-Süd-Richtung nur die großen Ströme in Ost-West-Richtung verbanden. Die Schiffe auf Flüssen und Kanälen reichten von großen Schiffen mit Segeln aus Bambusmatten bis zu kleinen Flößen, die den Fluss hinaufgestakt oder hinabgetrieben wurden. Die wichtigsten chinesischen Fortschritte auf maritimem Gebiet während des Mittelalters basierten auf früheren Erfindungen wie die Hecksteuerung mit Rad und Winde, und manche Schiffe waren von bemerkenswerter Größe. Reste eines spätmittelalterlichen Steuerruders von einer Werft scheinen zu einem 150 Meter langen Schiff gehört zu haben, wie sie im 15. Jahrhundert Ostafrika erreichten. Auch die Koreaner nahmen teil an diesem blühenden Pazifikhandel, wenn auch nicht so stark, und ihre Regierung forcierte ebenfalls den Bau von Häfen, Lagerhäusern und Fähren an den großen Flüssen.

Das japanische Stadtleben veränderte sich zwischen dem 11. und dem 15. Jahrhundert völlig. Die alte Hauptstadt war nach einem Gitterraster angelegt, doch nach dem Zusammenbruch der Zentralbehörden wurden kleinere Provinzstädte zu politischen, administrativen und ökonomischen Zentren und wuchsen ohne Plan und mit viel engeren Straßen. Ihre Expansion stimulierte die lokale Wirtschaft und dadurch auch den Handel. Hier konnte man sich auch Geld leihen, wobei die Sake-Brauer mehr Geld bei der Hand hatten als andere Leute.

Die japanische Kontrolle über den Reisanbau

Japanische Städte konnten sich wirtschaftlich mit ihren chinesischen Pendants kaum messen. Die Kontrolle des Reisanbaus bildete die Grundlage der Staatsmacht, Handel und Wirtschaft waren dem untergeordnet. Man schloss lieber Tauschgeschäfte, als mit Geld zu zahlen, und selbst Luxusgüter, Kunstwerke und Medizin wurden gegen Reis eingetauscht.

Dennoch erlebte das 12. Jahrhundert eine wachsende Institutionalisierung des Handwerks in Japan. Selbst in den Dörfern bildeten sich „Za“, Zünfte zur gegenseitigen Unterstützung. Bis 1500 entstand ein dichtes Netz dieser Gemeinschaften von Handwerkern und Kaufleuten, die manchmal Adlige oder Klöster als Patrone hatten. In Korea waren die „Po“ Zusammenschlüsse mit einer ganz ähnlichen Funktion.

Japans Randlage in der damals bekannten Welt verhinderte seine Teilnahme an den großen Handelsnetzen, und auch im 14. und 15. Jahrhundert gab es im Außenhandel mehr Piraten als seriöse Geschäftsleute. Die japanischen Straßen waren schrecklich, obwohl sie in Folge der wachsenden Bedeutung der Provinzen ausgebaut wurden. Trotzdem galten große, reich geschmückte und schwerfällige Vehikel als Statussymbole, und nur die absolute Elite ließ sich in Sänften tragen.

DER RÜCKZUG DER HINDUS VON DER SEE

Im frühen Mittelalter blickte Indien weiter über den eigenen Tellerrand als in späteren Jahrhunderten, und die Städte waren blühende Industrie- und Handelszentren. Die Kultur der Hindus wandte sich jedoch allmählich vom Seehandel ab und manche hinduistisch-buddhistischen Kulturen unter indischem Einfluss gingen unter, wenn sich die Menschen zum kommerzielleren Islam hingezogen fühlten. Ab dem 13. Jahrhundert befand sich der Großteil des Fernhandels in den Händen der Araber, Perser und Chinesen. Fremde überschwemmten südostasiatische Häfen und bildeten mit den einheimischen Händlern eine bunt gemischte, mobile Bevölkerung. Diese Küstenstädte unterlagen einem wechselnden Auf und Ab ihrer kommerziellen und politischen Bedeutung, das bis zur Ankunft europäischer Forscher im 16. Jahrhundert anhielt.

Chinesische und indische Usancen dominierten auch Indochina. Die Frauen der Khmer spielten vom Dorfmarkt bis zum großen Handelsunternehmen eine wichtige Rolle. Man zahlte gewöhnlich mit Reis oder Getreide und hob sich das Geld für größere Geschäfte auf. Eine noch primitivere Form des Tauschhandels kannte man in Sri Lanka, wo die Singalesen über Nacht Stoffe und Nahrungsmittel vor ihre Tür legten und am Morgen Eidechsenhäute und andere Handelsgüter von den eingeborenen Vedda aus dem Dschungel dafür vorfanden.

In Indien entwickelten sich kaum Zünfte. Es gab Zusammenschlüsse reicher Kaufleute, die Steuern für die Waren zahlten, mit denen sie handelten, und kleine Armeen aufstellten um ihre Interessen zu wahren. Den Großteil des Handels im mittelalterlichen Indien machten Metallwaren, Salz, Holz und Luxusgüter aus. Indiens Beitrag zur Stahl- und Eisenindustrie war bedeutend, und das Land importierte Eisenerz aus vielen Gegenden, selbst aus Ostafrika. Handelswaren durchliefen zahlreiche Hände und sorgten unterwegs für den Wohlstand aller Beteiligten. Auch abgelegene Inseln und Stämme aus dem Binnenland konnten in dieses bemerkenswerte Handelsnetz einbezogen werden, indem sie ihre Erzeugnisse gegen grundlegende Dinge wie Eisen, Salz und Stoffe tauschten. Die Entwicklung von landwirtschaftlichem Anbau für den Export in Java und Sumatra geht eng mit der Verbreitung des Islam im 14. und 15. Jahrhundert einher.

Landverbindungen

Verbindungswege zu Lande spielten eine wichtige Rolle in Indien, doch sie waren nicht sehr hoch entwickelt. Die einzige Ausnahme bildete eine antike Rumpfstraße quer durch Nordindien und eine Straße entlang der Westküste des Subkontinents. Frühere Herrscher hatten am Rand der wichtigsten Straßen Obstbäume gesetzt, die Reisenden Schatten und Nahrung geben sollten, hatten Brunnen gegraben und Rasthäuser errichtet, doch wie viel davon im Mittelalter noch übrig war, ist nicht bekannt.

Die wichtigsten Transportmittel waren Karawanen aus Ochsenkarren und Kamelen, doch der Monsun erstickte jede Bewegung im Schlamm. In Indochina blieben die hohen Berge im Nordwesten undurchdringlich, doch das Zentralplateau ließ sich leichter überqueren. Hier bauten im 12. Jahrhundert die Könige der Khmer Straßen, Rasthäuser und Brücken, manche mit über 20 Bögen.

Indiens Handelsverbindung mit Sokotra, der „Insel des Drachenbluts“ nahe am Horn von Afrika ist wohl der Grund für deren indischen

Links: Das immer gleiche Alltagsleben des mittelalterlichen Indiens illustriert diese Schnitzerei des Großen Stupa in Sanchi-Bopal aus dem ersten Jahrhundert vor oder nach Christus. Auch im Indien des 11. Jahrhunderts gab es noch solche Häuser und Kleider, Reiter ohne Steigbügel, Elefanten und sogar kunstvolle Streitwagen.

Unten: Diese Schnitzerei am Nordtor in Sanchi-Bopal zeigt Fischer in einem Fluss, umringt von Wasservögeln. Ihr Boot ist zusammengenäht wie das irakische Schiff und andere große Meeresschiffe, die im Mittelalter auf der Meeresstrecke zwischen Indien und dem Mittleren Osten segelten.

Namen, während die südindischen Chola 1021 Inseln in der Bucht von Bengalen eroberten und 1030 Malaysia angriffen. Im Spätmittelalter betrachteten hohe Hindukasten die Seefahrt als spirituelle Verschmutzung, und so wurden indische Seeleute von arabischen und chinesischen verdrängt. Wer auch immer diese Seestraßen befuhr, sie mündeten bei Malakka und Java, wo die Küstenstaaten um die Kontrolle dieser strategisch wichtigen Gewässer kämpften.

Im Norden stellte Indochinas Mangel an geeigneten Häfen kein großes Problem dar, da es über genügend geschützte Straßen verfügte. Die Philippinen weiter im Osten waren von diesem Handelsnetz trotz der Errichtung chinesischer Handelsposten im 12. Jahrhundert weitgehend ausgeschlossen. Erst gegen Ende des Mittelalters kamen die Philippinen von Süden durch die Ankunft südostasiatischer Moslems und indischer Kaufleute mit der Außenwelt in Berührung.

6 WISSENSCHAFT, BILDUNG UND MEDIZIN

Die Vorstellung, dass das Mittelalter eine Zeit voll Ignoranz, Aberglaube und Angst vor Veränderungen war, ist ein Mythos. Die Verbreitung von neuen Ideen war sogar eines der erstaunlichsten Merkmale dieser Epoche. Wohl geschah dies langsamer als in späteren Jahrhunderten, aber immerhin erreichten intellektuelle Einflüsse aus dem fernen Indien und China das westliche Europa.

DIE WURZELN DER WESTLICHEN WISSENSCHAFT

Besonders bemerkenswert waren der Respekt und die Achtung, die griechischen und römischen Gelehrten entgegengebracht wurde. Vor allem Aristoteles wurde als Urquell weltlichen Wissens angesehen. Zu dieser Zeit beherrschte die Autorität des geschriebenen Wortes den experimentellen Geist dieser Zeit, der jetzt den modernen Zugang zu Gelehrsamkeit und Wissenschaft prägt.

Gleichzeitig jedoch waren die Gelehrten getrieben von der Faszination wissenschaftlicher Experimente als solche, aber auch von dem Bestreben, halbmagische Werke zu vollbringen, wie zum Beispiel das Verwandeln von Metall in Gold. Solch scheinbar widersprüchliche Einstellungen lassen sich sogar bei berühmten Gelehrten wie z. B. bei dem englischen Schriftgelehrten Roger Bacon (etwa 1214–1292) beobachten.

Auch war im Mittelalter das Interesse an mechanischen Hilfsmitteln sehr groß. Manche dieser Geräte dienten lediglich als Zeitvertreib für die Reichen und Mächtigen, andere waren von Nutzen für die Errichtung großer Dome, die Trockenlegung von Sümpfen oder das Graben tiefer Minen. Aus heutiger Sicht hatten die Europäer eine fast kindliche Einstellung gegenüber der Wissenschaft, die von Enthusiasmus bis zu großer Angst reichte.

Die Gelehrten selbst waren meist beeindruckende, ernsthafte Männer, die sich oft an scheinbar ungewöhnlichen Orten aufhielten. So übersetzten zum Beispiel irische Gelehrte, unterstützt von schottischen Herrschern, griechische Literatur und medizinische Texte zu einer Zeit, als die einzigen anderen Europäer, die so etwas taten, Moslems in Spanien oder Sizilien waren. Andererseits hatten diese Iren nur geringen, lokalen Einfluss und die tatsächliche Wiederentdeckung antiken Wissens begann erst mit der italienischen Renaissance im 14. Jahrhundert.

Ein Nebeneffekt dieser Wiederentdeckung war der neue „Kult" des Humanismus, dessen Anhänger überzeugt waren, die alten Römer hätten die Lösung für jedes soziale oder wissenschaftliche Problem. Diese Vernarrtheit in die römische Zivilisation war die Grundlage der europäischen Renaissance.

Die Idealisierung des antiken Griechenland folgte im 15. Jahrhundert mit der Ankunft einiger byzantinischer Gelehrter in Italien. Diese waren vor den vorrückenden Türken geflüchtet und brachten so manche wissenschaftliche Werke mit sich, die später

bearbeitet, kopiert, bald auch gedruckt und einer breiten Masse gebildeter Leser der Mittelschicht zugänglich gemacht wurden.

Die humanistische Überzeugung, dass moderne Probleme mit dem Studieren antiker Texte gelöst werden konnten, wurde während der Renaissance so sehr verinnerlicht, dass sie in der europäischen Kultur bis heute vorzufinden ist.

Gegenüber: Verwundete Männer im 15. Jahrhundert werden medizinisch versorgt. Nur die Angesehensten konnten eine so gute Behandlung erwarten.

Unten: Pflanzenextrakte stellten die grundlegenden Zutaten der meisten mittelalterlichen Medikamente dar. Kräutergärten wie dieser aus dem „Roman de la Rose", um 1400, waren charakteristisch für Klöster. Sie waren auch die Gärten der Ärzte.

Jene Gelehrten, die die Basis für das Spätmittelalter und die humanistische Renaissance bildeten, kamen aus unterschiedlichen Verhältnissen. Poggio Bracciolini (1380–1559) zum Beispiel, war der Sohn eines armen Chemikers und erzielte akademische Erfolge schlicht durch harte Arbeit, während sein Rivale Niccolo Niccoli (1364–1437) von reichen Geschäftsleuten abstammte und sein ererbtes Vermögen darauf verwendete, andere Leute nach verstaubten Manuskripten suchen zu lassen. Unter diesen wichtigen Persönlichkeiten des Spätmittelalters und der frühen Renaissance ging es bei weitem nicht immer friedlich zu. Sie trugen oft lange akademische Fehden aus, die gelegentlich eskalierten.

Kardinal Johannes von Bessarion (1395–1472), der Begründer griechischer Studien in Italien und selbst ein Flüchtling des Byzantinischen Reiches, spendete im Jahre 1472 seine gesamte Sammlung von Manuskripten der Stadt Venedig, wo sie noch heute zu finden ist. Wegen der geographisch günstigen Lage wurde die wohlhabende Handelsstadt zum Zentrum griechischer Gelehrtheit in Europa. Auch wurden dort billige Kopien neu entdeckter Klassiker angefertigt, die dann in ganz Europa verkauft wurden. Die Venezianer waren offen für neue Ideen, was durch die lange bestehende Geschäftstradition der Stadt begünstigt wurde. Venezianische Händler wussten wahrscheinlich auch über besondere Drucktechniken Bescheid, wie sie im Mittleren Osten schon seit dem 12. Jahrhundert angewandt wurden.

Mittelalterlicher Pragmatismus

Im 15. Jahrhundert blieben Akademiker, die außerhalb Italiens studierten, pragmatischer und hatten in vielerlei Hinsicht eine altmodischere Einstellung gegenüber dem Lernen. Ein Wissensbereich, der ausschließlich pragmatisch gehandhabt wurde, war die Medizin. Das Leben war härter und kürzer als heute. Es gab weniger Ärzte, und oft konnten die Priester nicht mehr tun, als den Sterbenden die Letzte Ölung zu erteilen. Manche Mönche wussten über Kräutermedizin Bescheid, die bemerkenswert effektiv sein konnte; das Gleiche galt für die so genannten „Weisen Frauen". Sie hingegen riskierten, der Hexerei beschuldigt zu werden.

Die Wundversorgung war selbst in den besten Armeen sehr primitiv, obwohl einige italienische Stadtarmeen des 11. und 12. Jahrhunderts sogar Chirurgen in den Krieg mitnahmen. Nur die Kreuzritter hatten die Chance, fortschrittlichere Techniken der Moslems und Byzantiner kennen zu lernen.

Ein solches Aufeinandertreffen eines westlichen und östlichen Arztes beschrieb ein arabischer Soldat im 12. Jahrhundert. Ein Ritter mit entzündetem Bein wurde zu einem arabischen Arzt gebracht, welcher ihm einen Umschlag machte. Gerade als die Infektion zu heilen begann, mischte sich ein westlicher Arzt ein. Der Europäer fragte den Ritter, ob er lieber mit einem Bein leben oder mit beiden Beinen sterben wolle. Natürlich entschied der Ritter sich für das Leben mit einem Bein, worauf der westliche Arzt eine Amputation des entzündeten Beines mit der Axt befahl. Wider Erwarten musste zweimal zugeschlagen werden, worauf der Ritter prompt starb. Dies beeindruckte weder den arabischen Arzt noch den Soldaten, der die Geschichte erzählte.

Im Laufe des 13. und 14. Jahrhunderts hatten einige kaum ausgebildete Barbiere gelernt, Wunden zu reinigen und Knochen wieder einzurenken. Trotz mangelhafter medizinischer Einrichtungen überlebten die Leute im Mittelalter oft die schlimmsten Verletzungen. Dies lag wohl an der auch sonst fehlenden Hygiene, weshalb sie resistent gegen alltägliche Infektionen wurden.

Zwischen dem 11. und 14. Jahrhundert gelangte neues medizinisches Wissen aus dem Süden und Osten nach Europa. Die Medizin war ein Fachgebiet, in dem das Christentum nicht zögerte, von seinen arabischen und persischen Nachbarn zu lernen. Nach dem Fall des römischen Imperiums war das medizinische Wissen der antiken Griechen

Gegenüber: Der Arzt schient ein gebrochenes Bein mit Stroh und Holz. Die Abbildung, entstanden in Zürich zwischen 1310 und 1340, zeigt Ulrich von Sachsenhof im Krankenbett. Der Mann im Hintergrund bietet ihm offenbar ein Betäubungsmittel an.

Oben: Dieser Holzschnitt aus dem Jahre 1493 zeigt den grausigen Vorgang des Sezierens eines Menschen. Ein erfahrener Arzt unterrichtet einen Schüler.

bei den Europäern in Vergessenheit geraten, wurde aber von den Arabern dennoch übersetzt.

Arabische und persische Ärzte fanden sogar noch mehr über die Funktionen des menschlichen Körpers heraus und ihre Texte wurden in Italien und Spanien sogar ins Lateinische übersetzt. Besonders wichtig war die „Schule von Salerno“ südlich von Rom, die im 11. Jahrhundert entstand.

Daraus folgte ein erneuter Aufschwung der Medizin bis zum 15. Jahrhundert, was aber hauptsächlich dem Adel zugute kam. Da die Kirche sich stets gegen das Sezieren zu Forschungszwecken aussprach, boten lediglich diverse Schlachten den Chirurgen die Möglichkeit des Anatomiestudiums an den Lebenden und den Toten. So war es in der Schlacht von Fornovo in Jahre 1495 mehr als bloßer Zufall, dass die berühmtesten Ärzte dieser Zeit in einem italienischen Camp arbeiten; und so mancher verwundete Ritter verdankte sein Leben jenen Männern, die hier im Dienste der Wissenschaft experimentierten.

Praktische Ärzte genossen überall in Europa hohes Ansehen und hatten verschiedene akademische Grade: Ein spezialisierter Chirurg zum Beispiel war höher gestellt als ein schlichter Barbier; ab dem 14. Jahrhundert gab es bereits viele weibliche Ärzte. Ein Aderlass wurde als Allheilmittel betrachtet, während man den Zeitpunkt für chirurgische Eingriffe nach bestimmten Mondphasen auswählte. Außerdem konnten viele Ärzte auf ein Tausende Jahre altes Wissen über die praktische Anwendung von Heilkräutern zurückgreifen. Einige hatten vielleicht sogar Zugang zu Klosterbibliotheken mit einigen wenigen medizinischen Texten, von denen die meisten aus dem Arabischen übersetzt worden waren.

Seuchen und Epidemien

Dennoch blieben Seuchen und Epidemien ein Rätsel. Lepra war zwar nicht so verbreitet wie allgemein angenommen, aber all jene, die daran litten, wurden vollständig isoliert. Obwohl sie in ihrer Freiheit eingeschränkt waren, wurden sie als „besondere Leidende Christi“ betrachtet und, wenn auch gefürchtet, gut behandelt. Fieber gehörte zu den häufigsten Beschwerden, und Städte waren immer besonders anfällig für Epidemien.

Die schlimmste war die Pest von 1348, obwohl die Ursachen für ihre plötzliche Verbreitung unklar blieben. Zunehmender Handel und eine größere Bevölkerungsdichte haben wohl dazu beigetragen, aber das charakteristische Gedränge in mittelalterlichen Dörfern war sicher der Hauptgrund. Damals vernichtete der „schwarze Tod“ etwa ein Drittel der Gesamtbevölkerung Europas. Ab dem 14. Jahrhundert gab es in den bedeutendsten Städten Europas bereits zahlreiche Spitäler, die zumeist von Reichen zu wohltätigen Zwecken gegründet wurden.

In Westeuropa machte man auf dem Gebiet der Veterinärmedizin genauso rasante Fortschritte wie in der Humanmedizin. Die trainierten Kriegspferde der ritterlichen Elite waren so wertvoll, dass die Europäer gewillt waren, von byzantinischen, arabischen und türkischen Experten zu lernen, die auf diesem Gebiet fortgeschrittener waren. Kein Wunder also, dass die ersten Bücher über Veterinärmedizin in Italien geschrieben wurden, wo griechisches, lateinisches und arabisches Wissen aufeinander traf.

Rechts: Ein Uhrmacher zieht eine Pendeluhr auf. Diese zwischen 1350 und 1375 in England entstandene Zeichnung aus einem astronomischen Traktat zeigt, wie ausgeklügelt die mittelalterliche Technologie zu dieser Zeit bereits war.

BYZANTINISCHE WISSENSCHAFT UND TECHNIK

Oben: Konstantin der Afrikaner reiste zu Studienzwecken durch den Nahen Osten. Hier lehrt er, wie man einen Harntest durchführt, was für die damalige Medizin grundlegend war.

Oben: Die bemerkenswertesten Leistungen byzantinischer Architektur stammten aus dem frühen Mittelalter, reichten aber auch weit in die Zeit der Ottomanen hinein. Diese Abbildung zeigt eine eindrucksvolle unterirdische Zisterne aus dem 6. Jahrhundert, die auch der „Versunkene Palast“ genannt wurde.

Gegenüber: Kardinal Bessarion war einer der führenden Köpfe während der letzten Jahrzehnte des Byzantinischen Reiches. Nach der Eroberung Konstantinopels durch die Türken lebte er als Begründer der Griechischstudien des Humanismus in Italien. Dieses Bild von Joos van Gent entstand um 1475.

Die Bedeutung antiken Wissens

Die byzantinische Kultur war so stolz auf ihre griechische und römische Vergangenheit, dass sie antiken Gelehrten mehr Achtung schenkten, als die Europäer das taten. Daraus folgte, dass byzantinische Wissenschaftler die überlieferten Lehren ihrer Vorgänger nur wenig abänderten. Wesentlich offener für Neues war man dagegen auf dem Gebiet der Religion und Philosophie.

Den praktischen Aspekten angewandter Wissenschaft und Technologie wurde im Byzantinischen Reich nur wenig Bedeutung beigemessen, was paradoxerweise die Loslösung der Lehren von der Vergangenheit zur Folge hatte. Byzantinische Ingenieure und Techniker haben in vielerlei Hinsicht ihre Aufgaben auf sehr praktische und fortschrittliche Weise gelöst. Die beeindruckende Architektur, vor allem die bekannten Bauten im Nahen Osten – von der Hagia Sophia in Istanbul bis zum Sophienkloster in Mistras – sind wohl die bemerkenswertesten Beispiele dieser angewandten Technologie.

Dasselbe galt für Wasserleitungen und -speicher sowie Verteidigungsanlagen und Schiffswerften. Die effizienteste byzantinische Waffe waren ein weiteres Beispiel dafür, wie man sich die moderne Technologie auf vernichtende Weise zu Nutze machte. Auf einer besonderen Form der Pyrotechnik des 7. Jahrhunderts basierte ein mit Öl betriebener mittelalterlicher Flammenwerfer, der sowohl zu Wasser als auch zu Lande eingesetzt werden konnte. Auch andere Hilfsmittel, die meist zu Belagerungszwecken dienten, zeigten die Bereitschaft der Byzantiner, von ihren Nachbarn zu lernen. Die meisten Erneuerungen stammten aus China und erreichten Konstantinopel über die Araber und Türken.

Im Gegensatz dazu haben griechische Geographen trotz guter Handelsverbindungen von ihren Nachbarn erstaunlich wenig gelernt. Es wirkt fast wie eine bewusste Ablehnung neuer Informationen und wie ein gezieltes Festhalten am archaischen, griechenlandzentrierten Weltbild, und das, obgleich arabische Landkarten bereits im 12. und 13. Jahrhundert erhältlich waren. Auch viele arabische Bücher wurden ins Griechische übersetzt, zeigten dort aber weniger Wirkung, als sie im übrigen Europa gehabt hätten. Sogar die Medizin basierte immer noch streng auf griechischem und lateinischem Vorbild, und der Einfluss der Moslems auf diesem Gebiet war minimal.

Es überrascht deshalb wenig, dass byzantinische Ärzte ständig von ihren Rivalen aus dem Osten, aber auch von den Italienern und anderen Europäern übertroffen wurden. Was aber nicht bedeutet, dass die Medizin im Byzantinischen Reich nicht ernst genommen wurde – ganz im Gegenteil. Die Regierung stellte eine gewisse Anzahl medizinischer Einrichtungen in den Städten zur Verfügung, die im Verhältnis zur sonstigen städtischen Hochkultur aber überraschend karg ausfielen.

Die positivsten Aspekte der Gesundheitsvorsorge übernahmen die Byzantiner direkt von den alten Römern, wie zum Beispiel die gesicherte Versorgung der Städte mit sauberem Trinkwasser. Die einzige Neuerung bei der Trinkwasserversorgung hatte mehr mit Ingenieurwesen als mit medizinischer Wissenschaft zu tun und beruhte einfach auf der Tatsache, dass das Byzantinische Reich oft umkämpft wurde. Die antiken römischen Aquädukte, die das Wasser ins Innere der befestigten Stadtmauern brachten, hielten feindlichen Angriffen nicht stand und wurden ab dem 11. Jahrhundert durch riesige unterirdische Zisternen ersetzt.

Das einzige Gebiet, auf dem byzantinische Ärzte einen eindeutig modernen Standpunkt einnahmen, war der Bereich der psychischen Gesundheit. Aus nicht völlig geklärten Gründen waren sich die Byzantiner der gesundheitlichen Folgen von Stress sehr wohl bewusst.

So waren sie der Ansicht, dass das beste Heilmittel für psychische Störungen ein Sanatorium in ruhiger Lage und mit Blick auf das Meer war.

Ein letztes Aufflackern einer niedergehenden Welt

Kurz vor dem Zerfall des Byzantinischen Reiches lebten Kunst, Architektur und Bildung noch einmal auf. Es gab mehrere herausragende Gelehrte, die einander mit erstaunlicher Hartnäckigkeit widersprachen. Bei der wichtigsten Debatte im 14. Jahrhundert ging es darum, ob man das Reich vor den einfallenden Türken verteidigen oder sich in die mystische Welt der Kontemplation zurückziehen solle. Auf die Dauer setzte sich die letztere Position durch.

Selbst in der letzten Krise im 15. Jahrhundert waren die Streitfragen religiöser Natur, obwohl sie jetzt einen politischen Einschlag hatten. Vor allem ging es darum, ob die griechisch-orthodoxe Kirche die Vereinigung mit der römisch-katholischen Kirche zu deren Bedingungen akzeptieren solle. Drei Namen ragten hierbei heraus: Der erste war Johannes von Bessarion (1395–1472), Patriarch von Konstantinopel und führender Kopf der orthodoxen Kirche in Nikäa, der diese Union befürwortete. Der zweite war Gennadios Scholarion, der die Herrschaft der moslemischen Türken der der Katholiken vorzog. Er wurde nach der Eroberung durch die Türken von 1453 bis 1459 Patriarch von Konstantinopel.

Am bedeutendsten war der dritte, Gemisthos Plethon, der um 1450 starb. Seine Lösung der Probleme des untergehenden Byzantinischen Reiches war so radikal wie die von Bessarion, reichte aber viel weiter in die griechischen Ursprünge zurück. Mehr Philosoph als Kirchenmann, etablierte er in Mistras eine bäuerliche Utopie basierend auf dem Ideal des antiken Sparta mit einem Heer aus Leibeigenen. Er war sich dabei des Bedarfes an moderner Technologie bewusst. Schließlich floh er nach Italien, wo er über Plato lehrte und großen Einfluss auf die Entwicklung des Humanismus ausübte. Später kehrte er nach Griechenland zurück und starb etwa zehn Jahre vor der Eroberung von Mistras durch die Türken.

DIE BESTEN SCHÜLER DER GRIECHEN

Der Unterschied zwischen byzantinischer und islamischer Gelehrsamkeit war beachtlich, obwohl in beiden Zivilisationen die Religion eine große Rolle spielte. Lediglich in der Philosophie behinderte der islamische Glaube neue Denkweisen, und oft gerieten Gelehrte wegen der Verbreitung unorthodoxer Ideen in Schwierigkeiten.

Dennoch spielten große Denker wie Ibn Sina (980–1037) und Ibn Rushd (1126–1198) eine wesentliche Rolle als Deuter und Kommentatoren des griechischen Philosophen Aristoteles, dessen Ideen das gesamte weltliche Gedankengut der Christen und der Moslems dominierten. Diese Gelehrten und ihre Zeitgenossen waren für die Überlieferung aristotelischen Gedankenguts in den Westen verantwortlich, waren ihrerseits anerkannte Autoriäten, und ihre Namen wurden lateinisiert als Avicenna (Ibn Sina) und Averroes (Ibn Rushd).

In wissenschaftlicher Hinsicht nannte man die Moslems „Die Schüler der Griechen", obwohl die Araber, Perser und selbst die Türken auch von ihren frühpersischen Vorgängern, von den Indern, Chinesen und anderen viel Wissen übernommen haben. Außerdem entwickelten islamische Gelehrte auf der Grundlage eigener Nachforschungen viele neue, gewagte Konzepte. Der Großteil des griechischen Wissens wurde über das Syrische und Aramäische, die frühere semitische Sprache des Mittleren Ostens, ins Arabische, übersetzt, das wegen seines umfangreichen Vokabulars die schwierigsten wissenschaftlichen Ideen unterschiedlichster Herkunft ausdrücken konnte. Viele in Europa noch heute gebräuchliche wissenschaftliche und mathematische Ausdrücke sind arabischen Ursprungs. Die islamische Wissenschaft erlebte ihre Blütezeit im 10. und 11. Jahrhundert, als große Fortschritte im Bereich der Medizin, Mathematik, Geschichte und Geographie gemacht wurden.

Weniger anerkannt sind die Leistungen islamischer Techniker und Bauern bei der Entwicklung von technischen Hilfsmitteln, besonders auf dem Gebiet der Bewässerung. Sie erfanden diverse Methoden, um den Wasserstand und den gleichmäßigen Wasserfluss zu regeln, darunter auch ein Astrolabium, das als Theodolit diente. Technologischer Fortschritt betraf auch andere Industrien; neue Destillationsmethoden dienten zur Her-

Rechts: Einzigartig an der Technologie der islamischen Welt war, dass neue Ideen nicht sofort zu militärischen Zwecken verwendet wurden. Die meisten kamen der Industrie, Medizin oder der Freizeit zugute. Ein solches Spielzeug zeigt dieses Bild aus einem Buch des al-Jazari im 12. Jahrhundert. Es ist eine Art Kuckucksuhr, aus deren Türchen zu jeder vollen Stunde kleine Figuren herauskamen.

Gegenüber: Die Wasseruhr auf dem Minarett der Bu Inaniyya-Moschee in Fez in Marokko ließ in gleichen Zeitabständen eine Kugel fallen. Sie stammt aus der Zeit von 1350–1355 und war für die Studenten der nahen Quara-wiyyin-Universität sehr praktisch.

stellung ätherischer Öle oder raffinierten Mineralöls für Feuerwaffen. Seife gab es zu kosmetischen und medizinischen Zwecken, und die Glasbläserei war weiter entwickelt als bei den Römern und kannte mehrere Emailtechniken. Die chinesische Papierherstellung erreichte Westeuropa sehr früh – angeblich durch die Gefangennahme chinesischer Schreiber in der Schlacht von Tales im Jahre 751 –, bald gefolgt von der Kunst des Blockdrucks.

Der kursive Charakter der arabischen Schrift war allerdings für den Buchdruck ungeeignet, der später in Deutschland erfunden wurde. Ausgeprägtes chemisches Wissen hingegen erlaubte die Herstellung neuer Textilfarben, Glasuren und Metalllegierungen.

Der Islam erbte zwar das Wissen verschiedener Völker, aber sein Hauptanliegen, nämlich die Bestimmung von optimalem Ort und Zeitpunkt fürs Gebet, führte zur Entwicklung exakter Mondkalender und Sternkarten. Da genaue Chronometer fehlten, lösten die Geographen das Problem der Längenmessung durch den Vergleich der Mondphasen in verschiedenen Erdteilen. Ihre

Resultate waren in Anbetracht dieser einfachen Methoden erstaunlich genau. Auf dem Gebiet der reinen Mathematik übersetzten die Moslems auch mathematische Abhandlungen der Inder und übernahmen deren Ziffer Null. Als Folge davon wird das heutige Zahlensystem der westlichen Welt „arabisch" genannt, um es vom römischen zu unterscheiden, das keine Null kannte. Die Algebra (vom arabischen al-Jahr für „Wiederherstellung"), die analytische Geometrie, die Trigonometrie und selbst die sphärische Trigonometrie, all das waren Erfindungen des 10. und 11. Jahrhunderts.

Kenntnisse in Lichtbrechung und Optik ermöglichten eine erstaunlich genaue Berechnung der Tiefe der Erdatmosphäre.

Dass die Sonne und nicht die Erde im Mittelpunkt des Sonnensystemes stand, erkannten schon die Perser im 13. Jahrhundert, aber ihr Konzept setzte sich nicht durch. Die Idee dürfte bis zum Beginn des 16. Jahrhunderts aber über die Türken und Griechen zum polnischen Gelehrten Kopernikus gelangt sein. Wenig war über Zoologie bekannt, da für dieses Wissensgebiet die praktische Anwendung fehlte. Ganz anders verhielt es sich mit der Botanik. Hier griffen die Moslems auf antikes Wissen der Griechen und Inder zurück und vervollständigten es mit ihrenen eigenen sorgfältigen Beobachtungen. Dies führte zu neuen Erkenntnissen, die sowohl Medizin als auch Landwirtschaft befruchteten.

Bild unten: In der mittelalterlichen islamischen Gesellschaft war das Zubereiten von Arzneien hoch qualifizierten Ärzten und Pharmazeuten überlassen. In dieser arabischen Übersetzung der antiken griechischen „Materia Medica" des Dioskorides sieht man, wie Arzneien über Feuer zubereitet werden, während im oberen Stockwerk Assistenten Zutaten vorbereiten und die fertigen Arzneien einräumen.

Krankenhäuser, Sanatorien und Gestüte

Die bemerkenswertesten Fortschritte wurden im islamischen Reich auf dem Gebiet der Medizin gemacht und kamen durch empirische Beobachtung zustande. So führte zum Beispiel das Interesse der Araber an Optik zu verbesserten Kenntnissen der Funktion des Auges, und psychologische Störungen sah man im Gegensatz zu den Europäern als mentale Krankheiten und nicht als Einfluss böser Geister an. In den meisten wichtigen Städten gab es Spitäler; das größte wurde 1284 in Kairo gebaut, konnte 8000 Patienten versorgen und zum Personal gehörten zahlreiche Ärzte, Krankenpfleger und Pharmazeuten. Ähnliche Fortschritte machten sie auch beim Verständnis der Natur ansteckender Krankheiten, und das Wohlfahrtssystem der „Waqf" finanzierte die Pflege heißer Quellen als kostenlose Sanatorien.

Andererseits überlebten in vielen Gegenden primitive Glaubensformen. Vor allem die arme Landbevölkerung maß Glücksbringern magische Bedeutung bei. Im Süden Arabiens zum Beispiel glaubte man an die Heilkraft von Rindern. So opferte die Familie eines Kranken eine Kuh und verteilte deren Blut zur religiösen Reinigung auf der Brust des Kranken.

Im Gegesatz zu solch primitivem Glauben entwickelten die Araber aber auch die Kunst der selektiven Viehzucht und brachten die Araberpferde hervor, die großen genetischen Einfluß auf die Pferdezuchten auf der ganzen Welt hatte. Es ist kaum überraschend zu hören, dass der erste Fall einer künstlichen Befruchtung im Jahre 1284 im Mittleren Osten aufgezeichnet wurde. Die Veterinärmedizin war damals nirgendwo so entwickelt wie in der islamischen Welt.

CHINESISCHE WISSENSCHAFT

Während der Antike und des Mittelalters war die chinesische Einstellung zur Wissenschaft von ihrem Glauben an die Kraft der Vernunft und ihrer Vorstellung von „Fortschritt“ gekennzeichnet. Wie auch die arabischen Gelehrten versuchten die Chinesen nie, ihre Umgebung zu dominieren, sondern strebten nach dem Einklang mit der Natur.

Andererseits war die chinesische Gelehrsamkeit vom 11. bis zum 15. Jahrhundert stark akademisch orientiert; besonders das hoch gebildete Beamtentum verfolgte Ziele wie Selbstentwicklung und Selbsterkenntnis. In dieser Zeit kam es auch zum Aufleben des Neokonfuzianismus, der die chinesische Zivilisation bis zum heutigen Tag beeinflusst – es handelt sich dabei im Wesentlichen um eine Kombination des alten konfuzianischen Rationalismus mit buddhistisch-taoistischer Mystik. In Anbetracht der zahlreichen Händler, Soldaten und Botschafter, die sich weit über die Grenzen Chinas hinauswagten, überrascht es nicht, dass die Chinesen ausgezeichnete geographische Kenntnisse besaßen.

Der Erfindergeist

Obwohl die große Zeit chinesischer Erfindungen mit der Niederlage der südlichen Sung-Dynastie gegen Kublai Khans Mongolenarmee im Jahre 1279 zu Ende ging, öffnete sich China auch in der anschließenden Phase der Mongolenherrschaft neuen Ideen. Besonders in der Astronomie griff man auf das moslemische Wissen des Mittleren Ostens zurück. Der Austausch war aber keineswegs einseitig: Im späten 13. Jahrhundert arbeitete der chinesische Astronom Fao-Mun-Ji mit arabischen Gelehrten in einem von den mongolischen Herrschern im Iran errichteten Observatorium zusammen.

Die Chinesen waren in der Technologie und Ingenieurwissenschaft erfolgreicher als in der reinen Wissenschaft. So waren chinesische Techniker führend auf dem Gebiet der Wasserkraft, in der Metallurgie, im Schiffsbau und der Keramik. Wasser betrieb oft die Gebläse in größeren Eisenwerken, und ein komplexes System aus Flaschenzügen und Sperr-Rädern half zum Beispiel, Wasser aus Minenschächten abzuleiten. Zwischen 1088 und 1092 gelang dem Ingenieur Su Song mit Hilfe eines aufwendigen Getriebes und einer Sperre, vergleichbar mit späteren europäischen Modellen, die Herstellung einer funktionsfähigen mechanischen Uhr. Der Mechanismus befand sich in einer Art kleiner Pagode mit einer Armillarsphäre auf dem Dach, die die Bewegung der Sterne anzeigte, während eine drehende Trommel die Tageszeit angab.

Im 10. Jahrhundert wurde das Wasser und nicht nur die Wasserkraft so weit kontrolliert, dass wasserdichte Schleusen gebaut werden konnten und es nicht mehr nötig war, Boote zwischen Kanälen unterschiedlicher Höhe auf dem Landweg zu befördern. Dennoch mussten an manchen Stellen von Büffeln bewegte große Winden verwendet werden, um Schiffe flussaufwärts zu ziehen.

Schon damals konstruierten die Chinesen seetaugliche Schiffe von einer Größe, die selbst den Venezianer Marco Polo erstaunte, als er um 1280 in den Fernen Osten reiste. Diese Schiffe hatten mehrere Decks mit Heckrudern, die durch Winden bewegt wurden, und wahrscheinlich auch wasserdichte Abteile. Der Kapitän eines solchen Seeschiffes navigierte mit Hilfe eines magnetischen Kompasses, der zuvor aus einem Hilfsmittel für die Wahrsagerei entwickelt worden war.

義靜三藏於西天取得此

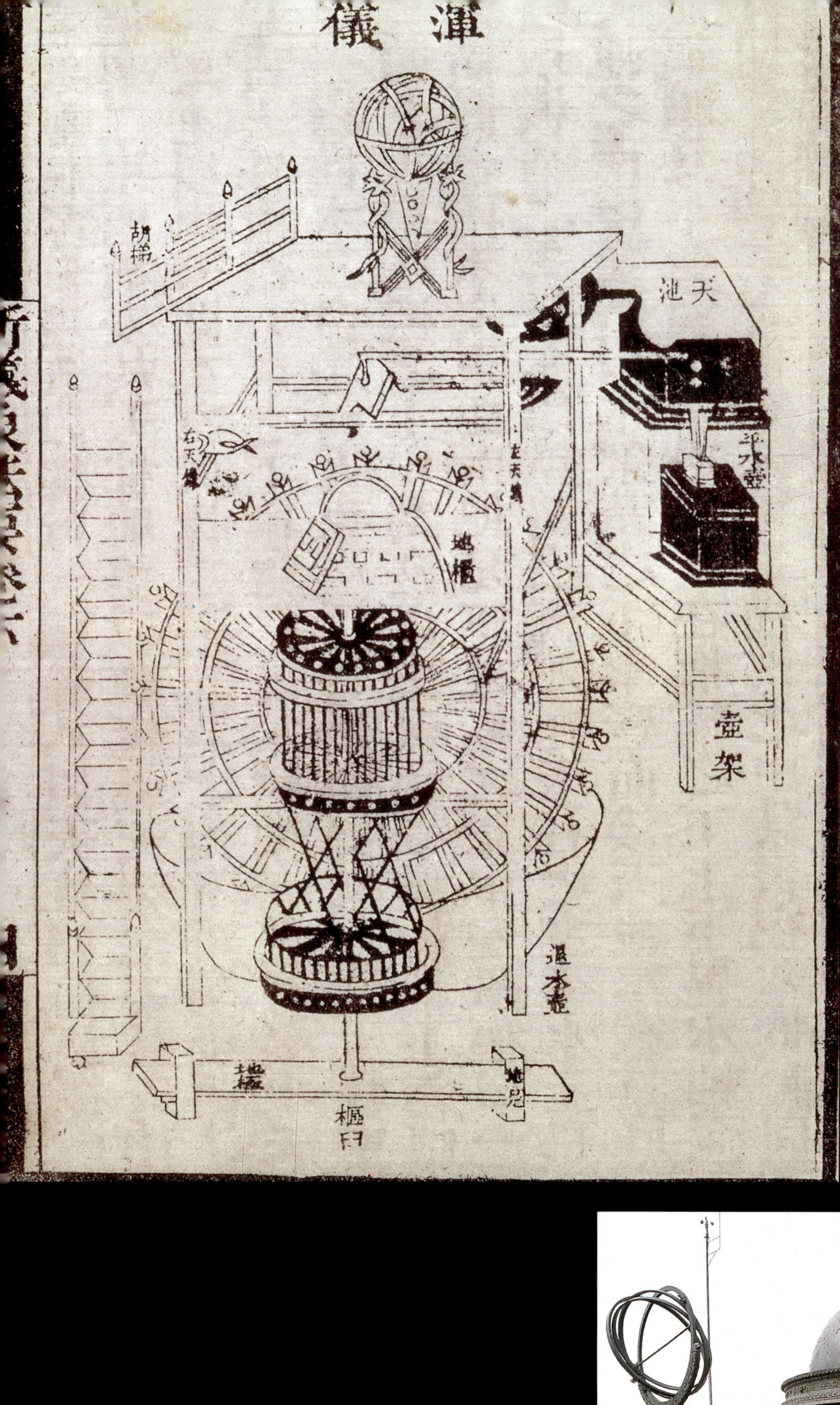

Links: Die chinesische Kultur war ebenso stark von der Zeitmessung fasziniert wie alle Kulturen des Mittelalters. Diese Abbildung erklärt die Funktionsweise der von Sung Song zwischen 1088 und 1092 in der Stadt Kaifeng für den Sung-Kaiser hergestellte Wasseruhr. Sie war neun Meter hoch und umfasste drei verschiedene, von einer einzigen Quelle der Wasserkraft angetriebene Rotationsmechanismen.

Bild unten: Im Gegensatz zu Sung Songs Wasseruhr existiert diese Sternwarte noch immer im Süden der Mongolei. Viel davon soll aus dem 14. Jahrhundert stammen, als die Mongolen China regierten, und sie enthielt eine sphärische Darstellung der Sterne und eine bronzene Armillar- oder Zodiakalsphäre.

Technologische Fortschritte im Dienst der Kunst

Die Kunst, die China Weltruhm einbrachte, wurzelte tief in der praktischen Technologie. Verbesserte Hochöfen ermöglichten die Herstellung erstklassiger Porzellangefäße in großen Mengen, während chinesische Metallarbeiter dekorative Motive und Techniken aus der arabischen Welt kopierten. Was Technologie und Massenproduktion anbelangte, waren chinesische Schmiede im Mittelalter führend und konnten Stahl wie auch Eisen gießen. Diese Technologie ermöglichte es Waffenschmieden, erstklassige Klingen und Helme aus einem Stück herzustellen, wenngleich die Araber das schon vor ihnen taten. Im Textilbereich verwendeten chinesische Weber ein neuartiges Spinnrad und Seidenhaspelmaschinen, um auch mit der großen Länge der Seidenfäden fertig zu werden. Mit dem Extrakt der Perillaminze wurde Seide wasserfest gemacht.

Der Holzschnitt war so weit fortgeschritten, dass im Jahr 1005 in den Kaiserlichen Archiven rund 10.000 Druckplatten mit historischen und heiligen Texten eingelagert waren. Der chinesische Künstler Bi Sheng erfand sogar eine Art Drucktechnik mit beweglichen Lettern, bei der einzelne chinesische Zeichen aus gebranntem Ton in weiches Harz gedrückt wurden. Allerdings gab es so viele verschiedene Schriftzeichen, dass sich Bi Shengs System nicht weiterentwickeln ließ und sich als unpraktisch erwies.

Dennoch haben 1234 die benachbarten Koreaner die Idee aufgegriffen und einzelne Druckzeichen aus Metall hergestellt.

Eine andere Erfindung der Chinesen im Mittelalter war das Schießpulver, das bald für Flammenwerfer, Handgranaten und Raketen verwendet wurde. Erste Schusswaffen hingegen wurden wahrscheinlich eher im Mittleren Osten als in China erzeugt.

Die Alchimie, den Versuch, eine Substanz in eine andere zu verwandeln, nahmen die Chinesen sehr ernst, und ihre Ideen hatten großen Einfluss auf andere Kulturen des Mittelalters. Allerdings vollzogen die chinesischen Alchimisten im Gegensatz zu ihren arabischen Zeitgenossen nie den Schritt von altmodischer Alchimie zu tatsächlicher, chemischer Wissenschaft. Ein weiterer Unterschied bestand darin, dass die Araber mit Mineralien experimentierten und die Chinesen vermehrt mit Pflanzen, was wiederum dauerhafte Auswirkungen auf die Medizin haben sollte. Auf diesem Gebiet hatten chinesische Theorien sichtbaren Einfluss auf Indien und den Mittleren Osten.

Im Einklang mit der traditionellen Form der asiatischen Medizin hatten die Chinesen eine ganzheitliche Sichtweise von Krankheiten, wobei sie versuchten, das Gleichgewicht zwischen allen Kräften, von denen sie glaubten, dass sie auf den Patienten wirkten, wiederherzustellen. Dazu gehörte die Berücksichtigung aller psychologischen, spirituellen, physischen und vermuteten magischen Einflüsse, die einen Einfluss auf den Patienten ausübten. Außerdem kannten sich die Chinesen mit Kräutermedizin sehr gut aus und setzten sie zum Beispiel sehr erfolgreich gegen Erkältungen ein.

Rechts: Japanische Schwertklingen gehören zu Recht zu den besten der Welt. Die nötige Technologie stammte aus China, einige Entwürfe aus Zentralasien, aber das fertige Produkt kam aus Japan. Dieses Manuskript des 16. Jahrhunderts zeigt, wie Schwertschleifer ihren Klingen den letzten Schliff verpassen, wie sie es seit Jahrhunderten getan hatten. Die gleiche Technik wird bis heute angewandt.

INDIEN, DIE HEIMAT DER HÖHEREN MATHEMATIK

Die Wurzeln indischer Bildung, Naturwissenschaften und Technik gehen weit zurück und sind möglicherweise verbunden mit den antiken Zivilisationen des Mittleren Ostens. So war die für die indische Hindukultur charakteristische astronomische Forschung der der Babylonier sehr ähnlich, die auf dem Gebiet des heutigen Irak lebten. Das goldene Zeitalter indischer Wissenschaft begann im 5. Jahrhundert. In der Mathematik und der Geometrie erzielten die Inder Resultate, die weit über die antiken Griechen und Römer hinausgingen. Dies wiederum hatte im Mittelalter großen Einfluss auf ähnliche Studien der islamischen Welt.

Geschichte sah man unterdessen als einen sich wiederholenden Zyklus an und nicht als linearen Prozess. Dieses goldene Zeitalter kam jedoch um 1200 zum Erliegen, vielleicht weil indische Wissenschaften eng mit dem Buddhismus verknüpft waren und der buddhistische Einfluss zu dieser Zeit stark zurückging. Danach stagnierten indische Wissenschaft und weltliche Gelehrsamkeit. Dennoch blieben die Hauptstädte der wichtigsten Gebiete Indiens bis ins 14. Jahrhundert Zentren der Bildung und Medizin.

Die Astronomie fand bei religiösen Festen und der Vorhersage plötzlicher Änderungen des Monsunklimas praktische Anwendung.

Die Mathematik unterstützte hervorragende Leistungen in Architektur und Ingenieurwesen. Die bemerkenswerteste Form angewandter Wissenschaft in Indien war aber die Botanik, die mit der Medizin eng verknüpft war und auch nie zum Erliegen kam. Das Studium und die Klassifikation von Pflanzen setzte sich bis ins Mittelalter fort und führte zu einem umfangreichen System von wissenschaftlichen Artennamen.

Die indischen Gelehrten wussten um den Kreislauf der Säfte und und befassten sich auf sehr breiter Basis mit diesem Thema, ähnlich unserem heutigen Bild des ökologischen Kreislaufs. Aufgrund ihres Glaubens an das „schlafende Bewusstsein“ der Pflanzen behandelten indische Gelehrte die Natur mit größerem Respekt, als wir das heute meist tun.

Zugleich führte die detaillierte Analyse von Säuren und Basen zu einer sehr fortschrittlichen Metallurgie. Indische Ärzte verwendeten darauf aufbauend als Erste zusätzlich zu Pflanzenextrakten auch metallische Elemente in ihren Arzneien. Die Chemie galt als Helferin der Medizin und hatte wie auch die Botanik und die Medizin selbst großen Einfluss auf die islamische Welt.

Tropenkrankheiten waren in Indien und Südostasien natürlich weit verbreitet, wo die Dschungel voll von gefährlichen Tieren, Insekten und Pflanzen waren. Dies hat wohl das Studium jener Richtung der Medizin angespornt, die als Ayurveda, als „Wissenschaft des Lebens", bekannt wurde. Wie der Name andeutet, war Ayurveda eine breit gefächerte Wissenschaft, die sich nicht nur mit Symptomen und Heilbehandlungen befasste, sondern auch mit Beobachtungen, Forschungen und sogar der „transzendenten Intuition" der Rishis, der „geistig erleuchteten Seher".

Ein weiteres Kriterium, das indische Medizin von europäischer unterschied, war ihre Aufgeschlossenheit, die das Streben nach Wahrheit betonte. Sie führte zu der Bereitschaft, aus jeder Quelle zu lernen, und einem liberalen Geist, der das Sezieren von Leichen zu Studienzwecken erlaubte. Daraus folgten Kenntnisse über den Blutkreislauf sowie pharmazeutische Medikamente. Auch chirurgische Eingriffe wurden erfolgreich durchgeführt. Sogar über Krankheit erregende Mikroben dachte man nach, konnte sie aber noch nicht nachweisen.

Gegenüber: Die Schiffe, die im Mittelalter in östlichen Gewässern segelten, waren anders als die europäischen. Das zeigt diese Abbildung eines Riesenauslegerbootes auf dem buddhistischen Tempel von Borubudur in Java aus dem späten 8. Jahrhundert. Solche Gefährte ermöglichten den Völkern des heutigen Indonesien und Malaysia, zwischen den vielen Inseln Südostasiens zu verkehren.

Links: Manche der Leistungen indischer Technologie sind bis zum heutigen Tag ein Rätsel – so auch dieser eiserne Pfeiler aus dem 3. Jahrhundert v. Chr. Wie seine fünfzig Tonnen unter Sultan Firuz Shah im 14. Jahrhundert von Topra nach Delhi gebracht und dort neu aufgestellt wurden, ist leichter verständlich, da die Ingenieurzeichnungen hierüber erhalten sind.

7 GESETZE UND STRAFEN

Der mittelalterliche Strafvollzug mag aus heutiger Sicht grausam erscheinen, beruhte aber auf sorgfältig überlegten Prinzipien. Selbst die Verstümmelung von Verurteilten hatte ihre Gründe: In einer Welt, in der die Familie den einzigen Unterhalt bot, war es gerechter, dem Schuldigen Schmerzen zuzufügen, als ihn einzusperren. Denn dies könnte bedeuten, dass seine unschuldige Familie hungern musste. Ausserdem war öffentliche Schmach eine wirksame Abschreckung in einer Gesellschaft, in der jeder jeden kannte und die Chancen eines Gesetzesbrechers, nach der Bestrafung wegzuziehen, gering waren.

DIE LENKUNG EINER SICH WANDELNDEN GESELLSCHAFT

In Mittelalter war der Gesetzesvollzug in den verschiedenen Teilen Europas sehr unterschiedlich. Im Norden waren germanische Einflüsse vorherrschend, im Süden überlebte das römische Rechtssystem. Zusätzlich gab es auch ein eigenes kanonisches Recht, das jeden anging, der lesen und schreiben konnte. Selbst im späten 11. Jahrhundert gab es in einigen europäischen Ländern noch keine geschriebenen Gesetzte und man berief sich auf das „Gewohnheitsrecht". Selbst die schriftlichen Gesetzestexte, sofern vorhanden, waren oft kaum mehr als eine Auflistung der möglichen Strafen für verschiedene Verbrechen.

Obwohl die Herrscher die „Gesetze machten", mussten diese auf dem beruhen, was vom Volk als natürliche Gerechtigkeit empfunden wurde; wie auch auf Sitten, Präzedenzfällen und christlichen Prinzipien. Das einzig beständige Gesetz war das kanonische, das der Papst der gesamten katholischen Kirche auferlegte hatte, was er später auch bei weltlichen Autoritäten versuchte.

Da Präzedenzfälle sehr wichtig waren, wurden detaillierte Aufzeichnungen geführt. Dies machte bald geschultes Personal erforderlich, vom qualifizierten Anwalt bis zum Schreiber. Manche Schulen hatten den Ruf, die besten Anwälte auszubilden. Hier schlossen sich Studenten zu Vereinigungen zusammen, die später als „Universitäten" bekannt wurden. Die angesehenste war in Bologna in Italien; Paris war aber auch von Bedeutung. Sie alle konzentrierten sich auf den Codex des römischen Rechtes des Kaisers Justinian, der von 525 bis 565 Kaiser des Römisch-Byzantinischen Reiches war. Es kam jedoch oft zu Spannungen zwischen den kanonischen Anwälten und denen, die an weltlichen Universitäten gelernt hatten.

Die Ursprünge der Gesetze waren in jedem Land unterschiedlich. In Frankreich zum Beispiel war das römische Recht wichtiger als in England. Dennoch stützte das Gewohnheitsrecht das Recht der Krone. Im 12. und 13. Jahrhundert wurde das französische Rechtssystem überarbeitet, nach dem Schema des kanonischen und dem Ideal des römischen Rechts. Die Tatsache, dass Vereinbarungen nun niedergeschrieben wurden, begrenzte den Einfluss der Aristokratie und gab Anwälten wie Henry de Bracton großen Spielraum. Er verteidigte die englische Krone im Kampf gegen die Barone und starb 1268.

Trotz dieser Änderungen überlebten archaische Rechtsideale in weiten Teilen Italiens bis ins 15. Jahrhundert, wo ein Stadtmensch zwei Bauern „wert" war, ein adliger Conte hingegen nicht weniger als sechzehn.

Hetzjagd

Die Ausübung der Gesetze wurde standardisiert und beruhte einfach auf dem Identifizieren und dem Festnehmen Krimineller. Im 11. Jahrhundert glaubten einige Barone und Ritte noch immer, dass sie ihre eigenen Kleinkriege führen und in Südfrankreich und Deutschland Unruhe stiften durften, was die dortigen Herrscher in der Regel nicht verhindern konnten. Die Kirche griff ein und verkündete mehrmals den „Gottesfrieden", der zum Beispiel festlegte, dass private Fehden nur an bestimmten Wochentagen ausgeübt werden durften. Dennoch benötigte die Kirche die Unterstützung der ritterlichen Elite, um den Gottesfrieden durchzusetzen, da nur ein Ritter einen anderen von der Gesetzesübertretung abhalten konnte.

Gegenüber: Mit der Erweiterung von Handel und Industrie gingen viele Händler zu große Risiken ein und verschuldeten sich. In diesem lateinischem Manuskript aus dem Jahr 1296 zahlt ein Mann seine Schulden zurück.

Die Disziplin ließ auch in den besten Armeen oft viel zu wünschen übrig. Dieses Manuskript aus dem 14. Jahrhundert zeigt randalierende Soldaten, die ein Haus in Paris plündern.

Unterdessen stellten Könige ihre eigenen Regeln darüber auf, wer private Kriege führen durfte und wer wann und wo angegriffen werden konnte. Der Friede konnte jedoch im 12. und 13. Jahrhundert in weiten Teilen Europas wiederhergestellt werden, sieht man von einigen zwischenstaatlichen Kriegen einmal ab.

Viele Ritter legten ihre Waffen nieder und strebten nach friedvolleren Beschäftigungen. Dennoch zwang sie ihr sozialer Stand zur Aufrechterhaltung der Gesetze innerhalb ihrer Lehensgüter. Es gab bis auf wenige Ausnahmen keine Polizei. Zum Festnehmen von Verbrechern war man also auf „Hetzjagden" angewiesen, was bedeutete, dass jeder freie Mann sich an der Suche nach einem Kriminellen beteiligen musste. Dies erinnert an den Wilden Westen in Amerika, als Sheriffs Suchtrupps versammelten.

Die Franzosen hatten eine für sie typische Art, mit weniger dringlichen Fällen umzugehen. Im 12. Jahrhundert musste man an der zuständigen Stelle ein Bittgesuch einreichen, bevor eine Verhandlung stattfand. Darauf folgte eine offizielle Anhörung oder auch ein Einspruch des Angeklagten. Beide Parteien mussten geschriebene Dokumente vorlegen, die von einer autorisierten Person beglaubigt waren.

In südlichen, von römischem Recht beeinflussten Gebieten erklärten lokale Notare solche Dokumente für gültig. Als der Einsatz von Notaren immer gebräuchlicher wurde, musste jeder, der seine Rechte sichern wollte, einen Schreiber zum Aufsetzen der Schriftstücke, einen Notar zum Beglaubigen und einen Anwalt bezahlen, der ihn vor Gericht vertrat. Daraus kam es zur Expansion dieses oft gut bezahlten Berufszweiges. Gerichtsverhandlungen waren immer kostspielig und riskant, weshalb das Volk stets sein Bestes tat, um seine Streitigkeiten selbst zu regeln.

Während des Mittelalters ging die aristokratische Oberschicht oft mit schlechtem Beispiel voran und nur der König selbst konnte sie zügeln. Die Justiz war ungleich und die Anwendung von Gesetzen oft willkürlich.

Fremde waren so gefürchtet, dass Reisende oft nicht außerhalb der Mauern nächtigen durften, es sei denn, ihr Gastgeber bürgte persönlich für sie. Wachtposten an den Stadttoren sollten Fremde vertreiben, da es nicht ungewöhnlich war, dass getarnte Räuberbanden eindrangen und den Marktplatz plünderten. Folglich herrschte in den Vororten außerhalb der Stadtmauern meist eine hohe Kriminalität, und die Gesetzeshüter hatten dort kaum Zugriff.

Die Verhandlungen waren teils primitiv, teils modern. Gewöhnliche Urteile wurden vom lokalen Richter gefällt. In England gab es verschiedene Gerichtshöfe für verschie-dene Bevölkerungsgruppen; so befasste sich das königliche Gericht ausschließlich mit den Angelegenheiten der Könige und Grafen. Gewöhnlich fanden Gerichtsverhandlungen im Freien statt und bis ins 14. Jahrhundert wurden sie sogar in der Vorhalle der Kirche abgehalten. Zu Beginn waren die Geschworenen lediglich Beobachter der Verhandlung, sie wurden später aber auch zur Festlegung des Strafausmaßes herangezogen.

Abhängig vom Grad des Verbrechens durften Angeklagte eine bestimmte Anzahl von persönlichen Fürsprechern mitbringen. Manchmal wurde der Angeklagte einem Gottesurteil unterworfen, bei dem Gott über Schuld und Unschuld entschied. Dabei musste er heiße Barren eine gewisse Strecke weit tragen, dann wurde ihm die Hand verbunden, und wenn sie in einer bestimmten Zeit heilte, galt er als unschuldig. Dies war wohl so lange wirksam, wie die Beteiligten daran glaubten, weil sich die Auswirkungen eines schlechten Gewissens dann vielleicht im Verhalten des Angeklagten zeigten.

Kampfgerichte

Gottesurteile gab es bis ins 13. Jahrhundert, doch Kampfgerichte existierten noch weitaus länger, besonders bei Streitigkeiten des

Bild unten: Eine Anklage war im Mittelalter eine schmerzhafte und erniedrigende Erfahrung. In diesem französischen Schriftstück aus dem 15. Jahrhundert wurden Gefangene von einem Richter verhört, während Gerichtsdiener ihre Aussagen niederschrieben.

Rechts: Ein verbreitetes Laster im mittelalterlichen Europa war die Trunksucht. In diesem moralisierenden Bild aus dem 14. Jahrhundert betrinken sich einige Männer, wie mittelständische Händler gekleidet, von denen der rechts schon genug hat.

Unten: Diese Abbildung aus dem Gesetzbuch der französischen Stadt Agen aus dem 13. Jahrhundert zeigt, wie des Ehebruchs angeklagte Männer nackt durch die Stadt geführt werden. Öffentliche Erniedrigung war im Mittelalter, in einer Gesellschaft, in der jeder seine Nachbarn kannte, eine der wirksamsten Arten der Bestrafung.

Adels. Bei gewöhnlichen Leuten kämpften die Kontrahenten selbst; falls sie dazu unfähig waren, konnten sie als ihre Vertretung einen „Champion“ anheuern, oft ein Exsoldat oder ein professioneller Schläger. Auch hohe kirchliche Würdenträger hielten sich ihre Champions, die ihre gesetzlichen Rechte verteidigten. Das Grabmal Robert Wyvils, des Champions des Bischofs von Salisbury, in der dortigen Kathedrale zeigt die Hacke, die im Kampfgericht verwendet wurde. Diese Waffen waren schmerzhaft, aber nicht tödlich. Falls es keinen Sieger gab, konnte der Angeklagte seine Unschuld beweisen, indem er bis Sonnenuntergang durchhielt.

In England wurde das noch heute übliche System der reisenden Richter eingeführt. Diese Richter, ernannt von der Krone, bereisten das Land und kümmerten sich um die schwierigeren Fälle, die vor Geschworenen abgehandelt wurden.

Bis zum Ende des Mittelalters entwickelte sich in Frankreich ein anderes juristisches System. Wie in England wurden schwere Verbrechen zuerst dem lokalen Baron oder seinem Vertreter vorgetragen. Der Kläger beantragte, dass der Angeklagte einem Richter vorgeführt werde, mächtigere Leute konnten auf eine Verhandlung vor einem höheren Gericht bestehen. Wenn auf ein Verbrechen die Todesstrafe stand, fand in

jedem Fall eine Verhandlung statt, der der Angeklagte beiwohnen musste – wer auch immer er war.

In südlichen, römisch beeinflussten Zonen blieben schriftliche Aussagen ein Grundelement des Verfahrens. Kodifiziertes Recht oder die Aufzeichnungen früherer Fälle hatten für eine analphabetische Bevölkerung fast mystische Bedeutung. Selbst auf dem

Lande erwartete man von Priestern, dass sie alle Urteile schriftlich festhielten, und ab dem 11. Jahrhundert benötigte jeder Aristokrat einen Rechtsexperten, einen „juris peritus“ im Haushalt. Diese Männer wurden bald sehr einflussreich.

Die Unterscheidung zwischen Zivilrecht und Strafrecht war damals noch nicht so deutlich, aber Verbrechen gegen das Arbeits- und Handelsrecht wurden von den unmittelbar Betroffenen untersucht. So urteilte die Stadt über jene, die ihre Gesetze brachen, und Gilden saßen über die zu Gericht, die gegen das Marktrecht verstießen. Diese Prozesse waren königlichen Gerichtsverhandlungen sehr ähnlich. Eigene kirchliche Gerichtshöfe gab es für die Verurteilung und Bestrafung Geistlicher. Da die Urteile der Kirche meist milder ausfielen als die der weltlichen Richter, verlangte jeder, der nur annähernd einem Kirchenmann ähnelte, einen kirchlichen Prozess.

Die Kirche bot außerdem Asyl für jene, die von weltlichen Autoritäten verfolgt wurden. Flüchtlinge konnten zum Beispiel vierzig Tage lang nicht verhaftet werden, wenn sie innerhalb des Kirchengebäudes blieben.

Danach wurde der Angeklagte entweder zum Aufgeben gezwungen, oder er bekam die Möglichkeit, das Land zu verlassen. In England bedeutete das, dass er mit dem nächsten Schiff den nächsten Hafen verlassen musste – wo auch immer es hinfuhr.

Die Strafe selbst reichte von barbarisch bis mild. In England wurde Mord mit Hängen vergolten oder, in den schlimmsten Fällen, mit Strecken und Vierteilen. Hochverrat war das schwerste Verbrechen, aber auch Diebstahl von allem, was mehr als ein Schilling wert war (etwa 12 Tagelöhne eines Durchschnittsarbeiters), wurde mit dem Tod bestraft. Bei geringeren Vergehen wurde dem Dieb die Hand abgehackt. Betrug im Geschäft oder bei der Qualität der Waren wurde mit Pranger bestraft.

Gefängnisstrafe stand auf kleinere Vergehen wie zum Beispiel die Verleumdung der Nachbarn. Die Strafen, die von eigenen Zunftmitgliedern auferlegt wurden, konnten verheerend sein. Im 15. Jahrhundert stahl ein Bergarbeiter von seinen Kollegen Blei, worauf diese vor seinen Augen sein Werkzeug verbrannten und er nie wieder als Kumpel arbeiten durfte.

Links: Die Todesstrafe stand im Mittelalter in Europa auf sehr viele Verbrechen. Auch wurde darauf geachtet, dass der Strafvollzug öffentlich stattfand, sodass jedermann sehen konnte, dass der Gerechtigkeit Genüge getan wurde. In diesem Manuskript aus dem 13. Jahrhundert unterrichtet der König von Frankreich seine Kinder, indem er ihnen zeigt, was mit Gesetzesbrechern geschieht.

BYZANTINISCHES RECHT

Das byzantinische Recht basierte auf dem römischen; so wie die Griechen es im 6. Jahrhundert für Kaiser Justinian übersetzt haben. Es war aber auch von christlichen Prinzipien beeinflusst. Auch arbeitete man daran, existierende Gesetze anwendbarer zu machen. Viele juristische Traktate entstanden zwischen dem 9. und 12. Jahrhundert, aber erst im 11. Jahrhundert wurde Recht nicht mehr nur den juristischen Fachleuten gelehrt. 1054 wurde in Konstantinopel eine dritte Universität gegründet, wo angehende Regierungsbeamte die Gesetze lernten. Einer der letzten byzantinischen Kodizes aus dem 14. Jahrhundert wurde später von der christlichen Bevölkerung im Türkischen Reich verwendet, da die Türken für jede religiöse Gemeinschaft eigene Gesetze vorsahen.

Die Umsetzung der Gesetze war im Byzantinischen Reich sehr unkompliziert, wenn auch nicht immer effektiv. Jede Stadt hatte einen Präfekten, der den Handel und die Qualität der Güter kontrollierte und die Zünfte überwachte. Er war auf Handelsrecht

Links: Der Ursprung dieser voll illustrierten Version der griechischen „Skylitzes-chronik“ ist bis heute unklar. Sie beschreibt griechische Geschichte und entstand wahrscheinlich im 13. Jahrhundert in Sizilien unter kaiserlicher oder französischer Herrschaft. In dieser Szene reitet der byzantinische Kaiser Theophilos mit seinem Gefolge zum Palast in Konstantinopel. Dort spricht er Recht im Fall einer Witwe, die mit einer Beschwerde zu ihm kam.

spezialisiert. Unterstützt wurde er von einem „Symponos“ oder Beisitzer, der für Ruhe und Ordnung sorgte, von Truppen der lokalen Garnison, einem Logotheten, der für die Gerichtshöfe zuständig war, und mehreren persönlichen Assistenten. Da diese Präfekte die Judikative kontrollierten, waren sie sehr mächtig. Was aber die Landbevölkerung betraf, waren Rechtsangelegenheiten nicht ganz so eindeutig. Hier versuchte eine Art lokale Polizei mehr oder weniger erfolgreich, das Banditentum einzuschränken.

Prozesswesen und Korruption

Byzantinische Prozesse waren den römischen sehr ähnlich. So konnte man mehrmals Einspruch erheben, der Kaiser aber war das „Höchste Gericht“. In Westeuropa gab es eine klare Unterscheidung zwischen weltlichem und kirchlichem Gericht; nachdem die Byzantiner aber 1260 Konstantinopel von den lateinischen Kreuzrittern zurückerobert hatten, wurde die Unterscheidung zunehmend hinfällig und beide Systeme wurden durch ein regionales Gericht ersetzt.

Gegen Ende des 13. Jahrhunderts war das byzantinische Rechtssystem so korrupt, dass Kaiser Andronikus II. 1296 ein ganz neues Höchstgericht schuf. Doch sogar dieses konnte das Problem nicht lösen.

Strafen wie das Abschneiden von Nasen, Zungen und Gliedmaßen schienen extrem brutal. Für die byzantinische und viele andere mittelalterliche Gesellschaften waren Folter und Verstümmelung aber humaner als Tod oder Verarmung als Folge eines Gefängnisaufenthaltes. Körperliche Strafen spürte nur der Verurteilte, Gefängnis und Geldstrafen spürten auch unschuldige Angehörige.

Wie die meisten Aspekte der byzantinischen Zivilisation beeinflussten deren Gesetze auch ihre christlichen Nachbarn. Jedoch hatten die Armenier ihr eigenes Rechtssystem, basierend auf den Edikten der frühesten kirchlichen Konzilien. Das georgische Recht hatte mehrere Wurzeln, die von den Konzilien über das byzantinische Recht und lokales Gewohnheitsrecht bis zum Einfluss verschiedener Eroberer reichten. Entschädigungssummen für Körperverletzung und Mord wurden in Silbermünzen festgelegt, in der Praxis waren die unteren sozialen Schichten aber von der Gnade der militärischen Elite abhängig. Den größten Einfluss hatte das byzantinische Recht auf die Slawen im Norden und Westen, die deren Texte zum Eigengebrauch übersetzten.

Gegenüber: Während der letzten Jahre vor dem Zerfall des Reiches übernahmen die Byzantiner für wichtige Staatsmänner die Mode aus dem Osten. Hier trägt Theodoros Metochites, ein großer Gelehrter und Politiker seiner Zeit, das offizielle Gewand eines Präfekten: einen großen orientalischen Turban und einen von den Persern kopierten Umhang. Dieses Mosaik aus dem 14. Jahrhundert zeigt Metochites als Stifter einer Kirche, die er symbolisch Jesus Christus darbringt.

Oben: Die Ruinen des Despotenpalastes bei Mistras aus dem 13. oder 14. Jahrhundert liegen auf beiden Seiten des Berges, unterhalb der Festung, jedoch oberhalb der mittelalterlichen Stadt Mistras.
Der gesamte Komplex bildete die Hauptstadt dieses isolierten Fragments des spätmittelalterlichen Byzantinischen Reiches und gewährte die Aussicht auf die spartanische Ebene im südlichen Griechenland.

Die russische Wahrheit

Die Basis russischer Gerichtsbarkeit war ein Gemisch aus Volksbräuchen und byzantinischem Einfluss. Nur die grausamen Strafen lehnte das mittelalterliche Russland ab. Die Grundlage bildete die Russkaya Pravda, die „Russische Wahrheit", geschrieben für Jaroslav den Weisen, von 1019 bis 1054 Herrscher von Kiew. Bemerkenswert waren das im Vergleich zum römisch-byzantinischen Recht große Ausmaß an Rechten für Frauen und auch die Erklärung, dass alle freien Männer das gleiche Recht auf Entschädigung für Körperverletzung und Mord hätten.

Mit der Zeit variierte dieser Blutpreis aber doch abhängig vom sozialen Rang. Im Spätmittelalter ging die Macht der Mongolen über Russland zurück. Charakteristisch für den darauf folgenden Moskauer Einfluss war die Zunahme von rechtlichen Kodizes und Einrichtungen im 15. Jahrhundert, die dazu beitragen sollten, die Gesetze, die sich zuvor in den verschiedenen russischen Fürstentümern unterschiedlich entwickelt hatten, zu einigen.

Natürlich sah die Ausübung der Gesetze in den ländlichen Teilen russischer Fürstentümer anders aus als im verstädterten Byzantinischen Reich. Sie beinhaltete wohl ein gewisses Maß an Gnade, die für das mittelalterliche Russland insgesamt charakteristisch war. Wurde zum Beispiel ein Diebstahl öf-fentlich bekannt gemacht, hatte der Dieb drei Tage Zeit, sein Diebesgut zurückzugeben. War die Ware bereits an Dritte weitergegangen, wurden diese ebenfalls ermahnt, sie zurückzugeben und mitzuhelfen, den Dieb zu identifizieren. Genau genommen war die ganze Gemeinde aufgefordert, sich an der Verfolgung zu beteiligen. Wer dies nicht tat, machte sich der Mitwisserei schuldig.

In der originalen, primitiven Version der Rechtsprechung nahmen nur der Ankläger und der Beschuldigte an Verhandlungen teil. Von Richtern ist keine Rede, die Debatte war öffentlich und das Volk entschied letztlich über Schuld und Unschuld. Später sahen die russischen Gesetze Richter, formelle Verfahren und detaillierte Formen der Gesetze vor. Nach dem Novograd-Kodex zum Beispiel war der Militärkommandant für kaufmännische Probleme zuständig, wahrscheinlich weil seine Leute auch als Polizei fungierten.

Anderswo wurde das Gericht auch von lokalen Gouverneuren, Kirchenmännern oder Vertretern lokaler Fürsten überwacht. In jedem Fall wurden Anhänger von Kläger oder Beklagtem aus dem Gerichtssaal verbannt, wo alle Prozessführer als Wahrheitsschwur das Kreuz küssen mussten. Zeugen wurden nicht aufgerufen, um im Fall selbst auszusagen, sondern nur über den Ruf der Beteiligten. Drei Arten von Beweisen wurden akzeptiert: geschriebene, gesprochene oder Gottesurteile. Ein erhaltener Kodex aus Pskov nennt mehrere Formen davon, vom Küssen des Kreuzes, was in dieser zutiefst religiösen Gesellschaft sehr wirkungsvoll sein konnte, bis zum Austragen eines Duells.

Die schweren körperlichen Strafen des Byzantinischen Reiches wurden durch Geldstrafen und religiöse Bußakte ersetzt. Im 11. Jahrhundert wurde auch das Recht auf Blutrache, das bis dahin der Familie des Getöteten zustand, durch finanzielle Entschädigungen ersetzt.

DAS GESETZ ALLAHS

Seit dem 7. Jahrhundert gab es unter der islamischen Bevölkerung Spannungen zwischen den Idealen einer Gesellschaft, die auf göttlichem Recht gegründet war, und dem Bestreben Sterblicher, eine solche in die Tat umzusetzen. Zwar war man sich über das Ziel, das moslemische Recht, einig, es gab aber große Streitigkeiten darüber, wie es verwirklicht werden solle. Das Gesetz selbst war die Scharia, niedergeschrieben im Koran und ausgedeutet von Hadith, oder die überlieferte Lehre des Propheten Mohammed (570–632 n. Chr). Es wurde versucht, alles direkt auf der Scharia aufzubauen.

Eine Eigenheit der islamischen Gemeinschaft war, dass das moslemische Gesetz Körperschaften nicht anerkannte, sondern lediglich die Rechte des Individuums, selbst im Familienrecht. Das bedeutete, dass letztlich jeder, ob Mann oder Frau, jung oder alt, vor dem Gesetz gleich war.

Die seldschukischen Türken brachten im 11. Jahrhundert fundamentale, wenn auch nicht friedliche Veränderungen mit sich, als sie geistliche und weltliche Macht trennten. Das neue Element, das die Türken und nach ihnen die Mongolen einführten, war die Jasa, das zentralasiatische Gewohnheitsrecht, das zuerst nur die herrschende Elite betraf. Die Masse der arabischen und persischen Bevölkerung lebte weiterhin unter der Scharia. Wie bei der Scharia auch, unterlag der Herrscher dem türkisch-mongolischen Recht der Jasa, deren Einhaltung er zu überwachen hatte.

Abu Zaid betrügt den Stadtverwalter mit Geschichten, wie ein cleverer Gauner sich mit den Reichen und Mächtigen einen Spaß erlaubt; gezeichnet 1237 von al-Wasiti.

Rechts: An Stelle eines Festmahls in der Wüste zeigt dieses Bild von al-Wastis eine Party in einem Weinhaus im vollen Gange. Oben betrinken sich die Männer, während sie von den Musikern mit dem Vorgänger der heutigen Laute unterhalten werden. Ganz rechts tritt ein Diener bereits halb vergorene Trauben zur Herstellung von Nabid, einem leichten, süßen Wein, der noch heute in den Dörfern Syriens und Jordaniens hergestellt wird.

Nach dem Sieg bei Manzikert im Jahr 1071 eroberten die Türken auch große Teile des Byzantinischen Reiches. Dort zeigten sie sich sehr tolerant und behielten das bereits existierende Rechtssystem bei. Ähnlich verfuhren die ottomanischen Türken zu Ende des Mittelalters, und so enthielt ihr riesiges Reich verschiedene Gesetzbücher für jede religiöse Gruppierung.

Sogar was die muslimische Bevölkerung betraf, akzeptierten die Türken zwei verschiedene Grundstrukturen: die relgiöse Scharia und den weltlichen Kanun. Letzterer resultierte aus Sultan Mehmets II. (1451–1481) Bemühungen, die irdischen Gesetze des riesigen Reiches zu vereinheitlichen. Er griff die alte Idee auf, dass der Sultan als weltlicher Herrscher gemeinsam mit dem Kalifen als dem geistigen Führer regierte. Infolgedessen deckten die weltlichen Gesetze des Sultans Handel und Verwaltung ab, der Kalif jedoch überwachte religiöse Angelegenheiten und Fragen der Moral.

Zwei Pfeiler des Rechts

Die islamische Kultur hatte ein erstaunlich einheitliches Rechtssystem, basierend auf zwei Säulen. Der „Kadi“, der Richter mit seinem Gefolge als „Rechtsprecher“, und verschiedene ausübende Gewalten. Während die Rechtsprecher gleich blieben, änderte sich die ausübende Gewalt mit der Zeit je nach politischem Klima.

In den meisten gut organisierten Provinzen gab es zumindest einen Kadi pro Region und einen Kadi fürs Militär. Er gehörte zu einer von vier anerkannten juristischen Schulen und hatte an einer „Madrasah“, einem religiösen Kollegium, studiert. Ein regelmäßiges Gehalt der Regierung sollte die politische Unabhängigkeit des Kadis sichern. An der Spitzte des Systems stand der Große Kadi, dessen Wissen, Pietät und Energie anerkannt sein musste. Obwohl er vom Staat bezahlt war, hatte er auch über die Regierung Autorität und konnte beim Aufdecken persönlicher Fehltritte der Herrscher auf Unterstützung des Volkes zählen. Die Scharia an sich war so angesehen, dass sie erstaunlich frei von Korruption blieb.

Unterdessen hatte der „Muhtasib“ einen Fuß in der Rechtsprechung und einen in der Exekutive. Er überwachte Märkte, Zünfte, und das Geschäftsleben, sein Einfluss war aber weit geringer als der des Kadis. Der Muhtasib war ein typisches Merkmal islamischer Städte, andere Autoritäten wandelten sich. So hatte im Syrien des 12. Jahrhunderts jedes Stadtviertel und jeder ländliche Stamm seinen eigenen „Rais“ oder Kopf. Dieser war mächtig und verteidigte nicht nur die Interessen seines Volkes, sondern war auch für schwere Gesetzesübertretungen verantwortlich. Der Rais konnte eine Mischung aus Sheriff, Militärkommandant, Bürgermeister und Führer der Kaufleute sein. Die „Ahdath“ war eine Art Stadtmiliz zur Verteidigung der Stadt gegen räuberische Nachbarn, die ebenfalls von einem Rais gelenkt wurde, der für Recht und Ordnung sorgte.

Wichtig war auch der „Shihna“, ursprünglich einfach ein türkischer Militärgouverneur, der sich im 12. Jahrhundert zum lokalen Polizeichef weiterentwickelt hatte und die Garnison und die „Shurta“ lenkte. Dies war zunächst eine adlige Leibwache und wurde später zu einer Mischung aus Polizei und Feuerwehr und Militär.

Gesetzesausübung im Ottomanischen Reich

Im Ottomanisch-Türkischen Reich (1299–1922) hat sich das islamische Recht weiterentwickelt. Obwohl jede religiöse Gruppe dem Recht des Sultans, dem Kanun, unterlag, konnte sie auch nach ihren eigenen Gesetzen regiert werden. Bei den Moslems waren dafür die Kadis zuständig, die die Scharia auslegten und Recht sprachen. In der Praxis untersuchten ihre Angestellten Kriminalfälle, nahmen Verdächtige fest und verhörten sie, versammelten Zeugen und bestraften die Verurteilten nach dem Schuldspruch des Kadis.

Sie wurden unterstützt von lokalen Militäroffizieren, die aber oft unterwegs waren; die wichtigere Rolle bei der Festnahme Krimineller spielte also der „Subasi“ oder Polizeichef. Der Subasi durfte zwar in Eigeninitiative verdächtige Personen festnehmen, diese aber nicht verurteilen. Das Urteil wurde vor Zeugen vollstreckt, um Gerechtigkeit zu garantieren, während sich das Verfahren auf Zeugenaussagen über den Charakter der streitenden Parteien und über den Tatbestand des Falles stützte.

Juristische Berufe entwickelten sich früh in der islamischen Geschichte. Ihr Kern waren die Ulema, anerkannte religiöse Gelehrte, die qualifiziert waren, die Scharia in praktischen Fragen auszulegen. Sie beriefen die Kadis. Die Rechtswissenschaft, die „Fiqh“, wurde an Madrasahs, religiösen

Links: Andere Bilder in der Erzählung von al-Hariri zeigen das Alltagsleben im grausamen Detail. Hier schlachtet ein Mann ein Kamel für ein Festmahl, während unten zwei weitere Männer Fleisch über dem Feuer kochen. Die Frau rechts trägt Eintopf zu Gästen außerhalb des Bildes. Strenge islamische Speisevorschriften verlangten, dass einem Tier zuerst der Hals aufgeschnitten werden musste, um es ausbluten zu lassen, bevor man es essen konnte.

Oben: Das Verbrennen von Kriminellen war keine islamische Bestrafungsmethode, sondern ein Relikt der heidnischen Vergangenheit mancher Türken und Perser.
In dieser irakischen Kopie des persischen Shahnameh-Epos werden die sterblichen Überreste von Verrätern öffentlich verbrannt.

Gegenüber: Der wohlwollende Herrscher und weise Mandarin Chao Hsia wurde als der perfekte konfizianische Beamte dargestellt. Er musste jedoch abdanken, da er von Zahlungsunfähigen keine Steuern kassieren wollte. Hier versuchen treue Anhänger, Chao Hsia wieder ins Amt zu heben.

Universitäten, gelehrt. „Fatwas" waren Äußerungen basierend auf der Scharia, qualifizierte Rechtsberater nannte man „Faqih" oder „Mufti". Von ihnen gab es mindestens einen pro Stadt oder Distrikt. Eine weniger verbreitete Einrichtung war der Dar al-'Adl, der Justizpalast. Er war mit „Mazalim" besetzt, Rechtsgelehrten, die über Machtmissbrauch Recht sprachen und als Oberster Gerichtshof fungierten.

Bestrafung und Entschädigung

Verschiedene Auslegungen der Scharia forderten unterschiedliche Beweislast, bevor ein Urteil gefällt werden konnte; eine verurteilte Person musste geistig zurechnungsfähig sein, sonst galt sie als für ihre Taten nicht verantwortlich. Die in der Scharia vorgesehenen Strafen variierten und waren manchmal brutal. Zwar war das Konzept von Vergeltung statt Rache ein zentraler Punkt der Sharia, das „Auge um Auge" und die Todesstrafe behielt man aber dennoch bei.

Ehebruch wurde mit Steinigung bis zum Tod bestraft, musste aber durch mindestens vier Augenzeugen bewiesen werden. Bei Diebstahl wurde die Hand amputiert. Körperliche Verstümmelung war aber weniger üblich als im Byzantinischen Reich. Auf Prostitution standen 100 Peitschenhiebe und eine einjährige Verbannung. Trunkenheit in der Öffentlichkeit wurde mit 80 Peitschenhieben bestraft und alle Strafen wurden öffentlich vollzogen um zu zeigen, dass der Gerechtigkeit Genüge getan wurde.

Einer der wichtigsten Hadiths (Sprüche des Propheten Mohammed) besagte: „Möge es keine Verletzung oder Rache für dieses Verbrechen geben." Dies, wie auch die milde Gesetzesauslegung des Korans, stellte sicher, dass es nur in den schlimmsten Fällen zur Höchststrafe kam.

Die persische Tradition, dass ein Herrscher alles in seiner Macht Stehende tun sollte, um Loyalität zu gewinnen, prägte ein interessantes Kapitel in einem Nachschlagewerk, das 1082 ein persischer Herrscher für seinen Sohn schrieb. Darin schrieb Kai Ka'us Ibn Iskandar, dass einfache Vergehen nicht bestraft, sondern vergeben werden sollten, wann immer dies möglich war. Dennoch führten die Türken mehrere Strafen ein, die aber nur politische Verbrechen der politischen Elite betrafen. Doch zu diesen gehörten das Erwürgen, Erhängen oder, im schlimmsten Fall des Verrates, das Abziehen der Haut bei lebendigem Leib.

GESETZE IN EINEM BÜROKRATISCHEN REICH

Das chinesische Gesetz war sehr konservativ und die Gesetzessammlungen griffen vergangenes Recht auf und erweiterten es stets um neue Präzedenzfälle. Es war auf „lu", rechtmäßigem Verhalten, „ling", kaiserlicher Anordnung, und „li", zusätzlichen Mitteln aufgebaut. Alle drückten den Willen der Regierung aus, nicht das Recht des Volkes.

Genau genommen dienten die Gesetze nicht zum Schutz individueller Rechte oder zur Eindämmung von Machtmissbrauch; sie waren vielmehr ein Mittel, um Verbrechen und Versäumnisse von Beamten zu meistern.

Gesetzliche Regelungen waren jedoch sehr detailliert, was das tägliche Leben, landwirtschaftliche Verpflichtungen und die Verhängung angemessener Strafen betraf. Im Gegensatz zu anderen Kulturen, in denen zumindest theoretisch vor dem Gesetz jeder gleich war, genossen höher gestellte Chinesen eine bevorzugte Behandlung.

Das koreanische Recht war dem chinesischen sehr ähnlich. China war auch Vorbild für die kaiserlichen Edikte in Japan. Dort allerdings entwickelten die immer einflussreicher werdenden Polizeibeamten ihr eigenes Rechtssystem, und ab dem 11. Jahrhundert ignorierten sie weitgehend die alten kaiserlichen Edikte. Dies änderte sich während des Bürgerkrieges im 12. Jahrhundert. In dieser Zeit entwickelte jede feudale Sippe ihre eigenen „Hausrechte", basierend auf antiken patriarchalischen Werten. Die Hausrechte regelten die internen Angelegenheiten der Sippe, nicht jedoch tiefe Rechtsfragen. Dennoch entwickelten sich die Hausrechte zum Kamakura-Kodex, der die spätmittelalterliche Feudalzeit dominierte.

Dschingis Khan und die Jasa

Ein anderes Rechtssystem entwickelte sich unter den türkisch-mongolischen Nomaden in Zentralasien. Die Jasa, was so viel wie Urteil, Recht oder Gesetz bedeutet, stützte sich auf Stammesbräuche. Jeder Herrscher, oder „Khan" hatte eine eigene Jasa, die von Schreibern aufgeschrieben und an Untergebene weitergereicht wurde.

Es existiert keine komplette Fassung von Dschingis Khans berühmter Großer Jasa, und seit kurzem wird angenommen, dass er eine solche in Wirklichkeit nie verfasst hat. Die Gesetze und Vorschriften Dschingis Khans waren vielleicht einfach nur aus dem mongolischen Gewohnheitsrecht abgeleitet. Erst sein Nachfolger Ogedai hätte diese dann gesammelt und als „Dschingis Khans Große Jasa" niedergeschrieben. Auch die Aussprüche und Maximen Dschingis Khans wurden in Ehre gehalten.

Inzwischen schrieben die Höchstrichter des Mongolenreichs ihre Urteile im „Blauen Buch" nieder. Dieses wurde verbindlich wie Khans Jasa und bildete wohl die Grundlage des „Yarghu-nama", des Gesetzeswerks der moslemischen Mongolenherrscher von Iran und Irak. Die mongolische Yuan-Dynastie in China baute ihr Gesetz auch auf der Großen Jasa auf. Daneben gab es aber in China für jede ethnische Gruppe einen eigenen Kodex.

Es ist erstaunlich wenig darüber bekannt, wie die Gesetze im mittelalterlichen China durchgesetzt wurden. Die Beamten an der Spitze des Rechtssystems hatten zwar das bürokratische Prüfungssystem durchlaufen, hatten aber keine juristische Ausbildung. Um für Ruhe und Ordnung zu sorgen, verließen sie sich auf ihre Überzeugungskraft und wurden dabei von normalen Bürgern unterstützt, die sowieso regelmäßig angehalten waren, das Bogenschießen zu üben und ihre Waffen zu überprüfen.

Im chinesischen Recht gab es eine Reihe von Vergehen, von regierungsfeindlichen Äußerungen und der Benutzung von Straßenabschnitten, die für das kaiserliche Gefolge reserviert waren, bis zu Urkundenfälschung oder Bestechung. Das sehr modern anmutende Verbrechen war perfekt organisiert. Es gab kriminelle Vereinigungen, die mit ausgeklügelten Tricks betrogen und aus Raub eine schöne Kunst machten. Die Ming-Dynastie, die die Mongolen im 14. Jahrhundert vertrieb, versuchte das alte Rechtssystem wieder einzuführen, doch sie schuf auch eine hocheffiziente Geheimpolizei.

Der Regierungsapparat der Koreaner bestand aus sechs Ministerien. Eines davon war der Strafrat, der für Recht und Streitfälle zuständig war. Das Gesetz selbst wurde von den fünf Provinzen und zwei Grenzregionen ausgeübt. Die Auswahl der Beamten erfolgte nach chinesischen Prüfungsmethoden, bei denen die Schreibfertigkeit sehr wichtig war.

In der frühen japanischen Geschichte entwickelte sich eine Regierungsabteilung, die Polizeikommission, zu einer komplexen

Rechts: Die buddhistische Kunst zeigt oft Himmel und Hölle in Form des Alltagslebens. Hier stellt ein chinesischer Künstler der T'ang-Periode den König der Hölle als einen Richter dar und die toten Seelen als Gefangene mit schweren Holzblöcken um den Hals.

Unten: In diesem Gemälde aus dem 13. Jahrhundert richtet ein dämonischer Herrscher mit grausamer Genugtuung die Gefangenen. In Wahrheit war gerade zu dieser Zeit das Rechtssystem in Japan fairer als je zuvor.

Organisation weiter, deren Vertreter für die Einhaltung der Gesetze und die Festnahme Krimineller zuständig waren. Nur Ausländer waren von den Gesetzen ausgenommen und wurden nach dem Recht ihrer Heimat gerichtet. Die feudale Periode, die den japanischen Bürgerkriegen des 12. Jahrhunderts folgte, war für ihre prompte und unparteiische Rechtsprechung bekannt.

Das Rechtssystem des Mongolenreiches war gut organisiert. Der Khan wurde von einem „Jarguchi", einem obersten Richter, unterstützt, der dafür verantwortlich war, dass die Jasa befolgt wurde. Er befasste sich offenbar hauptsächlich mit Diebstahl, Betrug und der gerechten Aufteilung von Kriegsbeute auf die mongolischen Stämme.

Bestrafung je nach Rang

Kriminalverhandlungen waren in China für gewöhnlich grausam. Der Angeklagte wurde gefesselt, verhört und oft ausgepeitscht. Da ein Geständnis als Beweis essentiell war, kann man annehmen, dass auch gefoltert wurde. Ein weiteres Merkmal chinesischer Verhandlungen war, dass sie jedenfalls mit einem Schuldspruch endeten: War der Angeklagte unschuldig, so wurde sein Kläger wegen falscher Anschuldigungen bestraft. Vorsitzender der Verhandlung war ein Beamter, der genau genommen Detektiv, Richter und Geschworener war. Verurteilte kamen bisweilen straffrei davon, da der Kaiser aus besonderen Anlässen Amnestien verkündete.

Japanische Prozesse waren den chinesischen ähnlich und wurden während der späteren Feudalzeit von der „Bakufu", der militärischen Elite, durchgeführt. Da der größte Teil des Verfahrens schriftlich festgehalten wurde, gehörten zur Belegschaft der Feudalherrscher bald gelernte Schreiber ebenso wie ausgebildete Krieger.

Strafen in China waren eher harsch. Hinrichtungen wurden vollzogen, in dem der Körper in Hüfthöhe gezweiteilt wurde. Auch Verstümmelungen waren üblich. In extremen Fällen wurde die gesamte Familie des Schuldigen bestraft. Personen höheren Ranges erhielten meist ein milderes Urteil; sie verloren oft nur einige Privilegien.

Die Mongolen führten das Konzept des „langsamen Todes" ein und übernahmen das System der milderen Strafe für angesehene Personen. In Japan war die Todesstrafe aus Rücksicht auf die Buddhisten theoretisch abgeschafft, grausame Verstümmelungen wurden aber beibehalten.

BESTRAFUNG DURCH MEHRERE LEBEN

Die Grundlage des indischen Rechts war das hinduistische Dharma Sutra, Handbücher über menschliches Benehmen, aus dem 6. bis 2. Jahrhundert v. Chr. Diese wurden später in den „Dharma Shastras" in Versform neu ausgelegt. Die Kodifizierung des Rechtes ging jedoch bis ins Mittelalter weiter. Gesetzestexte wurden von den Brahmanen (der Elitekaste) verfasst und spiegelten deren Ansichten über die „richtige Verhaltensform" in allen Aspekten des Lebens wider.

Inzwischen waren alle Rechtssysteme der indisch beeinflussten Staaten Asiens auf dem indischen Recht aufgebaut. Genau genommen passte das indische Recht, das „Dharma", sehr gut zu bereits existierenden Gesetzen dieser Länder, und bis zum 11. und 12. Jahrhundert führte die südostasiatische herrschende Elite ein Rechtssystem ein, das auf der genauen Kenntnis der Ziele, Methoden und Terminologie des indischen Rechtes aufgebaut war.

Es ist sogar möglich, dass die Khmer von Kambodscha und die Cham in Südvietnam keine eigenen Gesetzsammlungen hatten, sondern sich auf indische Gesetzestexte beriefen. Die Nordvietnamesen hingegen waren inzwischen eher von China als von Indien beeinflusst.

Das thailändische Recht schien auf den Praktiken der Khmer zu basieren und ab dem 14. Jahrhundert war es in verschiedene Abschnitte unterteilt, die zum Beispiel von Zivilverträgen und Heiratsrecht handelten. Die ältesten bekannten Gesetze aus Burma stammen aus dem 12. und 13. Jahrhundert und zeigten starken buddhistischen Einfluss Sri Lankas, sowohl im religiösen als auch im kulturellen Sinne. Der Buddhismus und sein Wertesystem blieb in Burma bestehen, aber im spätmittelalterlichen Malaysia konvertierten die meisten hinduistischen und buddhistischen Provinzen zum Islam. Dennoch überlebten einige Eigenheiten, wie zum Beispiel die Versklavung von Steuerschuldnern, was die Scharia nicht vorsah.

Die meisten Reisenden beschrieben das mittelalterliche Indien als eine gesetzestreue Zivilisation. Indische Quellen stellen dies allerdings anders dar. Kriminalität war vor allem auf dem Land ein Problem und einige Banditengruppen bildeten sogar Kasten, die ihre eigenen Gesetze hatten. Mord war hier eine rituelle Pflicht. In Anbetracht derart organisierten Verbrechens gab es in Indien eigene Beamte, die Duhsada-sad-hanika, zur Festnahme von Banditen. Die für die Provinz zuständige Polizei verfügte über eine Vielzahl von Spitzeln und Detektiven, vergleichbar mit heutigen Geheimagenten.

Alle legalen Transaktionen wurden schriftlich festgehalten und die Justizverwaltung erforderte in Indien eine Vielzahl von Sekretären. Neben dem König war die bedeutendste Rechtsperson der Pradvivaka, der oberste Ratgeber, der selbst manchmal als Richter tätig wurde. Beamte wurden aus gebildeten, religiösen Leuten ausgewählt, möglichst aus der Kaste der Brahmanen, und streng bestraft, sollten sie sich als korrupt oder voreingenommen erweisen.

Anwälte und Prozesse

Der Stand der Berufsanwälte kam jedoch erst im Spätmittelalter auf. Ein großer Teil der Bevölkerung, wie zum Beispiel Frauen oder Leute mit krimineller Vergangenheit, kamen als Zeugen nicht in Frage. Genauso wenig durften Mitglieder einer niederen Kaste im Gericht gegen höhere Kasten aussagen. Der Angeklagte musste sich einem Gottesurteil unterziehen wie zum Beispiel dem Ablecken einer heißen Pflugschar. Man ging davon aus, dass nur ein Schuldiger Blasen auf der Zunge entwickeln würde, da sein schlechtes Gewissen den Speichelfluss unterdrücken und seinen Mund austrocknen werde.

Das wenige, was über asiatische Gerichtsverhandlungen bekannt ist, deutet darauf hin, dass der Kläger eine Beschwerde vor Gericht einreichen konnte, wo der „Sprecher der *Dharma Shastra*“ den betreffenden Sanskrittext zitierte. Auch Folter und Gottesurteile wurden bemerkenswert oft eingesetzt.

Die Bestrafung beruhte in Indien auf antiken Prinzipien, vor allem auf der Blutrache, religiöser Buße und Geldstrafen. Freiheitsstrafen gab es kaum. Es wurde angenommen, dass ein Schuldiger, der in diesem Leben ungestraft ausging, im nächsten Leben leiden würde. Die Art der Todesstrafe variierte und war oft zu Abschreckungszwecken bewusst grausam. Als Besonderheit des indischen Rechts wurden Mitglieder höherer Kasten oft härter bestraft, da diese eigentlich mit gutem Beispiel vorangehen sollten. Die gängigste Exekutionsform war das Aufspießen, während das Zu-Tode-Trampeln durch Elefanten nur den schlimmsten Verbrechen vorbehalten war.

Gegenüber: In diesem Bild aus dem indischen Epos Mahabharata kämpfen die Brüder Sunda und Upasunda um den weiblichen Geist Tilottama.

Unten: Die Geschichte des Jainmönches Kalaka in einem Manuskript aus Gujarat. Jains verabscheuten jede Art des Tötens und kehrten oft die Straße vor ihren Füßen, um nicht auf Insekten zu treten.

8 KRIEGSWESEN UND ARMEEN

In vielen Teilen der Welt gab es im Mittelalter mehr Kriege als in jeder anderen Zeit. Bei den meisten davon handelte es sich um kleinere Auseinandersetzungen, von denen nur die herrschende Elite, wenige Soldaten und die Pechvögel, in deren Gebiet das Gefecht stattfand, betroffen waren. Statt grosser Schlachten standen kleinere Übergriffe an der Tagesordnung. Krieg war im Mittelalter nicht der zerstörerische Zusammenstoss grosser Nationen wie heute, sondern eher eine brutale Form von Politik. Nur in Ausnahmefällen, wie bei den Mongolen, wurden unzählige Menschen abgeschlachtet.

WESTEUROPA IM KRIEG

Im Mittelalter bestanden die meisten westeuropäischen Armeen aus Rittern, Gutsherren, die im Notfall mitkämpften, nichtritterlicher Reiterei, hoch spezialisierter Infanterie wie etwa Bogenschützen und „Truppen", deren Ausbildungsstand stark variierte. Trotzdem blieb die Infanterie der entscheidende Faktor, vor allem in Italien und im England des 14. Jahrhunderts, das seine Siege 1346 in Crécy und 1356 in Poitiers seinen berühmten Bogenschützen verdankte.

Im 11. und 12. Jahrhundert entwickelten sich die Ritter von berittenen Berufssoldaten zu einer neuen militärischen Aristokratie. Ein Herrscher konnte bei Bedarf so viele Gutsherren und Händler zum Ritter schlagen, wie er ausrüsten konnte.

Die europäischen Armeen des Mittelalters waren sehr vielfältig. Als der Papst zum Beispiel zum ersten Kreuzzug aufrief, der Jerusalem 1099 erreichte, war er kaum auf die Menge an Rittern und Fußvolk eingestellt, die „das Kreuz nahmen". Zu dieser Zeit entstanden die Ritterorden. Wenn ein Ritter zugleich ein christliches Leben führen und kämpfen wollte, konnte er etwa den Templern oder dem Deutschen Orden beitreten. Als Elitetruppen waren ihre Mitglieder so gefürchtet, dass man sie eher tötete als gefangen nahm. Für gewöhnliche Ritter waren die Ritterorden außerordentlich attraktiv. Freiwillige, die keine Ritter waren, dienten in niederen Rängen oder bei nichtmilitärischen Aufgaben.

Skandinaviens Variation der mittelalterlichen Armee war eher altmodisch organisiert, die Iberische Halbinsel stand stark unter dem Einfluss islamischer Kriegsführung, Italien war stärker urbanisiert als andere Gegenden, und Ungarn verfolgte das orientalischen Ideal, Truppen aus einer möglichst großen Auswahl zu rekrutieren.

Auch die Art der Truppenaushebung änderte sich im Verlauf des Mittelalters. In Italien, wo die reichen Städte zumeist von wohlhabenden Kaufleuten regiert wurden, rekrutierte man lieber Söldner als lokale Truppen, was dazu führte, dass die Söldnerführer ihr Heer selbst zusammenstellten. Eines der berühmtesten war die Weiße Armee unter dem englischen Ritter John Hawkwood (zirka 1320–1395), die im 14. Jahrhundert für Florenz kämpfte.

In England und Frankreich entwickelten sich unter strengerer Regierungskontrolle ähnliche Systeme, sodass die meisten Armeen ab dem 15. Jahrhundert aus Berufssoldaten bestanden. Mittelalterliche Funde und Quellen belegen, dass Verwundungen hauptsächlich Arme, Beine und Kopf betrafen, da der Körper durch Schild und Rüstung geschützt war. Im Allgemeinen vermieden die Ritter, einander zu töten, da es einträglicher war, für einen Gefangenen Lösegeld zu erpressen oder sein wertvolles Streitross zu nehmen, als eine Blutfehde mit dessen Familie zu riskieren.

Neuerungen der Bewaffnung

Zwischen dem 11. und dem 15. Jahrhundert wurden Waffen und Rüstungen stark weiterentwickelt. Zunächst waren Kettenpanzer, Holzschilde und segmentierte Eisenhelme die einzige Form von Schutz. Die Kavallerie trug Lanzen und Schwerter, die Infanterie Äxte, Speere und Bögen. Im 12. Jahrhundert wurden einige Ausrüstungsgegenstände der Moslems adaptiert, doch die große Neuerungswelle setzte mit der mongolischen Invasion im 13. Jahrhundert ein.

Gegenüber: Eines von zwei kleinen, stark beschädigten Stücken eines Manuskriptes aus dem 11. Jahrhundert, wahrscheinlich aus Frankreich oder dem normannischen Süditalien. Es ist möglicherweise Teil einer Bibelszene und zeigt eine von Gott gesegnete Armee beim Abmarsch gegen Sarazenen oder Byzantiner, die von einem Schwarzafrikaner angeführt werden (hier nicht abgebildet). Der einzige in voller Rüstung ist der Kommandant links, was zu dieser frühen Zeit wahrscheinlich so üblich war.

Als Folge davon waren zu Beginn des 14. Jahrhunderts Streitkolben, breite Dolche, gewebte Kettenhemden, plattierte Waffenröcke, Kriegshelme, bewegliche Visiere, abnehmbare Streithauben, dekorierte Wappen, Arm- und Beinschienen sowie Pferderüstungen weit verbreitet. Langbögen wurden zunächst in England, Italien und Teilen Skandinaviens eingesetzt, doch nun wurde fast überall, mit Ausnahme von England, der Bogen durch die mächtigere, wenn auch langsamere Armbrust ersetzt. Die besten Plattenpanzer des 15. Jahrhunderts wurden in Italien und später in Deutschland erzeugt, von wo aus sie über die Grenzen Europas hinaus exportiert wurden.

Die Jagd war wichtiger Teil der militärischen Ausbildung. Sie umfasste Reiten, Anpirschen, Orientierung und Kooperation mit anderen Jägern. Doch am wichtigsten war das Waffentraining zu Pferd und der Kampf in einer engen, hochdisziplinierten Kavallerieformation, die „Conrois“ genannt wurde. Auch Flankenangriff und taktischer Rückzug

Oben: Langbogen und Armbrust, wie in dieser englischen Darstellung aus dem 14. Jahrhundert, waren vom späten 11. bis zum 15. Jahrhundert Konkurrenten. Während der Langbogen Kraft und lebenslanges Training benötigte, ließ sich die Bedienung der Armbrust in wenigen Wochen oder Monaten erlernen.

Rechts: Die Kreuzritter brachten grauenvolle Ideen in die Kriegsführung im Mittleren Osten ein. Dieses Manuskript aus Paris (1229) zeigt, wie sie die Köpfe türkischer Soldaten in die Stadt Nikäa schleudern, um die Moral der türkischen Garnison zu unterminieren.

wurden, insbesondere im Spätmittelalter, angewendet, doch der Conrois blieb die wichtigste Offensivstrategie der Berittenen. Die Infanterie hingegen konzentrierte sich auf die Schildwalltaktik, um einer Kavallerieattacke entgegenzutreten.

Dem Angriff eines Kavallerieconrois widerstand nur ein sehr disziplinierter Gegner. Nachdem die Sättel vorne und hinten erhöht waren, konnte man die Reiter nur sehr schwer vom Pferd stoßen. Trotzdem war eine gute Infanterie imstande, schwere Kavallerie abzuwehren, wie das Beispiel des Lombardischen Städtebundes zeigte, der den deutschen Kaiser Friedrich 1176 besiegte.

In Italien setzte die städtische Infanterie im 13. und 14. Jahrhundert Langspieße als erste Verteidigungslinie ein, unterstützt von Armbrustschützen und einer zum Gegenangriff bereiten Kavallerie – ebenso wie die vortürkischen Armeen im Mittleren Osten. Im 15. Jahrhundert entwickelte sich in Italien eine bemerkenswerte Kooperation zwischen leichter Infanterie und schwerer Kavallerie auf dem Schlachtfeld. Im Allgemeinen brachten neue Waffen wie Stahlarmbrüste, Kanonen und Handfeuerwaffen im Verlauf des 15. Jahrhunderts nur geringe Vorteile, da die Entwicklung der Rüstungen damit Schritt hielt.

Mauern aus Stein und Holz

Die wichtigste Art mittelalterlicher Kriegsführung war die Belagerung. Im 11. Jahrhundert wurden neue Burgtypen mit immer kunstvolleren Befestigungen gebaut, die sich sich stark von den römischen Burgen des Frühmittelalters unterschieden. Im 12. und 13. Jahrhundert erhöhte man Zahl und Größe der Türme zum Aufstellen der neuen Steinschleudergeräte, die man vom Mittleren Osten übernommen hatte.

Wie ihre muslimischen Feinde errichteten die Kreuzritter bemerkenswerte, große Festungsanlagen. Auch die Belagerungsgeräte wurden schlagkräftiger, wobei die römischen Typen nach wie vor eingesetzt wurden. Häufig bedienten auch Frauen die von China inspirierten Katapulte. Die Idee, ein Ende des Wurfbaumes mit einem Gegengewicht zu versehen, stammte aus dem Mittleren Osten. Belagerung und Gegenoffensive stellten die technologisch am weitesten entwickelten Aspekte mittelalterlicher Kriegsführung dar.

Wenn sich ein Feind näherte, sorgten die Verteidiger zunächst für ausreichend Vorräte an Nahrungsmitteln und militärischer Ausrüstung. Dann wurden nicht brennbare Gebäude in der Nähe der Verteidigungsanlagen niedergerissen, die nächsten Quellen vergiftet und etwa noch vorhandene

Mittelalterliche Belagerungen vereinten harte Arbeit mit moderner Technik. In diesem französischen Manuskript aus dem 14. Jahrhundert untergraben Bergleute eine feindliche Mauer, während die Verteidiger die schützende „Hütte auf Rädern“ mit Steinen und Fackeln attackieren.

Im Jahre 1483, als diese Schweizer Abbildung entstand, waren Waffen, Rüstungen und militärische Technik erstaunlich ausgereift, auch wenn einige der dargestellten Ideen niemals in die Praxis umgesetzt worden sein dürften. Hier sieht man Boote, die mit bewaffneten Männern beladen sind, von denen manche mit Feuerwaffen, Kanonen und hölzernen Schilden ausgerüstet sind.

Lebensmittelvorräte entfernt. Meist versuchte man, den Feind anzugreifen, bevor er sein Lager aufschlagen konnte, doch wenn dies fehlschlug, zog man sich in die Festung zurück, um von dort aus seine Belagerungsmaschinen zu zerstören. Verbündete Truppen sabotierten die Kommunikation des Feindes und hinderten ihn daran, an Wasser und Nahrung zu kommen.

Nur in äußerster Notlage versuchten die Angreifer, eine Festung im Sturm zu nehmen, wobei sie Maschinen einsetzten, die Steine und Feuer schleuderten, während Bergleute von unten versuchten, die Mauern zum Einsturz zu bringen. Die Erfindung des Schießpulvers half zunächst den Belagerten mehr als den Belagerern.

Gegen Ende des 15. Jahrhunderts baute man niedrigere, stärkere und weitläufigere Mauern, um die Artillerie außer Schussweite zu zwingen. Zu dieser Zeit besaßen die fortschrittlichsten Armeen Europas Belagerungsmaschinen und eine entwickelte Feldartillerie, durch deren Einsatz England im Hundertjährigen Krieg (1337–1453) besiegt wurde.

Kriegsführung zur See

Im Frühmittelalter fanden nur wenige Seeschlachten statt, da Schiffe lebenswichtig für die Versorgung vieler Landstriche waren. Die mächtigsten Seestreitkräfte waren am Mittelmeer zu finden, insbesondere in den italienischen Stadtrepubliken Venedig und Genua. Sie besaßen Reichtum und größere Schiffe, waren jedoch auch effektiver in der maritimen Kriegsführung.

Mittelalterliche Seekämpfe hatten nichts mehr mit der zerstörerischen Rammtechnik der Römer und Griechen zu tun. Die antike Ramme wurde durch eine Planke ersetzt, über die man feindliche Schiffe leichter entern konnte. Meistens versuchten Bogenschützen zu Beginn eines Seekampfes, die Ruderer des Widersachers zu verwunden. Dann brachte der Kapitän den Bug seines Schiffes über das Deck des gegnerischen Gefährts, damit es von der Marineinfanterie in intaktem Zustand geentert werden konnte.

Zu dieser Zeit gab es nahezu keine Galeerensklaven mehr, nur bei den seit 1309 auf Rhodos stationierten Johannitern. Die Ruderer waren ansonsten Freiwillige, die für Sold oder Beute arbeiteten. Handelsschiffe waren zwar hoch gebaut und deshalb schwierig zu entern, doch gleichzeitig so schwerfällig, dass man die Mannschaft so lange beschießen konnte, bis sie aufgab. Zum Schutz und zur Bedienung dieser unhandlichen Riesen wurde eine große Mannschaft benötigt.

Die von den Arabern erfundenen „Tarida"-Schiffe wurden eigens für den Transport von berittenen Truppen gebaut. Sie waren langsamer als Kriegsschiffe und nahmen weniger Ladung auf als Handelsschiffe, doch sie beförderten Soldaten und Pferde direkt an die Küste des Feindes.

DIE NACHFOLGER DER ARMEEN ROMS

Die byzantinische Armee war gut strukturiert, mit Bataillonen, Regimentern, Kavallerieschwadronen und Infanteriezügen. Die Offiziersränge entsprachen eher den modernen als denen der mittelalterlichen Feudalstaaten. Soldaten und Regierungsbeamte wurden ursprünglich mit Sold bezahlt, doch im 11. Jahrhundert ging man zur Verleihung von Lehen an Beamte und sogar einfache Soldaten über. Ab dem 10. Jahrhundert gewannen lokale Feldherren an Einfluss, während die Provinzarmeen durch große, mit Söldnern besetzte Festungen abgelöst wurden.

Byzanz hatte seine Truppen traditionell außerhalb und innerhalb seines Territoriums rekrutiert. So umfasste das byzantinische Heer im 11. Jahrhundert normannische Reiterei, Angelsachsen, Italiener, Ungarn und Soldaten aus osteuropäischen Ländern sowie türkische Rekruten.

Im Allgemeinen hielten die byzantinischen Feldherren nicht viel von der Taktik der westeuropäischen Ritter, die dem Vergleich mit den ausgefeilten byzantinischen und muslimischen Strategien nicht standhielt, doch sie fürchteten deren Kampfkraft. Die berühmteste westeuropäische Söldnerelite war die kaiserliche Garde. Sie bestand aus Wikingern, die im 10. Jahrhundert über Russland eingewandert waren, und Angelsachsen, die nach der normannischen Eroberung 1066 nur wenig Chancen auf eine militärische Karriere hatten.

Im Spätmittelalter zeigte sich in den Resten des Byzantinischen Reiches starker türkisch-islamischer Einfluss, was die Strategie, die Ausbildung, die Organisation und die Rekrutierung betraf. Im Reich Trapezunt (1204–1461) zum Beispiel oblag die Verteidigung der Grenzen zum Großteil den Grenzbaronen des Hochplateaus, deren Lebens- und Kriegsführung der türkischen stark ähnelte, und den Stämmen im Pontusgebirge, die in weiten Teilen zu den Georgiern gehörten.

In Russland hatte Byzanz nur geringen militärischen Einfluss. Hier dienten professionelle Krieger in den „Druzhinas“, dem militärischen Gefolge russischer Prinzen. Sie rekrutierten sich aus slawischen Russen, Skandinaviern, Finnen und ugrischen Stammesangehörigen, nomadischen Türken und

Oben: Den Helm von Prinz Jaroslaw dem Weisen fand man unter einem Busch, Jahrhunderte nachdem er bei einem Geplänkel zwischen russischen Prinzen verloren gegangen war.

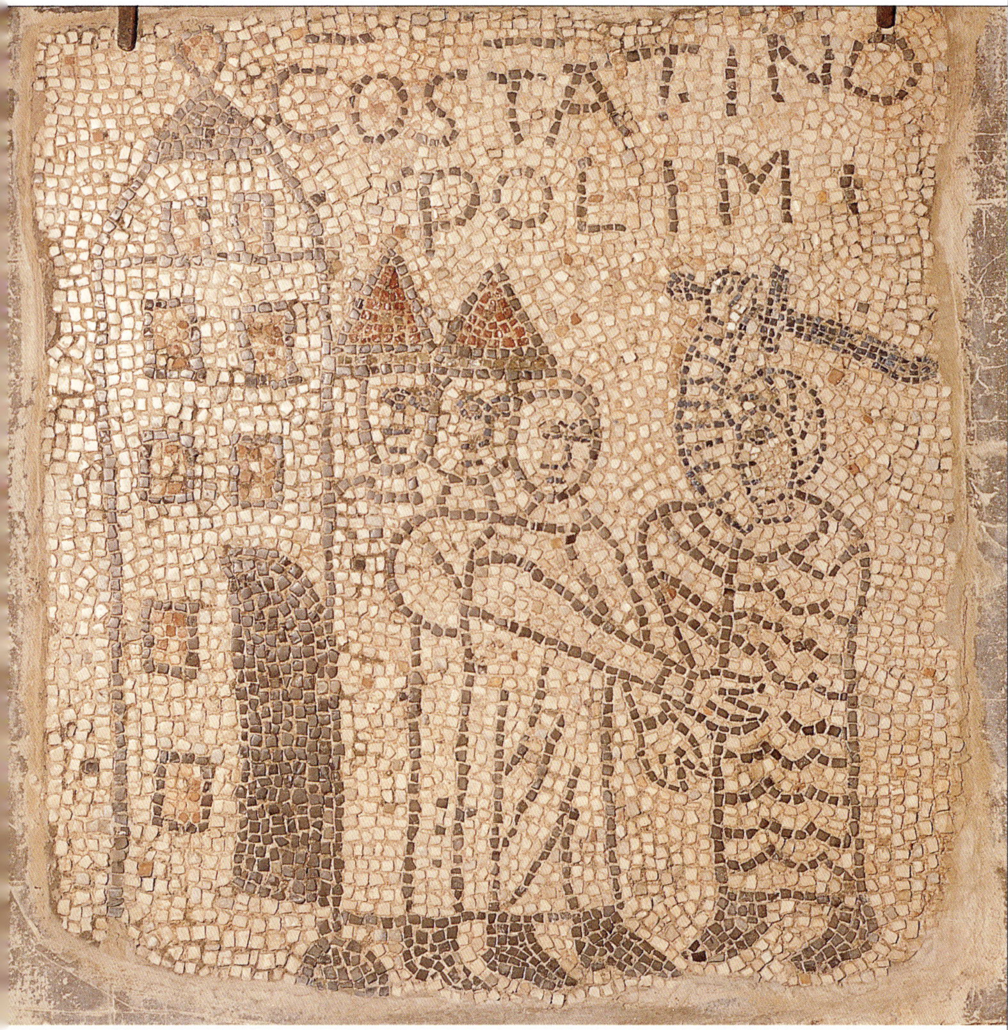

Die italienische Kunst umfasst im Mittelalter einige der fortgeschrittensten und der primitivsten Werke in Europa. Auf diesem sehr einfachen Steinmosaik ergeben sich die Bewohner Konstantinopels beim 4. Kreuzzug einem Krieger im Kettenhemd.

vielen anderen. Russland war im Mittelalter nicht nur Schmelztiegel vieler Völker, sondern auch von Kriegsführung und Technik. Die byzantinischen und russischen Armeen waren stark von der zentralasiatischen Türkei beeinflusst. So benutzen etwa beide den zusammengesetzten Bogen, der Langbogen konnte sich nur langsam durchsetzen.

Dass Byzanz bis Ende des 14. Jahrhunderts keine Schusswaffen besaß, lag wohl mehr an seiner Armut als an dem Unwillen, solche Waffen zu benutzen. Helmvisiere aus dem Palast von Konstantinopel ähnelten denen, die man in Gräbern der Kiptschaktürken und Wolgabulgaren fand. Eine weitere, zuerst in Byzanz verbreitete Helmform war der Kriegshelm mit Krempe, der möglicherweise im 13. Jahrhundert von den Mongolen aus China nach Byzanz eingeführt worden war.

Häufig wurden auch Kettenpanzer verwendet, zusammen mit Lamellenbrustharnischen und diversen Formen leichter Rüstung aus Stoff. Byzantinische Illustrationen und Manuskripte der Kreuzritter aus dem späten 13. Jahrhundert zeigen Panzerhandschuhe, die man auch in der griechischen Literatur dieser Zeit findet. Einer türkischen Quelle aus dem 13. bis 14. Jahrhundert zufolge setzten Teile der byzantinischen Kavallerie Pferderüstungen ein, die nur die Vorhand des Tieres schützten. Obwohl dies an frühmittelalterliche Formen erinnern mag, reflektiert es eher den Einfluss katalanischer Söldner in der Ägäis.

Ein militärischer Schmelztiegel

Die Vorstellung, die Entwicklung der russischen Militärausrüstung habe unter der Mongolenherrschaft stagniert, ist falsch. Russische Truppen kopierten viele Aspekte mongolischer Waffen und Rüstungen mit Begeisterung. Ebenso machten die Russen in Bulgarien ihre ersten Erfahrungen mit Schusswaffen. Gleichzeitig behielt man die europäische, gerade Form des Schwertes bis ins 14. Jahrhundert bei. Die Bedeutung der Äxte im mittelalterlichen Russland kam aus der Tradition europäischer Infanterie, die leichten Kavallerielanzen aus den Steppen.

Typisch russisch waren Helme mit breitem Nasenschutz und Halbvisier, während hohe, spitze Helme, die aus einem Stück gegossen waren und in ihrer Form nomadischen, segmentierten Helmtypen ähnelten, eine südrussische Erfindung darstellten. Der mongolische „khatangku dehel“, der „Mantel so hart wie Stahl“, entwickelte sich zum typisch russischen „tegheliay“, obwohl die Russen auch Schuppenpanzer einsetzten, die byzantinischen Einfluss reflektieren.

Die Verteidigung der Byzantiner gegen die Türken im 11. Jahrhundert versagte, weil die neuen Invasoren sowohl die Hügel als auch die Ebenen okkupierten. Nach der Rückeroberung Westanatoliens im 12. Jahrhundert wurde es durch einen unbevöl-

Diese byzantinische Darstellung aus dem 11. Jahrhundert zeigt eine Seeschlacht, die Mann gegen Mann ausgetragen wurde. Die Kämpfer wurden dabei ermutigt durch Militärmusiker. Gleichzeitig greift ein Schwimmer den Rumpf des gegnerischen Schiffes an, was sicherlich gängiger Praxis entsprach.

kerten Landstrich gesichert. Die nördliche Küstenregion war durch bewaldete Berge natürlich geschützt. Im offenen Kampf vermied die byzantinische Kavallerie Attacken gegen die blendende Sonne. Gegen die Kreuzritter hielt die schwere Kavallerie die Hügel, während die leichte den Gegner in den Tälern aufrieb.

Bis zum 14. Jahrhundert waren die byzantinischen Armeen relativ klein. Fürst Theodoros Palaeologus meinte, wenn eine Streitkraft überrascht würde, solle sie keine Zeit damit verschwenden, Divisionen zu bilden, sondern sich zu größeren Formationen zusammenschließen. Ihm zufolge sollte die beste Kavallerie die Vorhut bilden, während eine schwächere Kavallerieeinheit in Armbrustschussweite dahinter reiten sollte.

Die russischen Armeen

Vor dem Aufstieg von Kiew im späten 9. Jahrhundert waren die russischen Stämme Teil einer größeren zentralasiatischen Welt gewesen. Erst dann wurde es notwendig, Festungen entlang der Grenze zu Asien zwischen den Wäldern und der Steppe zu errichten. Im nördlichsten Russland unternahm man große Feldzüge vor allem im Winter, da man die zugefrorenen Flüsse bequem als Straßen benützen konnte. Im Sommer konnte man die Ausrüstung nur in Booten auf denselben Flüssen transportieren. Frühling und Herbst galten als Jahreszeiten ohne Wege, wenn das Land im Schlamm versank. In den offenen Regionen Südrusslands und in den Steppen wurden Versorgungsgüter auch auf Wagen befördert.

Zwischen dem 11. und 13. Jahrhundert gruppierten russische Streitkräfte angesichts feindlicher Nomaden ihre Infanterie im Zentrum, während Bogenschützen von hinter einem Schildwall aus agierten, während die Kavallerie die Flanken deckte. Im 14. Jahrhundert begann die russische Kavallerie, mongolische Taktiken zu kopieren, während die Infanterie verstärkt europäische Armbrüste einsetzte. 1380 stellte Großherzog Dimitri Donskoi von Moskau bei der Schlacht von Kulikowo seine Armeen mit dem Rücken zum Fluss auf, beiderseits flankiert von Wäldern, und besiegte so die mongolischen Horden von Kham Mamai.

Vom späten 11. bis zum 14. Jahrhundert war die byzantinische Marine im Niedergang begriffen. Im 11. und 12. Jahrhundert wurden bei den meisten Galeeren die zuvor gleichmäßig verteilten Ruder auf eine Ebene verlegt, unterstützt durch Ausleger. In dieser Zeit dienten die unzähligen russischen Flüsse als Kommunikationswege, auch wenn Flusspiraten große Probleme bereiteten.

DER KAMPF ZWISCHEN KREUZ UND HALBMOND

Islamische Armeen rekrutierten traditionell gemischte Heere und Stammeskontingente, wobei die Elite aus Mamelucken, ehemaligen Sklaven, bestand. Kennzeichnend war die zunehmende Professionalität. Im 14. Jahrhundert brachen osmanische Führer mit der Tradition und schufen eine neue Streitkraft, die Janitscharen. Die ersten Rekruten wurden aus dem Anteil des Sultans an Gefangenen ausgehoben, doch später wurden die Janitscharen von Sklaven aus der dem Sultan gehörenden, nichtmuslimischen Bevölkerung gestellt. Die osmanischen Armeen enthielten einen hohen Anteil an christlichen Truppen, da es osmanischer Politik entsprach, bestehende militärische Eliten beizubehalten.

Ebenso charakteristisch war die Organisation der Armee. Das große Seldschukensultanat Iran und Mittlerer Osten (1037–1157) etwa war in 24 Militärzonen geteilt, die jeweils von einem Offizier kommandiert wurden, der eine bestimmte Anzahl an Truppen aushob, ausbildete und ausrüstete.

In Ägypten, Syrien und Anatolien zeigte sich die Überlegenheit der Moslems in Organisation und Logistik in ihrem Erfolg bei der Vertreibung der Kreuzritter 1291 und bei weiteren Siegen während der Kreuzzüge im 14. Jahrhundert. Das Heer von Damaskus bestand aus Miliz, befristet dienenden freiwilligen Glaubenskämpfern, Stammeskontingenten für einzelne Feldzüge, regulären Truppen und Leibwache der Offizierselite.

Weiterentwickelt wurde diese Militärstruktur von Saladin (1169–1193), seinen Nachfolgern in der Ajjubidendynastie (1193–1252) und sogar von den Mameluckenherrschern (1250–1517), die aus Sklavensodaten rekrutiert worden waren. Ab dem späten 14. Jahrhundert behielt das osmanische Heer seine Struktur im Wesentlichen für die nächsten drei Jahrhunderte bei: eine Elite mit Kavallerie, Infanterie aus Janitscharen, unterstützt durch leichte Kavallerie aus den Provinzen unter deren eigenen Führern. Die militärische Organisation des moslemischen Andalusien zeigte hingegen Übereinstimmungen mit seinen christlichen Nachbarn, was bis zur Eroberung von Granada durch die Spanier 1492 so blieb.

Oben: Im 12. bis 14. Jahrhundert entstand im Mittleren Osten eine Fülle von Militärhandbüchern für Befehlshaber und einfache Soldaten. Viele wiederholten, was bereits in der ersten Blüteperiode muslimischer Militärstudien zwischen dem 8. und 10. Jahrhundert geschrieben worden war. Dieses Manuskript aus dem 14. Jahrhundert ist eine Kopie einer Ausbildungsanleitung für die Kavallerie, die bereits einige Generationen zuvor für Mamelucken in Ägypten und Syrien angefertigt worden war.

Gegenüber: Diese Abbildung aus dem frühen 14. Jahrhundert, wahrscheinlich in Italien entstanden, zeigt die dramatische Eroberung des Außenpostens der Kreuzritter in Tripolis im Jahr 1288 durch den Mameluckensultan. Sie zeigt Kreuzritter, die verzweifelt versuchen, in Booten zu entkommen, während die islamische Kavallerie sie attackiert.

Die islamische Kriegsführung im Mittleren Osten war geprägt von ökologischen Faktoren, wie Hitze im Sommer, Regen im Winter und der Verfügbarkeit von Wasser. Im späten 12. Jahrhundert erkannten die Moslems, dass sie die Kreuzheere nur durch die sukzessive Einnahme von deren Burgen und befestigten Städten besiegen konnten. Diese Strategie wurde auch später von den osmanischen Armeen angewendet. Die Einberufungsbefehle ergingen im Dezember, die Musterung erfolgte im Frühjahr, gekämpft wurde meist von August bis Oktober.

Leichtere Waffen und strengere Disziplin

Im Allgemeinen waren moslemische Armeen nicht so schwer bewaffnet wie die christlichen Invasoren, doch weitaus disziplinierter. Oberstes Ziel jedes osmanischen Kommandanten schien zu sein, die feindliche Kavallerie von der Infanterie zu trennen, doch das Geschick, mit dem muslimische Armeen Zusammenstöße mit der gefürchteten Kavallerie der Kreuzfahrer vermieden, machte diese Taktik nahezu überflüssig. In traditioneller Formation bildete die Infanterie zur Verteidigung einen Schildwall, geschützt von Schützen mit Bogen und Armbrust, während sich die Kavallerie in offensive und defensive Einheiten teilte. Man versuchte, sowohl feindliche Angriffe zu unterbinden als auch selbst anzugreifen. In Nordafrika war die Infanterie zu Fuß und zu Kamel seit dem späten 11. Jahrhundert von höchster Bedeutung, was zu einer sehr defensiven Taktik führte, bei der eine kleine Gruppe von Berittenen aus einem Schildwall aus Speeren, Lanzen und Armbrustträgern heraus kontrollierte Vorstöße unternahm.

Befestigungsanlagen auf dem Schlachtfeld spielten zwischen dem 12. und 14. Jahrhundert kaum eine Rolle; sie erlebten erst im 15. Jahrhundert wieder einen Aufschwung. Die osmanische Adaption der „Wagenburg" aus speziellen Karren dürfte von den Ungarn auf dem Balkan stammen.

Feuerwaffen und Schießpulver

In der gesamten muslimischen Welt dominierte der zusammengesetzte Bogen, den es in verschiedensten Variationen gab. Die effektivste Schusswaffe vor der Erfindung der Feuerwaffen im frühen 14. Jahrhundert war der türkische Bogen. Feuerwaffen traten schon früh auf, wurden jedoch nicht so begeistert angenommen wie in Westeuropa. Im 12. Jahrhundert galt das Tragen von zwei Kettenhemden als sicher genug, um Schwertstreiche abzuwehren, wobei ein Schuppenpanzer auch zwei Kettenhemden enthalten konnte. Der segmentierte Kieferhelm blieb wesentlicher Bestandteil sowohl asiatischer als auch islamischer Rüstungen. Er konnte aus Eisen, Horn oder gehärtetem Leder bestehen. Ketten- und Schuppenrüstungen dürften erstmals Mitte des 14. Jahrhunderts im Westiran oder Ostanatolien aufgetreten sein.

Wegen des Klimas waren leichte Rüstungen sehr verbreitet. Spezielle Schießtruppen trugen feuerbeständige Kleidung, die mit Magnesiumsilikat und Glimmer imprägniert war. Pferderüstungen waren im Mittleren Osten nie vernachlässigt worden. Eines der ältesten erhaltenen Fundstücke, ein eiserner Kopfschutz aus der Nähe von Khartoum, datiert zwischen dem 8. und 14. Jahrhundert.

Muslimische Truppen setzten verschiedene Belagerungsstrategien ein: Leichte Truppen marschierten vor der Hauptstreitmacht, um eine Festung oder Stadt zu blockieren, und zerstörten dabei umliegende Felder, um die Aufgabe der Stadt zu erzwingen. Zuerst bombardierte man mit den kleinsten Maschinen, dann mit größeren, um die Belagerten unter zunehmenden psychologischen Druck zu setzen. Das Katapult mit Gegengewicht wurde im 12. Jahrhundert in der östlichen Mittelmeerregion erfunden. Zu den Feuerwaffen zählten Lehm- und Glasgranaten, deren Erfolg wahrscheinlich der Niedergang der Feuerwaffen im 13. Jahrhundert zuzurechnen ist, weil immer mehr entflammbare Ziele vom Schlachtfeld entfernt wurden.

Obwohl muslimische Schiffsbauer mit der Erbauung großer Dreimaster im 11. Jahrhundert wegweisend für die Schifffahrt gewesen waren – die größten wurden auf Mallorca gebaut –, erlebte die islamische Seestreitmacht zwischen dem 11. und 15. Jahrhundert einen Niedergang. Mitte des 14. Jahrhunderts stellte die ehemals so große Seemacht Nordafrika keine Bedrohung mehr für die Vorherrschaft Europas dar. Nur im Roten Meer konnten die Mamelucken den ankommenden Portugiesen ernsthaften Widerstand entgegensetzen.

Im Frühmittelalter hatten Waffen und Rüstungen in den islamischen Ländern und in Europa vieles gemeinsam. Nach dem Einfall der Türken im 11. und besonders nach dem Mongolensturm im 13. Jahrhundert nahm die muslimische Militärtechnologie jedoch eine völlig andere Richtung. Dies ist vor allem zentralasiatischen und chinesischen Einflüssen zu verdanken, wie diese Abbildung von zwei kämpfenden Reitern zeigt. Sie ist möglicherweise eine Kopie der 1480 in Täbriz, Iran, angefertigten „Shahnameh".

DIE ARMEEN DER KHANS

Die Militärgeschichte von Zentral- und Nordasien im Mittelalter war von Wanderungen, Eroberungen und religiösen Umwälzungen geprägt. Ebenso wichtig war der Einfluss der Ökologie auf diese nomadischen Völker. So konnte man, obwohl das Kämpfen für das Überleben der Gruppe essentiell war, zum Beispiel nur so viele Pferde halten, die das verfügbare Weideland ernähren konnte.

Die Armeen wurden zum Großteil aus der herrschenden Stammeskonföderation rekrutiert. Die Organisation des Staates spiegelte die militärische Ausrichtung dieser Gesellschaften wider. Dies änderte sich unter den Mongolen im 13. und 14. Jahrhundert mit der Eingliederung von Türken, Russen, Chinesen und anderen. Ende des 14. Jahrhunderts erklärte sich der große Eroberer Tamerlan zum Mongolenherrscher, obwohl er selbst und große Teile seiner Armee bereits türkisch waren.

Da die Mongolen bereits vor dem Aufstieg Dschingis Khans unter starkem chinesischen Einfluss standen, besaß ihr Heer eine sehr strikte Kommandostruktur. Im Herbst, der zur Hauptsaison für Feldzüge wurde, galten die Pferde der Steppenvölker als „einsatzbereit". Die Nomadenarmeen folgten eher den Wasserscheiden, weil sich die Bevölkerung an den großen Flüssen in den Tälern konzentrierte. Für ihre großen Herden war die Wasserversorgung lebenswichtig. Üblicherweise ritten Späher der Hauptstreitmacht zehn Tage voraus, um nach Weideland Ausschau zu halten.

Ein detaillierter Bericht über den „Schlachtplan des Khaqan" in einer indomuslimischen Abhandlung aus dem 13. Jahrhundert basierte wahrscheinlich auf dem von den Chinesen beeinflussten Qara-Khitai aus dem 12. Jahrhundert. Die Ähnlichkeit zu den Chinesen ist bemerkenswert. Tatsächlich war es eiserne Disziplin, die die Mongolen so überlegen machte. Zu ihren Taktiken gehörte es, einen Spalt in ihren Linien zu öffnen, um scheinbar Flucht zu ermöglichen, doch in Wahrheit erwartete den Feind in diesem Korridor ein mörderischer Pfeilhagel.

Die Bogenschützen waren für die Mongolen so wichtig, dass man Bögen und Pfeilen

西天取得此

Oben: Eine der ältesten Kopie von Rashid al-Dins Weltgeschichte entstand zwischen 1306 und 1314 im Iran. Die Soldaten entsprechen mongolischen Kriegern aus dem frühen 14. Jahrhundert.

„Die Rache der Soga-Brüder", etwa 1215, war einer der klassischen japanischen Racheromane und ist Thema dieses Druckes aus dem 19. Jahrhundert. Der dargestellte Soga-Bruder ist ein mittelalterlicher Samurai in Zivil, jedoch mit zwei Schwertern bewaffnet.

magische Eigenschaften zuschrieb, während die seltenen Erwähnungen von Speeren wohl mit deren geringer Bedeutung zusammenhingen. Die ersten Wellen mongolischer Eroberer führten auch chinesische Spezialisten für Feuerwaffen mit.

Die Mongolen führten auch einen runderen Helm chinesischen Ursprungs in Westasien und Europa ein, manchmal mit Schirm an der Vorderseite, der sich schließlich im 17. und 18. Jahrhundert zu jenem westeuropäischen Helm entwickelte, der in England als „Cromwells Topf" bekannt wurde. Brustharnische mit Lamellen, die aus verschiedenen Schichten Bambus bestanden, wurden von den Völkern im tibetanischen Vorgebirge getragen, während in Sibirien und Alaska Lamellen aus Bein verwendet wurden. Im späten 13. Jahrhundert war der typische mongolische „Mantel, so hart wie Stahl" häufig mit Metallplatten versehen. Er inspirierte vielleicht die westeuropäischen Plattenpanzerungen des 13. und 14. Jahrhunderts. Neueste Studien haben ergeben, dass Pferderüstungen weiter verbreitet waren als angenommen. Sie bestanden zumeist aus gehärtetem Leder, nur manchmal aus Eisen.

„Goldene Brücke" für den Gegner

Chinas Einfluss auf das Militär seiner Nachbarvölker war immens. Dabei war die chinesische Kultur zutiefst pazifistisch. Die Sung-Dynastie (960–1279) gilt oft als besonders unmilitärisch, obwohl sie riesige Armeen besaß und auch aus lokalen Familien Milizen rekrutierte.

Die Sung strebten danach, Aufstände zu vermeiden. Keine Armee war bereit, solange ihr Kommandant nicht beide Hälften einer Marke in Händen hielt, deren zweite Hälfte normalerweise in der kaiserlichen Hauptstadt aufbewahrt wurde. Die Palasttruppen folgten einem Rotationsprinzip zwischen den Provinzen. Doch das stellte sich als sehr teuer heraus und wurde abgeschafft. Stattdessen wurde der Status der Grenztruppen erhöht. Ein weiteres chinesisches Konzept war die militärisch-landwirtschaftliche Kolonie.

Auch die Koreaner waren ein friedliches Volk. Die Herrscher des Koryo-Hauses (935 bis 1392) schafften das aristokratische System des Frühmittelalters ab und ersetzten es durch eine bürokratisch-militärische Administration.

Korea mag einige Aspekte der japanischen Armeeorganisation beeinflusst haben, doch im Spätmittelalter wurde Japan von Militärclans beherrscht, die eine fast einzigartige Militärregierung errichteten.

Angesichts der tiefen Abneigung der Chinesen gegen jede Art von Krieg überrascht es nicht, dass auf die Verteidigung stets mehr Wert gelegt wurde als auf die Offensive. Es galt sogar als akzeptiert, Mitglieder der gegnerischen Elite zu meucheln, um damit größere oder längere Kriege zu vermeiden. Auch wenn die Sung Konflikte zu verhindern suchten, wurden in ihrer Zeit viele berühmte militärische Abhandlungen verfasst.

Einige der Kampfformationen, die in diesen Abhandlungen vorgestellt wurden, stellten eine Mischung aus Praxis und Magie dar. Ein typisches Element war die „goldene Brücke" oder Lücke, damit der Gegner nicht bis zuletzt kämpfen musste – nahezu das Gegenteil der Mongolen, deren Lücke zur tödlichen Falle für die Gegner wurde. Einfallsreiche Taktiken waren die Verwendung von Soldatenattrappen, um zahlenmäßig größer zu erscheinen, das Hinterherziehen von Buschwerk, damit man eine größere Staubwolke hinterließ, und das Pflanzen vergifteter Dornen an Trinkplätzen.

Die Bedeutung der Armbrust, die ab dem 11. Jahrhundert die stärkste Waffe der chinesischen Kriegsführung darstellte, kann nicht überschätzt werden. Helme und Schwertklingen demonstrierten die fortgeschrittene Metallbearbeitung, und auch Schuppenpanzer wurden ständig verfeinert und verbessert. Für einige Teile Chinas und Japans waren lackierte Lederlamellen charakteristisch, die sowohl zu dekorativen Zwecken als auch zur Imprägnierung angefertigt wurden.

Bei Belagerungen setzten die Chinesen Holzpalisaden und dornige Hindernisse zur Verteidigung ein. In der Offensive verwendete man ausziehbare „Wolkenleitern", „Himmelsbrücken" mit Rädern oder mobile Belagerungstürme sowie „Gänsekarren", die eine ausziehbare Plattform enthielten. Steinschleudern wurden eher in den Wänden platziert als obenauf und wurden von „Artilleriebeobachtern" befehligt.

Im Frühmittelalter waren viele chinesische Schiffe zusätzlich mit steinschleudernder Artillerie ausgerüstet, während die Marinesoldaten mit Armbrüsten bewaffnet waren.

Ab dem 14. Jahrhundert kamen in der Kriegsführung zu Wasser auch Schießpulverkanonen zum Einsatz. 1222 versuchten die Truppen der Sung-Dynastie sogar, eine Belagerung durch eine mit Schaufelrädern ausgestattete Schwadron aufzuheben. Ein großer Teil der innerchinesischen Konflikte wurde auf Flüssen und Seen ausgetragen.

Japanische Rüstungen waren vielleicht die prunkvollsten des Mittelalters. Hier sehen wir einen Brustharnisch mit Lamellen und Seidenspitzen im Stil des späten 14. Jahrhunderts, obwohl er nahezu sicher erst später hergestellt wurde.

DER KRIEG UND DIE KSHATRIYA-KASTE

Indien besaß eine eigene Militärtradition, die auf den religiösen Prinzipien des Hinduismus beruhte. Die Konkurrenz zwischen Bauern und eingeborenen Stämmen um Land machte beide Gruppen zu Kriegern, obwohl der Kampf theoretisch Sache der Kshatriya-Kaste war. In Burma wurde die „Ahmudan"-Garde zwischen dem 12. und dem 14. Jahrhundert aus der traditionellen Aristokratie rekrutiert. Auch im heutigen Indonesien war die Gesellschaft in Kasten organisiert.

Das wenige, das wir heute über die militärische Organisation wissen, stammt aus einem Handbuch der Gerichtsbarkeit, das die Funktionen am Hof beschreibt und den Innenminister für innere Sicherheit und Heeresangelegenheiten verantwortlich erklärt.

Die „Arthashastra", ein Text über das Regieren aus dem Frühmittelalter, gibt an, dass die indische Armee aus einer erblichen Elite, Söldnern und kurzfristigen Kontingenten der „Gilden", Verbündeten und Ureinwohnern bestand, doch die Unerbittlichkeit, mit der muslimische Streitkräfte südwärts drängten, lockerte das Kastensystem weiter auf. Der „Atharvaveda" zufolge wurde eine Armee vom „sena pati" kommandiert und setzte sich aus Infanterie, Kavallerie, Streitwägen und Elefantentruppen zusammen. In einigen Gegenden kamen Marineeinheiten hinzu.

Nach dem Zerfall des Gupta-Reiches um 510 n. Chr. kehrten die Hinduarmeen zu schwerfälligen Taktiken, Stellungskriegen und dem Rückzug in Befestigungsanlagen zurück. Vorherrschend war die Infanterie, obwohl Elefanten die Streitwagen als „schwere Stoßtruppen" ablösten. Die indischen Streitkräfte waren weit weniger mobil als ihre Gegner aus dem Norden. Sie verfolgten altmodische Strategien, besaßen eine nur schwache Kavallerie und verließen sich auf die Macht der Elefanten. Doch ihre Feinde brachten manchen ihrer Pferde sogar bei, auf den Hinterhufen zu laufen, damit die Reiter jene Krieger attackieren konnten, die hoch über ihnen auf Elefanten saßen.

Die Bogenschützen waren so wichtig, dass das umfassendste indische Militärhandbuch „Dhanurveda", „Wissenschaft vom Bogenschießen", genannt wurde. In Süd- und Südostasien setzte sich der einfache Bogen durch, weil der Langbogen für das feuchte Klima ungeeignet war, wenn er nicht mit Lack imprägniert wurde. Ebenso war das gerade Schwert bis über das Mittelalter hinaus im Einsatz und entwickelte sich später vielleicht zum südostasiatischen „sundang". Die beeindruckendste Waffe war jedoch ein verkehrtes Krummschwert, das sich bis zum 13. Jahrhundert in vielen Darstellungen findet.

Ritualisierte Gewalt

Der Gebrauch exotischer Waffen mag auf den Ritualcharakter von Gewalt in der indischen Gesellschaft verweisen. In Südindien verwendeten Stämme spezielle Wurfstäbe, doch sie sollten nicht zum Werfer zurückkehren wie der australische Bumerang. Eine noch weniger typisch indische Waffe war die geschliffene Wurfscheibe. Leichtere Modelle wurden horizontal geworfen, schwerere ließ man von oben auf den Gegner fallen.

Die charakteristische Form indischer Rüstung im Spätmittelalter war der „Umhang der tausend Nägel". Er kam im 15. Jahrhundert auf und kombinierte chinesisch-mongolische Schuppen mit indischen gepolsterten Elementen. Die indischen leichten Rüstungen dürften die verschiedenen Formen von gesteppten Rüstungen im Mittleren Osten und Europa inspiriert haben.

Die Belagerungstechnik war in Südostasien sehr primitiv, in Indien aber hoch entwickelt. Sturmleitern wurden mit Eisenhaken an den Lehmziegelwänden befestigt. Zum Rammen von Toren benutzte man auch Elefanten, deren Köpfe mit Eisenplatten geschützt waren.

Die indischen Angaben über die Verteidigung von Festungen mit Hilfe von Feuer und Rauch klingen manchmal derart verheerend, dass hier wohl eher die Waffen von Göttern und Helden beschrieben worden sein dürften als die eingeschränkte Realität mittelalterlicher Kriegsführung.

Im Vergleich zum Mittelmeer war der Indische Ozean ein friedlicher Ort, auch wenn Malaysia vom 13. bis zum 15. Jahrhundert Zentrum der Piraterie war. Einigen Quellen aus dem 13. Jahrhundert zufolge griff Indonesien seine Feinde von großen Kriegskanus aus mit Bogenschützen an. In Burma spielten Kämpfe auf Flüssen eine große Rolle, während in Nordindien, wo die großen Flüsse lagen, Schlachten wegen des flachen Terrains zu Lande ausgetragen wurden.

Gegenüber: Die Reliefs auf dem buddhistischen Tempel von Bantei in Angkor aus dem späten 12. oder frühen 13. Jahrhundert zeigen Kämpfe, alltägliche und religiöse Ereignisse.

Unten: Im frühen Mittelalter hielten islamische Krieger die indische Kavallerie für ineffektiv, doch gegen Ende des Mittelalters war sie ihnen durchaus ebenbürtig.

9 GLAUBE UND RELIGION

DAS MITTELALTER WAR EINE SEHR RELIGIÖSE ZEIT UND DIE MEISTEN MENSCHEN IDENTIFIZIERTEN SICH ÜBER IHREN GLAUBEN. DIE RELIGION LAG AUCH DEN GRAUSAMSTEN KRIEGEN UND SCHLIMMSTEN MISSVERSTÄNDNISSEN ZU GRUNDE. DENNOCH WAREN EINIGE VÖLKER TOLERANTER ALS ANDERE. SO SPRACHEN SICH DIE CHINESEN UND MOSLEMS FÜR TOLERANZ AUS, WÄHREND DIE CHRISTEN NICHT EINMAL VORGABEN, EINEN ANDEREN GLAUBEN ZU AKZEPTIEREN.

HIMMEL UND HÖLLE

Das katholische Christentum war die dominante, wenn auch nicht die einzige Glaubensform in Westeuropa. In manchen Gegenden überlebte das Heidentum. Es war vor allem die arme Landbevölkerung, die an heidnischen „Volksbräuchen" festhielt. Mehrere Orte hatten auch eine bemerkenswerte jüdische Gemeinde.

In einigen Teilen Süditaliens dominierte das griechisch-orthodoxe Christentum. Weite Teile der Iberischen Halbinsel wurden nicht nur von Moslems bewohnt, sondern bis zum Ende des 15. Jahrhunderts auch beherrscht. Eine weitere moslemische Gemeinde gab es in Sizilien; sie wurde aber im 13. Jahrhundert in die italienische Stadt Lucera umgesiedelt, wo sie noch mehrere Jahrzehnte weiter bestand.

Religion welcher Art auch immer war essentiell im Alltagsleben der mittelalterlichen Bevölkerung. Die Kirche spielte auch eine große Rolle im Unterrichtswesen und half den Kranken und Bedürftigen. Die Leute glaubten, dass ein Bußakt sie von Sünden befreien und ihre Seelen vor der Verdammung bewahren würde. Einer der wichtigsten Bußakte dieser Art war eine Pilgerfahrt zu einer heiligen Stätte der Christenheit; besonders nach Rom oder ins Heilige Land.

Eine solche Reise war sehr teuer, jedoch konnten die Armen auch die Grabstätte eines lokalen Heiligen besuchen. Jedes Land hatte seine eigenen Pilgerstätten, und so zogen sich die Pilgerstraßen kreuz und quer durch ganz Europa. So eine Reise war jedoch nicht ungefährlich. Überall lauerten Räuber, Krankheiten und Unfälle. Es gab jedoch entlang der Hauptrouten zahlreiche Klöster und von Mönchen geleitete Herbergen, die eine sichere Unterkunft boten.

Die Situation wurde besser, als im Spätmittelalter Ritter, Kaufleute, reiche Bauern und zunehmend auch entschlossene Frauen aus Spaß Pilgerfahrten antraten. Sie waren eher mit heutigen Touristen als mit den tief religiösen Wanderern früherer Jahrhunderte zu vergleichen.

Wie ein Tourist kauften auch Pilger Souvenirs. Die meisten brachten eine Art Abzeichen mit, das irgendeine Verbindung zu dem besuchten Heiligen herstellte. Das berühmteste war die Muschel der Jakobspilger, die zum Grab des hl. Jakob in Santiago de Compostella in Spanien wallfahrteten.

Bekehrung mit dem Schwert

Die Ausbreitung des Christentums in Europa ging nicht friedlich vor sich, sondern wurde mit dem Schwert erzwungen. Besonders grausam wurde das Evangelium im spanisch-portugiesischen Feldzug gegen die Moslems, der Reconquista, verkündet, wie auch in den baltischen Kreuzzügen gegen die Heiden und russisch-orthodoxen Christen. In Skandinavien und den schottischen Wikingergemeinden existierte das Christentum parallel zum Heidentum, bis es die herrschende Schicht als einzige Religion etablierte.

Einige der ersten skandinavischen Siedler im entfernten Grönland waren Christen, und ab dem 11. Jahrhundert gehörten ihre Kolonien zur norddeutschen Diözese Bremen. Inzwischen verbreitete sich das Christentum unter den heidnischen Finnen und Lappen im hohen Norden. Das nordeuropäische Heidentum war schamanisch und bestand aus verschiedenen lokalen Glaubensformen. Charakteristisch waren Trommeln, um mit der Geisterwelt Kontakt aufzunehmen, wie auch Tieropfer. Der Bär galt als Totemtier.

Gegenüber: Dieses Manuskript aus dem 15. Jahrhundert zeigt, wie der Dichter Lygate und einige Pilger Canterbury nach Abschluss ihrer Pilgerreise zur Grabstätte von Thomas Becket verlassen. Obwohl die Reiseroute lang und steinig war, wirken die Pilger gut gekleidet und genährt. Die schönen Bauten im Hintergrund deuten eine wohlhabende Welt an.

Rechts: Peter der Einsiedler führt die Vorhut des ersten Kreuzzuges an, Illustration des späten 13. oder frühen 14. Jahrhunderts. Peters Anhänger wurden sofort nach ihrer Ankunft in Asien von den Türken vernichtend geschlagen, da sich unter ihnen nur eine geringe Zahl ausgebildeter Soldaten befand.

Die Kirche war im Mittelalter die einzige wirklich internationale Organisation. Doch galten kirchliche Grenzen ebenso wie politische Grenzen, so nicht gerade Krieg geführt wurde. Das gesamte westliche Christentum war gegliedert in Erzdiözesen, die einem Erzbischof unterstanden, Diözesen unter der Führung eines Bischofs sowie Pfarren mit ihren Priestern. Priester wurden oft von Dekanen unterstützt.

Als der Einfluss der katholischen Kirche zunahm, wurden neue Diözesen und Pfarren gegründet. Zur gleichen Zeit entstanden Klöster als Zentren des Gebets und zur „Zähmung" des umgebenden Landes.

Der in Frankreich im Jahre 1098 gegründete puritanische Zisterzienserorden spielte eine führende Rolle in der Entwicklung der Landwirtschaft. Laienbrüder, die oft in nahe gelegenen Farmen wohnten, halfen dabei, die Felder zu pflügen, und hüteten die klostereigenen Schafe.

Das Vermögen, das den Mönchsorden durch solche Aktivitäten zufloss, ermutigte sie, ihr Kapital auch in wirtschaftliche Aktivitäten zu investieren. Das aber führte zu Zynismus und Korruption und wurde gegen Ende des Mittelalters für viele Klöster zum Problem. Während des 13. Jahrhunderts entstand eine neue Form religiöser Orden, die Bruderschaften des hl. Franziskus von Assisi (1181–1226) und des hl. Dominikus (1170–1221). Anstatt sich hinter den Klostermauern der Arbeit und dem Gebet zu widmen, gingen diese Fratres in die Welt hinaus, um das Evangelium zu verkünden und den gewöhnlichen Menschen auf direktem Wege zu helfen. Dennoch wurden auch diese bald durch Schenkungen zu reich und wurden für ihren Verstoß gegen das Armutsgebot ihrerseits scharf kritisiert.

Das Bündnis zwischen der Kirche und dem Rittertum, das im 11. und 12. Jahrhundert geschmiedet wurde, war kompliziert. Ein Ritter spielte in der Gesellschaft zwar eine gewalttätige Rolle, jedoch durfte er sein Schwert nur gegen Übeltäter und Feinde der Kirche zücken.

Inzwischen versuchte die Kirche ihren psychologischen Einfluss auf die Ritter zu stärken, in dem sie bei Schwertleiten mitmischte, den Zeremonien, die Männer in den Ritterstand hoben. So wurden Schwerter, die zuvor ausschließlich das Böse abhalten sollten, zur zugespitzten Version des Kreuzes.

Pracht und Streit

Zwischen dem 13. und dem 15. Jahrhundert veränderte sich die Kirche auf signifikante Weise. Die Bevölkerung blieb großteils streng gläubig und man war stolz auf das lokale Kirchengebäude. Zunehmender Wohlstand ermöglichte höhere Spenden, sodass sogar ländliche Kapellen mit Schnitzereien, Wandgemälden, Buntglasfenstern und prächtigen Altaren versehen werden konnten. Oft wurden alte Gebäude niedergerissen und durch stilgerechte neue ersetzt.

Im Mittelalter wurden mehr Kapellen und Kirchen errichtet als zu irgendeiner anderen Zeit. Zunehmende Korruption führte jedoch dazu, dass immer häufiger ein Priester für mehr als eine Gemeindepfarre (und deren Pfründe) zuständig wurde. Die einflussreicheren Kirchenmänner wie Erzbischöfe, Kardinäle und Päpste waren oft politisch aktiv und ehrgeizig, obgleich sie sehr gebildet sein konnten – ein Problem, das von Ort zu Ort unterschiedlich stark spürbar war. Auch hatte die Tatsache, dass manche Bischöfe gleichzeitig Prinzen oder

Rechts: Eine Darstellung von Franziskanerpatres aus dem 14. Jahrhundert. Zu dieser Zeit waren die Patres nicht mehr einfache, arme Prediger, wie Franz von Assisi das beabsichtigt hatte. Sie waren reich und oft korrupt, obwohl viele noch immer Gott ergeben waren.

Unten: Ketzer flehen um Gnade, als sie vor den Augen des französischen Königs auf dem Marterpfahl verbrannt werden. Entsetzlich realistische Darstellung von Jean Fouquet aus der 2. Hälfte des 15. Jahrhunderts.

lokale Herrscher waren, die Konsequenz, dass sich aus den verworrenen und grausamen politischen Fragen Mitteleuropas nicht heraushalten konnten.

Protest gegen die Kirche

Die Probleme der Kirche des 13. Jahrhunderts veranlassten Franz von Assisi, seinen eigenen Orden zu gründen. Eine Zeit lang hielt man diese Bewegung für ketzerisch, da das korrupte Verhalten der Kirchenbeamten Ketzerei als Protestbewegung förmlich provozierte. Im 11. Jahrhundert waren dies die Patarini von Mailand, im 12. Jahrhundert waren es die Petrobrusianer und Henrizianer aus Frankreich; wie auch die Waldenser und die Humiliaten aus Frankreich und Italien.

Diese waren wenigstens Christen, während die Katharer oder Albigenser des 12. und 13. Jahrhunderts in Frankreich, Italien und Deutschland dem dualistischen Glauben anhingen, dass die Erde ein Schlachtfeld zwischen den gleich starken Mächten des Lichtes und der Dunkelheit, des Guten und des Bösen sei. Dieser Glaube beruhte auf antiken persischen Wurzeln und war über das Byzantinische Reich nach Europa gelangt.

Im 14. Jahrhundert reisten Banden wilder Bettelmönche durch das Land und prangerten die Sünden der Aristokratie und der Kirche an. Gelehrte schrieben wilde Satiren über die kirchliche Elite ihrer Zeit und religiöse Fragen wurden so ernst genommen, dass es zu Schlägereien mit Andersdenkenden kam.

Männer wie der Prediger Girolamo di Savanarola im 15. Jahrhundert hatten fanatische Anhänger, die eine Kirchenreform und allgemeine Buße forderten. So begrüßte Savonarola den Einmarsch des französischen Königs in Italien als „Geißel Gottes", wie die Bibel sie prophezeit hatte. Er verdammte einen Großteil der Kunst der Renaissance als heidnisch und war tief antisemitisch. Es überrascht kaum, dass Savanarola schließlich 1498 als Ketzer verbrannt wurde. Dies war aber bereits ein Vorspiel der Reformation, die im 16. Jahrhundert folgen sollte.

Antisemitismus war in der mittelalterlich-christlichen Gesellschaft tief verwurzelt, in der benachbarten arabischen Welt aber nahezu unbekannt. As die christliche Kaufmannschaft wuchs und die Zünfte den Handel kontrollierten, waren Juden fast alle Berufe außer Bankgeschäften versperrt, die theoretisch den Christen verboten waren. Diese gesellschaftliche Rolle vertiefte jedoch die Angst vor den Juden und das Unwissen über sie, die in ganz Europa spürbar waren. Dennoch blühten jüdische Gemeinden in einigen Gebieten Europas, unterstützt von lokalen Herrschern und einer Kirche, für die sie nützlich waren. Die wichtigsten Zentren waren in Frankreich, England und Deutschland; ältere jüdische Zentren gab es in Spanien und Süditalien. Die meisten Gemeinden fielen den Kreuzzügen zum Opfer, und zu Ende des 15. Jahrhunderts gab es sie nur noch in Norditalien und einigen deutschen Städten. Neue Gemeinden entstanden in Polen, Litauen und unter der toleranteren Herrschaft der ottomanischen Sultane.

Rechts: Ein jüdischer Rabbi feiert das Passahfest, wie in diesem hebräisch-jüdischem Gebetbuch aus dem 14. Jahrhundert gezeigt wird. Jüdische Kunst, vor allem Buchillustrationen, wurde fast immer dem Stil des Landes, in dem der Künstler lebte, angepasst. So sah ein jüdisches Gemälde aus Frankreich französisch aus, während eines aus Syrien einen arabischen Einschlag hatte. Bis auf einige Unterschiede galt dies auch für die Trachten, die die Leute in diesem Bild tragen.

DAS ALLERCHRISTLICHSTE KAISERREICH

Im Byzantinischen Reich spielte Religion eine noch bedeutendere Rolle. Das Schisma des Jahres 1054 brachte die Spaltung der katholischen von der orthodoxen, der lateinischen von der griechischen Kirche; Spannungen gab es jedoch jahrhundertelang. Der vierte Kreuzzug von 1204, in dem eine westliche Armee Konstantinopel eroberte, schürte den Hass der orthodoxen Christen gegen die Katholiken. In den folgenden Jahren wurden viele vergebliche Versöhnungsversuche unternommen. Der letzte fand im Jahr 1453 statt – dem Jahr, als die byzantinische Hauptstadt Konstantinopel von den Türken eingenommen wurde.

Orthodoxe Christen waren von der Kraft des Glaubens überzeugt, und einfache Leute gingen davon aus, dass Wunder fast täglich geschahen. Auch nahmen sie die Bibel sehr wörtlich; was aber für sie charakteristisch war, war der Glaube an Ikonen. Im Frühmittelalter, zur Zeit des Ikonoklasmus oder Bilderstreits, war das Byzantinische Reich die Hochburg der Ikonoklasten, die die Verehrung religiöser Bilder ablehnten. Unterdessen vertrat der katholische Westen die Ansicht, dass Heiligenbilder sehr wohl zulässig seien. Bis zum 11. Jahrhundert jedoch gehörte der Ikonoklasmus der Vergangenheit an, und Ikonen spielten eine wichtige Rolle im religiösen Leben der Leute, vom byzantinischen Kaiser bis zum niedrigsten russischen Bauern. Deshalb wurden die orthodoxen Christen von ihren muslimischen Nachbarn lediglich als Bildverehrer abgetan.

Auch Klöster spielten eine wichtige Rolle im mittelalterlichen Leben. Das orthodoxe Mönchtum blieb dem asketischem Ideal der ersten christlichen Mönche sogar treuer als das katholische. Byzantinische Mönche beschäftigten sich fast ausschließlich mit dem Beten, dem Studieren religiöser Texte und der Ikonenmalerei. Es war nichts Ungewöhnliches, dass die führende Elite nach dem Rückzug aus dem Amtsleben in ein Kloster eintrat. Selbst der kriegerische Kaiser Johannes Cantacuzenus VI. wurde nach seinem Abdanken im Jahre 1354 zum Mönch. Ähnliches geschah auch in Russland.

Pilgerfahrten waren unter den Christen des Ostens genauso beliebt wie im katholischen Westen, und das Heilige Land selbst war nicht weit entfernt. Jedoch war es immer noch schwierig und gefährlich, eine solche Reise in Angriff zu nehmen, obwohl die byzantinischen Behörden Herbergen einrichtete. Diese durften an Sonn- und Festtagen nur zwischen acht Uhr morgens und acht Uhr abends Wein ausschenken.

Für östliche christlichen Staaten wie Armenien und Georgien war die Religion essentiell für ihre Identität. Oft mussten die Armenier byzantinische, türkische und mongolische Attacken abwehren, bevor sie schließlich von den Mamelucken erobert

Oben: Über griechisch-orthodoxe Konvente ist weit weniger bekannt als über Klöster, obwohl sie im Mittelalter weit verbreitet waren.

Oben: Ikone der Jungfrau Maria mit dem Kind im Typus der „Glykophilousa" – als „Süßküssende". Es handelt sich um ein byzantinisches Miniaturmosaik aus dem 14. Jahrhundert auf Holzgrund. Kunstwerke dieser Art waren rar und von hohem Wert.

wurden. Gerade deshalb misstraute die armenische Kirche allen ihren Nachbarn. Es kam aber schließlich mit der katholischen Kirche zu einer Vereinbarung, die im Wesentlichen die Armenier sich selbst überließen. Vom 11. bis zum 13. Jahrhundert wurde Georgien allmählich zu einer größeren regionalen Macht, besonders unter der Kriegerkönigin Tamara (1184–1213), und bekannt dafür, dass seine Bischöfe häufig Truppen in den Krieg führten.

Inzwischen bekam die Bekehrung der Russen zum orthodoxen und nicht zum römisch-katholischen Christentum im 10. Jahrhundert tief greifende Auswirkungen auf die benachbarten Staaten. Aus dem früheren niedergelassenen asiatischen Khanat wurde ein christliches Reich, dessen Herrscher sich den großen „Zaren", den Kaiser von Konstantinopel zum Vorbild nahmen. Die Frage, ob eher auf die spirituelle Führung des orthodoxen Patriarchen in Konstantinopel oder auf die des katholischen Papstes in Rom zu vertrauen sei, spaltet Europa bis heute.

Eine Mönchsrepublik

Die byzantinische Kirche war unter der Führung des Patriarchen von Konstantinopel streng hierarchisch organisiert. Dieser stand in enger religiöser und politischer Beziehung zum Kaiser. Das wiederum ermöglichte es dem Byzantinischen Reich, mit Hilfe der orthodoxen Kirche andere orthodoxe Staaten auch politisch zu beeinflussen. So spielte der Patriarch von Konstantinopel auch eine politisch wichtige Rolle.

Im Gegensatz dazu waren orthodoxe Klöster rein spirituell orientiert und lagen oft an abgeschiedenen Orten wie dem Berga Athos im Osten der griechischen Halbinsel Chalkidike. Der religiöse Charakter der Klöster hinderte sie jedoch nicht daran, durch Spenden von Geld und Land reich zu werden.

Auch zögerten die geistigen Führer nicht, sich in die Außenwelt einzumischen, so sie die politische Moral in Gefahr sahen. Über die byzantinischen Nonnenkloster ist weit weniger bekannt. Oft werden sie als Exil für Frauen bezeichnet, die sich aus Altersgründen, politischen Umständen oder wegen unsittlichen Verhaltens von der Außenwelt zurückzogen.

Mit dem Zerfall des Byzantinischen Reiches wurden einige Klöster autonom. Das berühmteste war jenes auf dem Berg Athos, das im Jahre 1312 vom Kaiser dem Patriarchen übergeben wurde. Selbst nach der Eroberung des Balkans durch die Türken behielt es seinen eingenständigen Status bei. Da die orthodoxen Klöster im Besitz riesiger Landgüter waren, beschäftigten sie auch eine große Anzahl an Dienern und Landarbeitern. Manche Klöster verfügten auch über eigene

Garnisonen, und Mönche griffen in Krisenfällen zu den Waffen. Tatsächlich waren einige Teile Osteuropas von einer Mönchswirtschaft dominiert, wie sie auch im buddhistischen Tibet zu finden ist.

Trotz der furchtbaren Unterdrückung, die die byzantinischen Bauern vom Adel erdulden mussten, gab es nur wenige Aufstände. Die Bevölkerung war der Kirche gegenüber immer loyal, schon angesichts der moslemischen Bedrohung. Ein Niedergang dieser Loyalität wurde mit Nicht-Griechen, mit Religionswechseln oder Ketzertum verbunden. Die paulizianische Ketzerbewegung unter den Armeniern des mittelalterlichen Ostanatolien verbreitete sich über den Balkan und führte zur Entstehung der Bogomilenbewegung. Sie blühte besonders unter den bosnischen Slawen und Albanern, ebenjenen Gemeinden, die sich nach der Eroberung durch die Türken im Jahre 1463 besonders zahlreich zum Islam bekehrten.

Da die orthodoxe Kirche im mittelalterlichen Russland die alten schamanischen Glaubensformen der ungebildeten Bauern tolerierte, gab es hier kaum religiöse Streitigkeiten. Diese Toleranz führte zur Promiskuität, exzessivem Trinken und der Beliebtheit wandernder Minnesänger, der „Skomoriki“. Die Skomoriki, so glaubte man, stammten von schamanistischen Medizinmännern aus vorchristlichen Zeiten ab.

Bild oben: Die Pracht mancher byzantinischer Stoffe erstaunte die Westeuropäer schon im frühen Mittelalter. Auch später blieb das Niveau ihrer Handwerkskunst besonders hoch. Dieser mit Gold und Silber bestickte Seidenepitaph aus Saloniki ist ein großartiges Beispiel der byzantinischen Textilkunst. Es zeigt das letzte Abendmahl und wurde zur Eucharistiefeier verwendet.

DAR AL-ISLAM – HAUS DES FRIEDENS

Die Moslems glauben an einen Gott, den sie im Arabischen Allah nennen. Es ist aber der gleiche Gott, den auch die Christen und Juden verehren. Viele Moslems sind der Ansicht, dass im Grunde jede Religion auf die eine oder andere Weise jenen Allah verehrt, dass aber die Methoden nach Tausenden Jahren menschlicher Einmischung korrupt geworden sind. Deshalb ist die moslemische Religion gegenüber allen Glaubensformen, die eine höhere Macht akzeptieren, sehr tolerant.

Die Moslems sahen in Mohammed das „Siegel der Propheten", mit anderen Worten: den letzten in der Reihe der Propheten seit Adam. Solche Propheten waren die Propheten des Alten Testaments, Jesus Christus und auch vorislamische arabische Propheten, die weder von Christen noch Juden anerkannt werden, sowie, nach Ansicht einiger muslimischer Denker, die Begründer aller Weltreligionen. Mohammed wird als der letzte dieser Propheten verehrt. Die anderen Säulen des Islam sind Beten, Fasten, Almosengeben und, wenn möglich, eine „Hadsch", eine Pilgerfahrt nach Mekka.

Weniger als ein Jahrhundert nach dem Tod Mohammeds in Jahre 632 teilte sich die moslemische Gemeinde in die Anhänger der Sunna, die orthodoxe Mehrheit, und der Shia. Abgesehen von kleinen Differenzen in Doktrin und Ritus unterschieden sie sich in der Frage der religiösen Authorität.

So akzeptierten die Sunniten einen gewählten Kalifen, während die Schiiten überzeugt waren, religiöse Oberhäupter müssten direkt vom Propheten Mohammed abstammen. Nur seine Nachkommen hätten die erforderliche Heiligkeit geerbt. In der Praxis wurde der Kalif der Sunniten aber lediglich aus den Angehörigen der Abbasidenfamilie gewählt; manchmal war ganz pragmatisch die Frage entscheidend, wer aus dieser Familie gerade die Macht ergriffen hatte.

Inzwischen spalteten sich die Schiiten oft über der Streitfrage, welcher der Nachkommen des Propheten das Imamat, die spirituelle Führung, übernehmen sollte. Einige kleine, aber lokal einflussreiche Gruppen verließen auch die moslemische Gemeinde. Dies geschah jedoch nur selten, da die Muslimische Gemeinschaft sehr tolerant war; sogar gegenüber den Bektashi-Derwischen, die Wein tranken und deren Frauen unverhüllt waren und zu denen auch Nichtmoslems gehörten.

Moscheen und Glaubensfragen

Für die gewöhnliche Bevölkerung hatte die Religion einen großen Stellenwert. Tägliche Gebete, Gemeinschaftsgebete an Freitagen, das Einhalten des Fastenmonats Ramadan und das Sparen für die Pilgerfahrt nach Mekka waren Pflicht.

Die Moschee wurde jedoch nicht wie eine christliche Kapelle oder ein Hindutempel als heilig betrachtet, sie war lediglich ein Ort gemeinsamen Gebetes und musste sauber gehalten werden. Einige Moscheen, die zum Beispiel das Grab einer wichtigen religiösen Person beinhalteten, erhielten auch den Charakter von Gedenkstätten. Andere dienten als religiöse Schulen oder als Orte, an denen Sufis sich versammeln und auf ihre eigene, unorthodoxe Weise feiern konnten. Sie taten dies auch mit Tanz und religiöser Musik.

In vielen Teilen der mittelalterlichen muslimischen Welt hielt man an unorthodoxen Überzeugungen fest. Selbst die herrschende Elite glaubte an Dschinns und Dämonen. Dschinns galten als Kreaturen, die aus dem Feuer entstanden waren, so wie der Mensch aus Lehm geformt wurde. Wie die Menschen waren auch sie weiblich und männlich, gut und böse, Moslems und Ungläubige. Auch der Glaube an Magie, Talismane und Wahrsagerei war weit verbreitet.

Der Islam war anders strukturiert als das Christentum. Selbst die abbasidischen sunnitischen Kalifen von Baghdad (750–1258) hatten bis zum 11. Jahrhundert an Einfluss verloren, überlebten aber als Marionetten das Mittelalter. Das schiitische Fatimiden-Kalifat von Kairo (909–1171) hingegen wurde im 12. Jahrhundert gestürzt, und die rivalisierenden Kalifate im westlichen Nordafrika überlebten auch nicht länger.

Der Islam basierte im Wesentlichen auf dem Gesetz der Scharia und den Imams, die in den Moscheen die Gebete sangen. Diese waren jedoch keine Priester, da es solche im Islam nicht gab. Sie hatten aber eine ausreichende religiöse Bildung, um von ihren Gemeinden als religiöse Führer anerkannt zu werden – davon abgesehen hatte der Imam keinerlei religiöse Autorität.

Da die Religion in der islamischen Gesellschaft eine so zentrale Rolle spielte, waren die Herrscher daran interessiert, Einfluss auf die religiösen Führer auszuüben. Deshalb finanzierten die sunnitischen seldschukischen Sultane im 11. und 12. Jahrhundert die Errichtung einiger sunnitischer Hochschulen und setzten sie als wirksame politische und spirituelle Waffe gegen das schiitische Fatimiden-Kalifat in Kairo ein.

Die seldschukischen Sultane Anatoliens (1077–1300) gingen auf gleiche Weise vor, um die Ausbreitung der Shia zu unterbinden und den Islam bei der mehrheitlich griechisch-christlichen Bevölkerung zu verbreiten. Doch wurde Anatolien die Wiege der „Mevlevi", der heulenden Derwische, die der Mystiker und Dichter Jalal al-Din Rumi (1207–1273) ins Leben rief. Sie boten innerhalb der sunnitischen Normen all jenen ein Ventil, die das Bedürfnis nach einer emotionaleren religiösen Erfahrung hatten.

Eine der wenigen ernsten Abbildungen unter al-Wasitis Illustrationen von Abu Zaids Abenteuern zeigt ein Begräbnis auf dem Friedhof. Als der Leichnam versenkt wird, enthüllen sich die Frauen als Zeichen der Trauer, während die Männer ihre Tränen mit ihren weißen Ärmeln abwischen.

Genau genommen sollten Geistliche in islamischen Kunstwerken nicht abgebildet werden. Dennoch gibt es einige Illustrationen religiöser Aktivitäten, manche waren sehr satirisch. Hier imitiert der Komiker Abu Zaid einen geistlichen Gelehrten und predigt von der Kanzel. Das Bild von al-Wasit entstand im Jahre 1237 in Bagdad.

Typisch für das mittelalterliche Anatolien war auch der christliche Einfluss auf den Islam. Er führte zu unorthodoxen Praktiken, die andererseits aber den Übertritt vom Christentum zum Islam vereinfachte.

Die Verbreitung religiöser Mystik war ein wichtiges Merkmal der spätmittelalterlichen islamischen Gesellschaft. Mystik kam nicht nur in den Städten, sondern auch bei Wanderderwischen, strengen Asketen, entlegenen Stämmen und armen Bauern gut an. Die Doktrin der Shia war zu dieser Zeit bereits überholt, wurde aber in ihrer radikalen Form zur revolutionären Untergrundbewegung.

Sogar die mächtigen türkischen Sultane schlossen sich erst im 15. Jahrhundert den orthodoxen sunnitischen Moslems an, und selbst danach blieb das Ottomanische Reich die Heimat verschiedener Derwischsekten. Eine der ungewöhnlichsten war die der Bektashis. Ihre Doktrinen und Praktiken umfassten einige buddhistische Konzepte, die bis auf die Zeit vor der Konvertierung der Türken zum Islam zurückgingen. Die Bektashi hießen Christen und Juden in ihrer Bruderschaft willkommen und entwickelten sogar eine enge Beziehung zu den Janitscharen, der Infanterie-Elite der Sultane.

Bild rechts: Der Künstler al-Wasiti konnte gut Menschenmengen auf engem Raum darstellen. Hier verkünden die Soldaten der Armee des Kalifen von Bagdad das Ende des Fastenmonats Ramadan. Es wurde mit einem Festmahl gefeiert. Die Soldaten werden von Trompetern und einem auf einem Maultier reitenden Trommler angeführt.

DIE WELT DES KONFUZIANISMUS

In Europa gab es häufig Reibungen zwischen der Kirche und dem Staat, während sie in der arabischen Welt theoretisch ein und dasselbe waren. In China waren Religion und Regierung aus einem anderen Grund eng verknüpft. Hier war die Religion ein Mittel der sozialen Kontrolle. Der Konfuzianismus, gegründet von Konfuzius im 6. Jahrhundert n. Chr., ist keine eigentliche Religion, sondern befasst sich mit der Rolle des Menschen im Universum.

Chinesische Philosophen bemühten sich ständig um eine ideale Gesellschaft mit sehr konservativen Werten und sahen die Geschichte nicht als geradlinig, sondern als zyklisch an. Strenge konfuzianische Gelehrte meinten, dass Tugend belohnt wird, und sprachen sich für moralische Prinzipien aus. Dennoch waren die Chinesen der Ansicht, dass Erfolg und Wohlstand von äußeren Mächten abhingen, und so waren sie an der Wahrsagerei sehr interessiert und erbaten Hilfe von Geistern oder ihren verstorbenen Ahnen.

Gottesdienst – auf Staatskosten

Da der chinesische Staat die Religion zur sozialen Kontrolle verwendete, finanzierte die Regierung öffentliche Gedenkstätten und stellte sicher, dass lokale Autoritätspersonen sie in Stand hielten. Umgekehrt garantierten diese Autoritäten, dass Opfer dargebracht und religiöse Feste abgehalten wurden, um gutes Wetter und ertragreiche Ernten zu sichern. Der T'ai-Berg im Osten Chinas war die wichtigste dieser Gedenkstätten. Dort sollten Herrscher über ihre Taten Rechenschaft ablegen.

Da man glaubte, dass der Erdgeist sowohl gut als auch böse sein konnte, musste er durch angemessene Rituale bei Laune gehalten werden. Die Chinesen waren der Ansicht, dass im Universum zwei Hauptkräfte wirkten: Yin war schwarz, kalt und weiblich; Yang war hell, warm und männlich. Die gesamte Menschheit konnte nur auf ein Gleichgewicht zwischen den beiden hoffen.

Die individuelle Seele war eher die Sorge der Asketen und Einsiedler als die des gewöhnlichen Volkes. Da die konfuzianische Gesellschaft aber sehr viel Wert auf die Familie legte, kümmerten sich die Chinesen hingebungsvoll um die Gräber ihrer Vorfahren. Am Neujahrstag zum Beispiel opferte die gesamte Familie ihren Ahnen. In den Dörfern wurde bei bestimmten Zeremonien sogar der landwirtschaftliche Ertrag den Ahnen vorgeführt, fast so, als würde man Bericht erstatten.

Zwar war der Konfuzianismus die Staatsreligion Chinas, es wurden aber auch andere Religionen toleriert. Der Taoismus aus der späten Han-Periode (206 v. bis 220 n. Chr.) zum Beispiel bot einen Lebensweg, auf dem man angeblich zur Unsterblichkeit gelangte. Im Spätmittelalter wurde aus den Taoisten aber eine strukturierte politische Kraft mit anerkannter Hierarchie.

Während der Han-Periode kam der Buddhismus über Indien nach China und wurde bald vor allem bei Soldaten sehr beliebt, da er die Verbindung zwischen individuellen und Familiengeistern schwächte. So war es egal, ob eine Person zu Hause begraben werden konnte oder nicht. Der Buddhist strebt danach, seine Seele durch Meditation, gute Arbeit und Selbstdisziplin aus dem Kreislauf der Wiedergeburten zu befreien, was ihn ins Nirwana, zur totalen Erleuchtung bringt.

Der Buddhismus teilte sich bald in zwei unterschiedliche Schulen: Die Hinayana-

義靜三藏於西天取得此

Die Seidenmalerei des 11. Jahrhunderts zeigt den Bodhisattva Fugen. Die japanisch-buddhistische Kunst dieser Zeit war eine Mischung aus japanischen, chinesischen, zentralasiatischen und nordindischen Elementen.

Schule konzentrierte sich auf klösterliche Disziplin und zeigte an einem Gott wenig Interesse; während die Mahayana-Schule sich spontane Erleuchtung durch Meditation und Fürbitten bei heiligen Bodhisattvas zum Ziel setzte. Hinayana florierte im Süden und Südosten Asiens; Mahayana schlug vor allem in Tibet, Zentralasien, China, Korea und Japan Wurzeln. Inzwischen entwickelten die Chinesen auch ein System von spirituellen Übungen, die Ch'an. Diese kannte man in Japan als Zen, eine Mischung aus buddhistischen und taoistischen Philosophien.

Die Gegner des Buddhismus

Der Buddhismus fasste auch in Korea Fuß und wurde dort, obwohl die herrschende Elite konfuzianisch war, zur dominanten Religion. Dennoch wurde im 14. Jahrhundert eine abgeänderte Art des Konfuzianismus zur Staatsreligion, vor allem unter den ersten Herrschern der Yi- oder Li-Dynastie (1392–1910). Gleichzeitig überlebte aber der eingeborene Schamanismus.

Auch in Japan verbreitete sich der Buddhismus. Dort antwortete der einheimische Shintoglaube auf diese neue Herausforderung, wurde neu gestärkt und existierte parallel zum Buddhismus. Genau genommen wurde dieser erst im 12. Jahrhundert populär, was zu einer Liberalisierung der Doktrin und der Betonung einer einzigen Gottheit, des Amida, als Seelenretters, führte. Auch wie die militärische Elite der Samurai die Zen-Meditation als Brücke zwischen den neuen, „populären" Formen des Buddhismus und orthodoxen, religiösen Strukturen über-nahm, war typisch für diese feudale Zeit.

Nach Tibet führten die Herrscher des 7. Jahrhunderts den Buddhismus ein. Mit dem Zerfall des Tibetanischen Reiches im 9. Jahrhundert verschwand er dort aber wieder. Im 10. Jahrhundert tauchte der Buddhismus erneut auf und dominierte das tägliche Leben der Tibeter. Hier verzögerten „Erleuchtete" angeblich ihre endgültige Erleuchtung zum Wohle anderer. Ein lebendes Beispiel dafür ist der Dalai-Lama.

Zwischen dem 11. und dem 15. Jahrhundert florierte in Tibet auch die Klosterkultur. Die bedeutendsten Orden waren die antiken Nyingmapas, die Sakyapas im 11. Jahrhundert, die Kargyupas ein Jahrhundert später und die Gelupas, gegründet im Jahre 1409.

Diese riesige Bronzestatue des Amida Butsu, des Großen Budda, in Kotuku-in wurde für den Samuraiführer Yoritomo 1252 hergestellt. Sie ist eines der beeindruckendsten Beispiele der religiösen Kunst der Kamakura-Periode.

Die buddhistische Kultur Zentralasiens hatte mit Tibet viel gemeinsam. Hier überlebte der Mahayana-Buddhismus gemeinsam mit dem früheren schamanischen Glauben. Letzterer dominierte vor allem die Völker des hohen Nordens, von den Wäldern Sibiriens bis zur arktischen Zone. Das Christentum fand im 13. Jahrhundert unter den türkischen Mongolen viele Anhänger, und auch der Islam verbreitete sich in Zentralasien.

Der mongolische Schamanismus hatte kein festes Dogma. Im Universum sah man eine unendliche Zahl von Geistern. Diese waren für alle Aspekte der Natur und Geographie verantwortlich, während der Tengri, der Himmelsgott, als oberster Geist alles überwachte. Tengri stand außerdem in enger Beziehung mit den Herrschern der Erde, hatte aber auf das tägliche Leben der Menschen keinen Einfluss. Für das Volk war Nachigali, die Göttin der Erde, von größerer Bedeutung. Als Abänderung des weit verbreiteten Ahnenglaubens verehrten sie das Grab des Dschingis Khans (1162–1227), da angeblich sein Geist darin hauste.

Im mongolischen Schamanismus gab es viele Götzenbilder, wie zum Beispiel die „Ongghon", die Frauen aus Seide und Filz herstellten. Diesen Ongghons bot man sogar Fleisch und Getränke an und strich ihnen damit vor dem Essen oder zu wichtigen Anlässen über den Mund.

Bild unten: Der Tempel des Silverpavillons in Ginkaku-ji ist ein typisches Beispiel dafür, wie die Chinesen versuchten, ihre religiösen Gebäude mit der umgebenden Natur in Einklang zu bringen. Er wurde in Jahr 1482 erbaut. Der Garten, von Soami entworfen, war ebenso wichtig wie das Gebäude selbst.

DAS HINDUISTISCHE SÜDOSTASIEN

Obwohl dem Hinduismus das Konzept einer Hauptgottheit zu Grunde liegt, verehren die Hindus mehrere Götter. Auch hatten sie mehr Wallfahrtsstätten als jede andere Religion, vor allem im Himalajagebirge, am Ganges und am Kap Comorin in Süden Indiens. Zu vielen dieser Plätze zog es auch die Buddhisten und die Jain. Da nur die höheren Hindukasten die Veden und andere religiöse Texte studierten, konzentrierte sich das Volk mehr auf physische Beweise einer Anwesenheit Gottes.

Die wichtigsten Pilgerzentren hatten auch freie Küchen, die den Besuchern Verpflegung anboten, und Studierplätze für religiöse Studenten. Die wichtigsten Tempel Südindiens wurden von einer vielköpfigen Mannschaft unterhalten – einer in der Chola-Hauptstadt hatte sogar vierhundert heilige Prostituierte, die ihren Körper dem Dienst des Gottes hingaben. Auch unter Wanderasketen waren religiöse Feste beliebt, um über alltägliche spirituelle Probleme zu diskutieren.

Hinduismus und Buddhismus verbreiteten sich im Süden, obwohl nur Nordvietnam den Mahayana-Buddhismus übernahm. Südvietnam, Java, Bali und die umgebenden Inseln wurden vom Hinduismus dominiert. Inzwischen breitete sich der Hinayana-

Buddhismus in Kambodscha, Thailand und Birma aus. Buddhismus wie Hinduismus mischten sich mit bestehenden Kulten; die Khmer zum Beispiel betrachteten jahrhundertelang ihre Stammesführer als Verkörperung des Gottes oder Geist der Erde, und ein Fest mit ritueller Reisverbrennung leitete sich vielleicht von einem Erntedankfest oder Opfer her.

Andererseits wurde der Hinayana-Buddhismus zunächst nur in Birma zur Religion der breiten Masse. Überall anders in Südostasien blieb er über Jahrhunderte die Glaubensform der führenden Elite.

Nach einer Zeit der buddhistischen Vorherrschaft lebte im Mittelalter in Indien der Hinduismus wieder auf. Herrscher gaben viel Geld aus, um Tempel und Kunst zu fördern und so ihre Rolle als Bindeglied zwischen Gott und der Menschheit zu demonstrieren. Die Darstellungen von Göttern und Herrschern waren manchmal offenbar austauschbar, und die Tempelkunst zeigte oft auch militärische Siege. Die Tempel selbst bestanden aus mehreren Gebäuden und entwickelten sich zu einer eigenen kleinen Stadt. Die Tempel waren in Besitz großer Ländereien und beschäftigten Tausende Landarbeiter und kauften Bauern auf, die in Schuldknechtschaft geraten waren.

Obwohl der Buddhismus auf dem indischen Festland zurückging, blieb er die vorherrschende Religion in Sri Lanka. Dort wurden Klöster oft in Königspaläste integriert, damit die Herrscher die religiöse Hierarchie leichter kontrollieren konnten.

In Südostasien hingegen hing die Religion von der religiösen Neigung der lokalen, herrschenden Dynastie ab. Diese wiederum setzte die Religion zur Sicherung ihres Einflussbereichs in entlegenen Landesteilen ein. Hier vertraten große Steinskulpturen, die Kandi, die Macht der Götter. Buddhistische Stupas wurden außerhalb der Stadt errichtet. Tempel und Stupas wurden gegen Steuerbegünstigungen von der Dorfbevölkerung erhalten. In Indochina waren die Tempelkomplexe noch weitläufiger, und im 12. Jahrhundert erstreckten sich die Tempelanlagen von Angkor in Kambodscha über ein Gebiet von 250 km². Sie sind bis heute der größte religiöse Komplex der Welt.

Die größte religiöse Veränderung brachte im Spätmittelalter der Islam nach Südostasien. Er verbreitete sich zuerst in Sumatra, dann, im 14. Jahrhundert, in Malaysia, Java und den Sulu-Inseln und bis zum 15. Jahrhundert auf den Molukken. Die Ausbreitung des Islam erfolgte jedoch durch Händler und Derwische, nicht durch Kriegszüge, und an vielen Orten überlebten Hinduismus, Buddhismus und lokale animistische Sekten.

Oben: Der vierarmige Hindugott Shiva Nataraja in einer südindischen Bronzestatue aus dem 11. Jahrhundert.

Gegenüber: Viele mittelalterliche Hindutempel waren sowohl innen als auch außen mit Statuen übersät. Manche waren höchst erotisch, wie diese Schnitzereien aus dem 11. Jahrhundert in Madhra Pradesh, Zentralindien.

10 STAATEN UND REICHE

Es ist eines der Kennzeichen der mittelalterlichen Geschichte, dass einige Teile der Welt grossen Reichen angehörten und einem weit entfernten Herrscher treu ergeben waren, während andere Teile in viele kleine, ständig wechselnde Staaten zersplittert waren. Ebenso gab es grössere, doch kurzlebige Reiche, die von Nomadenstämmen eingerichtet wurden, deren berühmtestes das Reich der Mongolen war.

KÖNIGE, KAISER UND PÄPSTE

Die christlichen Staaten am Anfang des 11. Jahrhunderts unterschieden sich sehr von denen des 9. Jahrhunderts. Die Zentralmacht war schwächer, lokale Barone besaßen mehr Autonomie und der neue Ritterstand entzog sich häufig der Kontrolle der Regierung. In den nächsten Jahrhunderten kämpften die zentralen Autoritäten darum, die Vorherrschaft zurückzugewinnen. In Frankreich, England und einigen skandinavischen Staaten hatten sie Erfolg, im vereinten Reich Deutschlands, Österreichs, der Schweiz und Italiens sowie in den umliegenden Provinzen nicht. Auch das Papsttum, als Führer der katholischen Kirche, wollte die Hegemonie erlangen, scheiterte jedoch.

An den Grenzen Europas gab es andere Prioritäten. Im heutigen Spanien und Portugal stießen einige kleine Staaten nach Süden gegen das muslimische Andalusien vor. Mitteleuropa, Polen, Böhmen und Ungarn überstanden die deutsche Expansion, indem sie deutsche politische Systeme einführten. Die skandinavischen Königreiche blieben ein armer, ignorierter Winkel der Christenheit. Die keltischen Ausläufer im Nordwesten waren noch rückständiger, obwohl sie nahe an England lagen, das nach der normannischen Eroberung 1066 eines der fortschrittlichsten Reiche wurde. Trotzdem waren die Versuche der englischen Könige, ihre Herrschaft über das schottische Hochland auszudehnen, nie wirklich erfolgreich.

In vielen Teilen Westeuropas wurde die Tradition, dass freie Männer ihre Anliegen direkt dem König vortragen konnten, im 11. und 12. Jahrhundert beibehalten. Ranghohe Fürsten galten als dem König nahezu gleichgestellt und mussten daher in allen wichtigen Fragen konsultiert werden. Auch die Städte gewannen europaweit an Reichtum und Einfluss. All diese Faktoren trugen zur Entwicklung früher parlamentarischer Systeme bei.

Parlamentarische Debatten

In England garantierte König John 1215 in der Magna Charta grundlegende politische und persönliche Freiheitsrechte, weil er Geld für die Verteidigung seiner französischen Länder gegen Frankreich benötigte. Als sich die Kirche der Weigerung der Fürsten anschloss, dem König finanziell beizustehen, musste er aristokratische Rechte zugestehen.

Die ersten Parlamente wurden von Machthabern gebildet, die Vertreter aus ihren eigenen Reihen wählten. Nachdem sich die Steuerlast auf alle Bevölkerungsschichten ausdehnte, geschah dasselbe mit der parlamentarischen Vertretung. Auf diese Weise gelangte in England das Vertretungsrecht an Landkreise und Grafschaften, nahe am gewöhnlichen Volk. In den meisten Reichen versammelten sich die Repräsentanten der sozialen Gruppen getrennt. In England wurde aus den Vertretern von Kirche und Hocharistokratie das Oberhaus, aus denen von Städten und Grafschaften das Unterhaus.

Das 14. Jahrhundert sah den Aufstieg von Politikerpersönlichkeiten wie Peter de la Mare, dem ersten „Sprecher" des Unterhauses 1376, dessen rechtliche, politische und finanzielle Kompetenz das Unterhaus effektiver machte. Doch weil es im englischen Parlament noch keine Redefreiheit gab, konnte jemand, der den Herrscher zu sehr kritisierte, schnell in Schwierigkeiten geraten. So war England weniger demokratisch als andere europäische Staaten.

Die dramatischsten politischen Entwicklungen fanden in Italien statt. Städte wie

Gegenüber: Dem eiskalten Klima in Grönland und der geringen Bevölkerungsdichte ist es zu verdanken, dass von zwei kleinen skandinavischen Siedlungen viele Relikte erhalten blieben. Hier ist ein Teil der Ruinen von Brattahlid, jener Siedlung im Süden, die von Erik dem Roten im späten 10. Jahrhundert gegründet worden war.

Triumphe und Niederlagen der Kreuzzüge blieben noch lange Zeit, nachdem die Muslime das Heilige Land zurückerobert hatten, beliebte Themen der Literatur, vor allem beim Ritterstand. Diese Illustration aus dem 14. Jahrhundert zeigt die Christen als Ritter in Rüstungen aus der Entstehungszeit dieser Abbildung, während die Muslime als Wilde mit Turban dargestellt werden.

Mailand wurden „tyrannisch" von einer Militärdynastie regiert, während andere wie Venedig Republiken wurden, in denen die Regierungskontrolle in den Händen einer Oligarchie hoch gestellter Familien lag. In Florenz wechselte die Macht zwischen mehreren reichen Familien, zu denen auch die Medici gehörten, die meistens lieber die Fäden im Hintergrund zogen, als direkt zu herrschen. Sie dominierten die Stadt zwischen 1434 und 1737.

Der Zusammenhalt der Familien war im mittelalterlichen Italien von höchster Bedeutung. Regierungen waren infolgedessen durch Fehden zwischen rivalisierenden Familien, mörderische Vendettas, Meuchelmorde und Schlägereien in den Straßen

gekennzeichnet. In Deutschland entwickelte sich die Situation etwas anders. Bis zum Ende des 15. Jahrhunderts waren die reichsten Regionen sozial und politisch zersplittert.

Alle Macht dem Volk

Auch auf lokaler Ebene änderten sich die politischen Machtverhältnisse grundlegend. Aus der alten karolingischen Miliz des 9. und 10. Jahrhunderts wurde der neue Ritterstand des 11. Jahrhunderts, der als Verbindung zwischen König und Volk fungierte. Das Volk wandte sich an die Ritter um Rat und Schutz. Dieses politische System funktionierte bemerkenswert gut, solange sich die ritterliche Elite an das alte Ideal, dem Volk zu dienen, hielt.

Im 14. Jahrhundert führten Spannungen in großen Teilen Europas jedoch zu Bauernaufständen, etwa die große Revolte von 1381 in England und die Jacquerie 1358 in Frankreich. Doch der Begriff „Bauernaufstand" könnte irreführend sein, denn es waren nicht immer „die von ganz unten", die gegen Unterdrückung revoltierten, sondern eher diejenigen, die etwas Wohlstand angehäuft hatten und nun befanden, dass sie auch etwas zu sagen haben sollten.

Abermals stellte sich die Situation in den Randgebieten der westlichen Christenheit etwas anders dar. In Schottland hielt sich als Überrest aus dem Frühmittelalter die Grafschaft Moray, die aus einem piktischen Königreich hervorgegangen war. Im weiteren Hochland dominierten Toisichs, die einem Hochkönig ergeben waren, der schließlich zum König von Schottland wurde. Die Freien setzten sich aus Großfamilien zusammen. Steuern wurden eher in Naturalien als in Geld eingehoben. Ab dem 12. Jahrhundert begann sich das alte Stammessystem zum Clansystem späterer Zeiten zu entwickeln. Tatsächlich waren die Randgebiete Schottlands die einzige Region in Europa, in der sich das Stammeswesen im Mittelalter eher verstärkte als abschwächte.

Aus völlig anderen Gründen entwickelten sich auch die lokalen politischen Strukturen in Italien sehr unterschiedlich. Die florierenden Städte drängten aus politischen, wirtschaftlichen und militärischen Motiven danach, die umliegende Landschaft zu beherrschen. So konnten sie auch ihre Nahrungsmittelversorgung absichern.

Im mittelalterlichen Europa standen mehrere Ideologien im Wettstreit. Zwischen dem 11. und 13. Jahrhundert forderte das Papsttum erfolglos sowohl religiöse als auch weltliche Vorherrschaft ein. Dies stand der

kaiserlichen Ideologie des Deutsch-Italienischen Reiches entgegen, das auf den Anstrengungen Kaiser Ottos III. beruhte. Wie Karl der Große wollte Otto III. das Römische Reich in christlicher Form wieder errichten, wobei er und seine Nachfolger alle europäischen Könige anführen sollten, als Partner des Papstes und dem byzantinischen Kaiser ebenbürtig.

Waffenbruderschaft

In der Zwischenzeit förderte die Kirche eine „Waffenbruderschaft" zwischen den Rittereliten der westlichen Christenheit, teilweise in Zusammenhang mit den militärischen Führern angrenzender, nichtchristlicher Länder. Zu dieser Zeit galt die Ritterschaft als stärkste christliche Bastion in einer schrecklichen und feindseligen Welt. Das einzigartige Wappensystem Westeuropas entwickelte sich im 12. und 13. Jahrhundert zum Unterscheidungsmerkmal dieser militärischen Elite.

Durch Wappen konnte man Individuen und Gruppen innerhalb des Ritterstandes unterscheiden, da Verwandtschaftsverhältnisse häufig nationale Grenzen überschritten. Wappen konnten politische Verbindungen und Identität ausdrücken. Die westliche Heraldik wurde schließlich zu einer Bildersprache mit strengen Regeln, in der Motive von Generation zu Generation weitergegeben wurden.

Es kam sogar vor, dass man Scherze über den eigenen Namen darstellte. Manch reiche Kaufmannsfamilie, die aus armen Verhältnissen bis in den Ritterstand aufgestiegen war, trug voll Stolz gewerbliche oder agrarische Motive auf ihrer Rüstung. Doch die Herrschaft der Wappen war nicht so universell und streng wie oft angenommen.

Zu dieser Zeit attackierte die Christenheit fast all ihre Nachbarn. Die heftigsten, wenn auch am wenigsten erfolgreichen Schlachten fanden während der Kreuzzüge im 12. und 13. Jahrhundert statt. Diese Niederlagen irritierten die Geistlichen, die dachten, dass Gott auf ihrer Seite stünde, und die Ritter, die überzeugt waren, die besten Kämpfer der Welt zu sein. Auch

Links: In diesem Rechtsbuch aus dem 13. Jahrhundert sieht man Menschen, die dem Vertreter der Stadt Steuern entrichten. Das Geld wurde gespart, für Aufrechterhaltung des Rechtssystems oder zur Verstärkung der Stadtmauern aufgewendet.

Unten: Ansicht des Hamburger Hafens aus einem Manuskript aus dem 15. Jahrhundert. Als Hansestadt wurde Hamburg sehr reich. Der Mann links ist möglicherweise ein Zollbeamter.

Diese Beschreibung der Reisen des Marco Polo aus dem 14. Jahrhundert zeigt die Brüder Polo beim Verlassen Venedigs zu ihrer langen Reise in den Osten. Marco Polos detaillierter Bericht über seine Reisen durch Asien, seinen Dienst unter Großkhan Kublai und die Rückfahrt über den Indischen Ozean wurde mit Misstrauen aufgenommen. Doch die Kaufleute in Venedig und Genua bekamen eine klarere Vorstellung von der außereuropäischen Welt als der Rest des Christentums.

wenn die Kreuzzüge heute im Westen als wichtig gelten, sieht die griechisch-orthodoxe und die islamische Welt in ihnen nur das zerstörerische Eindringen von Barbaren.

Im hohen Norden war den baltischen Kreuzzügen mehr Erfolg beschieden. Hier bekehrten Ritter, Soldaten und Kriegerpriester die Bevölkerung gewaltsam zum Christentum. In Spanien drängten „Reconquista" genannte Feldzüge südwärts, überrannten Andalusien und versuchten 1354 sogar, Nordafrika anzugreifen. Als interessantes Ergebnis davon entstanden Staaten, die von Militärorden regiert wurden. Der größte, der Deutsche Orden, beherrschte im 13. Jahrhundert den größten Teil der heutigen Länder Polen, Lettland und Estland.

Auch die Expansionsbestrebungen im Norden erlitten im Spätmittelalter einen Rückschlag. Zwei Kolonien in Grönland, die im 10. Jahrhundert gegründet worden waren, wurden 1261 Teil des norwegischen Überseeterritoriums. Ein königlicher Kommissar wurde als Regent eingesetzt. Der Handel blühte auf und es gibt sogar Hinweise auf inoffizielle Verbindungen mit Westschottland. Doch langsam veränderte sich das Klima, in Skandinavien gab es politische Unruhen und die Zusammenstöße mit den Eskimos wurden heftiger.

Die letzte offizielle Überfahrt nach Grönland fand 1410 statt und bis 1500 waren die Siedler wahrscheinlich bereits in die Gesellschaft der Eskimos integriert.

DER ZERFALL DES BYZANTINISCHEN REICHS

Das Byzantinische Reich war der östliche Teil des ehemaligen Römischen Reiches. Es hatte seit dem 7. Jahrhundert an der Grenze zur islamischen Welt existiert. Die Einwohner bezeichneten sich bis zum Fall Konstantinopels 1453 als „Römer". Im 11. Jahrhundert tauchten als neue Bedrohung die eben zum Islam konvertierten Türken auf und überrannten die östlichen Provinzen. Sie konnten erst zu Beginn des 12. Jahrhunderts teilweise zurückgeschlagen werden.

Unter dem Druck der muslimischen Türken und der katholischen Westeuropäer begann das Byzantinische Reich zu kollabieren und fiel schließlich Mitte des 15. Jahrhunderts an die Osmanen. Dabei überlebten einige orthodoxe und ostchristliche Staaten, die teilweise sogar florierten. Dazu zählten Armenien und Georgien, das seine Blüte im 13. und 14. Jahrhundert erlebte.

Die Steuern und die Armen

Innerhalb des Byzantinischen Reiches und seiner Nachfolgestaaten wurde autokratisch geherrscht. Die Besteuerung war meist sehr hoch, da man für die Aufrechterhaltung der Militärstruktur viel Geld benötigte. Teuer waren auch der traditionelle Pomp am byzantinischen Hof und die ausgefeilte, aber erfolglose Bürokratie. Byzanz hatte traditionell eine Geldwirtschaft, und der Staat besaß große Landstriche, städtische Einrichtungen, Minen und Steinbrüche.

Die größten Regierungseinkünfte stammten aus Abgaben auf Importe und Exporte, Erbschaften, Konsumgüter und Landwirtschaft, wobei das ländliche Dorf die Basiseinheit der Besteuerung darstellte. Die Nachbarn hatten die Steuern zu zahlen, wenn jemand seinen Verpflichtungen nicht nachkommen konnte. Nach der Einführung eines feudalähnlichen Systems erhielten diejenigen, die ein Lehen innehatten, das Recht, lokale Steuern einzuheben. Desgleichen hielt es die Regierung für notwendig, sich die Loyalität ihrer politischen und militärischen Anhänger mit Lehen oder Geld in alter römisch-byzantinischer Manier zu erkaufen, verstärkt noch in den zersplitterten Nachfolgestaaten vom 13. bis zum 15. Jahrhundert. Die Führer dieser kleinen Restreiche wollten auf die gleiche Weise herrschen wie ihre mächtigen Vorgänger.

Das christliche Königreich Georgien bildete die Regierung ursprünglich der byzantinischen nach, doch mit starkem persischen Einfluss. Das Ergebnis war eine hochkomplizierte Hierarchie, die unter König David dem Erbauer (1089–1125) ihre größte Pracht erreichte. Der Monarch herrschte aufgrund göttlichen Rechts. Die Zentralmacht teilten sich fünf „Wesire", oder Minister, während die Provinzen von „Eristawis", Fürsten, regiert wurden. Anderen Mitglie-

Kaiser Michael I. erklärt Leo V. 813 zum Mitregenten. Dabei werden sie auf einem Schild getragen. Auf diese Art anerkannte die byzantinische Armee ihre Führer.

Oben: Dieses Mosaik aus dem 11. Jahrhundert zeigt Maria mit Jesus zwischen dem byzantinischen Kaiser Romanos und Kaiserin Irene, deren rotes Haar auf ihre russische Abstammung verweist. Sie reicht der Jungfrau eine Schriftrolle, der Kaiser Geld. Ihre reich mit Juwelen geschmückten Roben waren typisch für einen Hof, an dem das Zermoniell eine äußerst wichtige Rolle spielte.

dern der Aristokratie wurden klangvolle Titel verlichen, etwa „Meister der königlichen Stallungen" oder „Oberster Weinverwalter". Im 12. und 13. Jahrhundert entwickelte Georgien unter dem Einfluss der Kreuzfahrer viele Merkmale des europäischen Feudalismus. Der Status des niederen Adels stieg, und die Steuerlast fiel auf die Bauernschaft, wo der freie Bauernstand zusehends schrumpfte.

Das Land der streitenden Prinzen

Angeblich diente Byzanz auch der Regierung des mittelalterlichen Russland als Modell, doch die Gegebenheiten waren so unterschiedlich, dass sich neue Strukturen bilden mussten. Das alte, vereinigte Russland rund um die Stadt Kiew war von skandinavischen Kaufleuten gegründet worden, die die Verwaltung wahrscheinlich von den Chasaren übernahmen. Im 11. Jahrhundert dehnte Kiew seine Herrschaft über weit verstreute Siedlungsgebiete aus. Dieser bemerkenswerte Staat erreichte im 12. Jahrhundert den Höhepunkt seiner Macht.

Die russischen Teilfürstentümer, einschließlich der Republik Novgorod, fielen unter mongolische Herrschaft. Doch bereits vor der mongolischen Eroberung verschob sich das Zentrum des Russischen Reiches von Kiew in Richtung Zentralrussland. Gegen Ende des 15. Jahrhunderts lag das Zentrum der Macht in Moskau.

Auch die Art, wie Russland regiert wurde, war charakteristisch. Es gab mehrere führende, doch rivalisierende Familien, die ihre Herkunft auf Rurik zurückführten, den Gründer des Reiches von Kiew. Sie agierten als Herrscher der zunehmend zersplitterten russischen Fürstentümer, wanderten dabei von Staat zu Staat oder regierten mehrere Staaten gleichzeitig. Dieses System führte zu Fehden und schließlich zum Zerfall, als die Mongolen einfielen.

Unter den Fürsten standen die Bojaren, eine aristokratische Klasse, die sich aus Stammesführern, Grundbesitzern und Militäreliten zusammensetzte. Anders als im restlichen Europa konnten die Bojaren ihre Gefolgschaft jedem beliebigen Fürsten antragen und ihr Lehen behalten, auch wenn sie sich einem Führer in einem entlegenen Teil Russlands anschlossen.

Die russische Gesellschaft war weitaus durchlässiger als die westeuropäische. Zunächst konnten sich sogar die freien Bauern ungehindert im Land bewegen. Sie konnten ihr Land ihrem Sohn vererben, waren jedoch verpflichtet, es an den Bojar zurückzugeben, wenn sie keinen Sohn hatten. Bojaren konnten ihren Besitz Söhnen und Töchtern vererben. Ein großer Teil der Bauern war bereits vor dem Einfall der Mongolen aus den südlichen Steppen nach Norden geflohen, was natürlich den Teilfürstentümern in Zentralrussland zugute kam.

In der Folge isolierte die mongolische Herrschaft die Provinz Moskau, die die Ländereien rund um Moskau im Osten Zentralrusslands umfasste, von westlichem Einfluss. Das ermöglichte Moskau, nach und nach die Kontrolle über die benachbarten Fürstentümer zu erlangen.

Im Spätmittelalter zentralisierten die Fürsten immer mehr Macht, insbesondere der Fürst von Moskau, zu Lasten der Bojaren und Stadträte. Für die ländliche Bevölkerung änderte sich dadurch zunächst nicht viel, doch als Iwan III., bekannt als Iwan der Große, in der zweiten Hälfte des 15. Jahrhunderts den Thron bestieg, glich seine Herrschaft eher der eines mongolischen Khans als der eines europäischen Fürsten.

Gegenüber: Eine planähnliche „Luftansicht" Konstantinopels, der Hauptstadt des rasch zerfallenden Byzantinischen Reiches, aus dem Jahr 1422. Die Verteidigungswälle umfassten mehrere dorfähnliche Siedlungen, zwischen denen Gemüsegärten, Felder und Brachland lagen. Die Stadt füllte sich erst nach der Eroberung durch die osmanischen Türken. Jenseits des Goldenen Horns liegt die Vorstadt Galata, die von Europäern und anderen ausländischen Kaufleuten bewohnt wurde.

EINE THEORETISCHE THEOKRATIE

Innerhalb islamischer Gebiete waren die Herrscher theoretisch Autokraten, die nach strengen Richtlinien regierten. Dies verlieh relgiösen Einrichtungen die Macht, zu beurteilen, ob deren Politik nach der Scharia rechtmäßig war oder nicht. Die Ulema, religiöse Lehrer, und die zivile Bürokratie bildeten die „Männer der Feder", die Krieger die „Männer des Schwertes".

Theoretisch konnte eine ungerechte Regierung von der Ulema abgesetzt werden, während man erpresserische Regierungen für zum Scheitern verurteilt hielt, weil sie die Menschen demotivierten und so ihre eigene finanzielle Basis untergraben würden. Tatsächlich erkannte man im Islam den Zusammenhang zwischen Reichtum, Macht und Legitimität weitaus klarer als in jeder anderen mittelalterlichen Gesellschaft. Gleichzeitig schwelte unter der Oberfläche die Gewalt als die übliche Art, innere und äußere Konflikte zu regeln.

Im 8. Jahrhundert waren die „Männer der Feder" eine ausgeprägte, hoch gebildete Klasse, die in fast allen islamischen Staaten existierte. Parallelen dazu gab es in Byzanz, nicht jedoch in Westeuropa. Bis zum 11. Jahrhundert waren die alten griechischen, aramäischen und persischen Verwaltungseliten weitgehend arabisiert worden, obwohl Nichtmoslems wie etwa die Christen im Irak, in Syrien, Ägypten und Andalusien nach wie vor eine wichtige Rolle spielten. Gemeinsam mit ihren muslimischen Kollegen bildeten sie die Katib, die „Schreiber", und unterstanden dem Wesir oder „Premierminister". Zunächst entlohnte man sie monatlich in bar, doch als die Geldwirtschaft darniederging, erhielten höhere Beamte Lehen wie sonst militärische Führer.

Zwischen dem 11. und 15. Jahrhundert gab es verschiedenste Variationen dieses Systems. So besaß im Fatimiden-Kalifat Ägypten (909–1171) der Kalif selbst seit der Herrschaft des wahrscheinlich geisteskranken Hakim zu Beginn des 11. Jahrhunderts nur noch wenig Macht. Diese lag in Händen der Wesire, die sie wiederum einer oder mehreren Abteilungen der Armee verdankten. Im letzten Jahrhundert seines Bestehens war das Fatimidenreich in Wahrheit eine Militärdiktatur. Trotzdem hatte die Regierung Landwirtschaft, Bewässerung und Handel zu überwachen sowie Ägypten zwischen 1118 und 1169 gegen insgesamt fünf Kreuzzüge zu verteidigen.

Die türkischen Variationen

Während die Fatimiden behaupteten, auf traditionelle Weise zu regieren, führten die Seldschuken und ihre Nachfolger weiter im Osten administrative Neuerungen ein. In ihren Militärstaaten war die Effizienz der Armee von höchster Bedeutung. Im türkischen Seldschukenreich (1037–1157) vererbte sich die Macht vom Vater auf den ältesten Sohn, während jüngere Brüder in den Provinzen herrschten. Der Führer wurde von Großwesiren und dem neuen Perwan, dem Kanzler, unterstützt und von seinem Diwan, oder Konzil, beraten. Diesem wiederum standen 24 Sekretäre zur Seite, die teils mit finanziellen, teils mit militärischen Fragen befasst waren.

Fast alles wurde niedergeschrieben, wobei das Papier für die wichtigsten Dokumente aus China importiert wurde. Regierungsunterlagen schrieb man auf Persisch, religiöse Texte in Arabisch; Türkisch wurde nur im Alltag verwendet. Die Verwaltungsstruktur umfasste auch eine Geheimpolizei zur Ausschaltung von Korruption innerhalb der Beamtenschaft und bildete die Basis der türkischen Nachfolgestaaten einschließlich des Osmanischen Reiches.

Charakteristisch waren Spannungen zwischen den persischen und arabischen „Männern des Schwertes" einerseits und den weniger gebildeten türkischen Militärs andererseits, obwohl man einander gegenseitig respektierte. Es war notwendig, den Staat zu verteidigen, doch gleichzeitig wussten die Soldaten, dass Handel und Gewerbe das Steueraufkommen und damit ihren Sold garantierten. Titel und Prunk waren bei den Eliten überaus beliebt – der Zeremonienmeister hatte die wichtigste Funktion bei Hof inne, auch wenn die Bedeutung des Trinkwassers ihm den Wassermeister fast gleichstellte. Danach kam der Leibarzt des Herrschers, der häufig Jude oder Christ war.

Die Ajjubiden in Ägypten und Syrien (1169–1250) behielten die fatimidische Verwaltungsstruktur bei, führten aber seldschukische Elemente ein. Das ajjubidische System wurde gegen Ende des Mittelalters von den Mameluckensultanen übernommen. Man war ständig bestrebt, die „Männer der Feder" von den „Männern des Schwertes" getrennt zu halten, und trotz des Statusverlustes der Bürokratie trugen die Schreiber in Syrien und Ägypten zur Erhaltung des Mameluckenstaates ebenso viel bei wie die Armee. Interessanterweise wurden viele Katibs aus den Nachkommen von Mameluckensoldaten rekrutiert, weil nur der ersten Generation dieser Sklaventruppen hoher militärischer Rang zugestanden wurde.

Grundsätzlich war das Osmanische Reich nach mameluckischem Modell aufgebaut, wich davon jedoch in vielerlei Hinsicht ab. In früher Zeit gab es eine Stammesverwaltung, die eher auf türkisch-mongolischem Jasa-Recht als auf der islamischen Scharia beruhte. Doch das Osmanische Reich zog Flüchtlinge vor den Mongolen ebenso an wie Überläufer und Konvertiten aus Byzanz und übernahm auf diese Weise persische und byzantinische Verwaltungskonzepte.

Der Einfluss von Byzanz verstärkte sich im 14. und 15. Jahrhundert, nachdem die Osmanen 1348 die Dardanellen überquert hatten und zur Eroberung des Balkans ansetzten. Hier schufen sie den ersten islami-

Gegenüber: Moslems wurden in mittelalterlichen Manuskripten aus Europa meist sehr ungenau dargestellt, außer in Quellen aus Spanien und Portugal. Hier waren „Mohren", oder Andalusier, und Christen unmittelbare Nachbarn. Sie verwendeten häufig dieselben Waffen und Rüstungen, obwohl sich ihre Alltagsgebräuche stark unterschieden. Diese Abbildung aus dem 13. Jahrhundert zeigt den Muwahiden-Gouverneur von Sevilla beim Abhalten eines Kriegsrates.

Unten: Auf diesem Blatt aus den Abenteuern des Abu Said, illustriert von al-Wasiti, diskutiert der Gouverneur von Maragha im Nordwesten des Iran mit seinen Beamten Probleme der lokalen Verwaltung. Die islamische Kultur war stark bürokratisiert und die Katib, die Schreiber, bildeten eine einflussreiche Gruppe.

schen Staat in Europa nach dem Niedergang des muslimischen Andalusien. Ende des 15. Jahrhunderts hatte sich das Osmanische Reich zu einem neuen, islamischen Byzanz entwickelt, das seiner Bauernschaft größere Freiheiten gewährte, neuen Ideen offen gegenüberstand und den Handel stärker förderte als das alte Byzanz.

Während dieser Zeit blieb die Organisation der westlichen islamischen Länder in Nordafrika und Andalusien viel traditioneller, wenn auch nicht unverändert. Die meisten Staaten waren nun Monarchien, wenn sich auch einige zum Kalifat ausriefen. Städte und Paläste spiegelten die Pracht ihrer Herrscher wider und beschäftigten oft eine Vielzahl an Dienern und Funktionären.

Große Landstriche wurden von lokalen Clans dominiert, die von der Regierung für ihren Militärdienst Land erhalten hatten. In anderen Fällen wurde nur ihr Besitz an dem Land, das sie bereits besaßen, offiziell anerkannt, damit es keine weiteren Probleme gab. Hier wurde die Bauernschaft in einem einfachen Feudalsystem von den Provinzeliten, an die sie Steuern zahlte, geschützt.

Dieses kleine Bild in einfachem, fatimidischem Stil ist die einzige erhaltene Wiedergabe von Saladin, dem großen Sarazenenhelden der Kreuzzüge. Salah Ad-Din, oder Saladin, war kurdischer Abstammung und wurde im arabischen Adel erzogen, während seiner Armee großteils Türken angehörten. Hier wird er als arabischer Prinz mit Turban dargestellt, der mit gekreuzten Beinen auf einem geschnitzten Podest sitzt.

Rechts: Das Weltreich Dschingis Khans im 13. Jahrhundert setzte nachfolgende Generationen in Erstaunen. Hier sieht man mongolische Krieger in Waffen und Rüstung aus dem 14. Jahrhundert.

DAS BÜROKRATISCHE IDEAL

義靜三藏於西天

Bis zum 11. Jahrhundert war die Bevölkerung Chinas stark angewachsen. Die frühmittelalterliche Militärelite hatte die Macht an die neue Bürokratenklasse abgetreten. Die Hauptquelle der Regierungsautorität bildeten detaillierte Register über Landbesitz und Einwohnerschaft, die aufgrund häufiger Volkszählungen angelegt wurden. Sie bildeten die Basis für die Steuereintreibung. Eingehoben wurden 30 Prozent der gesamten Produktion, wobei die Steuereintreiber selbst oftmals von ihren Vorgesetzten kontrolliert wurden, um Korruption und Betrug zu unterbinden.

Ab dem 10. Jahrhundert wurde die chinesische Verwaltungsform von Korea übernommen, wo man der Bürokratie Titel in chinesischem Stil verlieh und Beamte mit Geld, Land oder Reiskontingenten bezahlte. Im 10. Jahrhundert waren die zwei südlichen Hauptinseln Japans in 62 Provinzen geteilt, deren kaiserliche Verwaltung ebenfalls chinesischem Vorbild folgte.

Doch der Versuch, das komplexe chinesische Modell zu übernehmen, schlug im ökonomisch rückständigen Japan fehl. In der Folge trugen viele Leute Titel ohne reale Funktion. Tatsächlich wurden Form und Zeremonie wichtiger als effektive Verwaltung. 1185 kollabierte die Zentralmacht, der japanische Kaiserhof wurde eher übergangen als zerstört. Die Überreste der Zentralregierung fielen an die Schogune, militärische Hauptleute. Deren neue lokale Regierungen waren jedoch meist effektiver als die früheren.

Bei den türkischen Völkern Zentralasiens war die Regierung viel einfacher organisiert. Die Führerschaft ging auf den ältesten noch lebenden Bruder oder den stärksten Bruder oder Sohn über. Die Mongolen kopierten dieses System weitgehend und kamen oft zu großen Konzilen zusammen, um über ihren obersten Führer zu entscheiden. Dschingis Khan selbst wurde 1206 auf diese Weise gewählt. Er erzwang gegenüber der Idee eines mongolischen „Volkes“ ein größeres Maß an Loyalität, als es das jemals zuvor gegeben hatte.

Ihm unterstanden 95 Gouverneure, die für Rechtsprechung, Steuereintreibung und Rekrutierung zuständig waren, in einem Staat, der wie eine riesige Armee organisiert war. Bei den sibirischen Völkern im Norden blieb das alte System der durch berittene Kriegereliten gestützten Stammesführer bis in moderne Zeiten erhalten.

Die lokalen Regierungen in China waren stark mit dem Zensussystem verbunden, und die Bevölkerung wurde in Beamte und Nichtbeamte geteilt. Diese strenge Struktur sorgte für eine Art sozialer Kontrolle. Jede Familie wurde nach Besitz, Beruf und traditionellem Status kategorisiert. Aus heutiger Sicht erscheint die chinesische Verwaltung tyrannisch, die Steuern hoch und die Rekrutierung hart. Kaiserliche Edikte betra-

Tamerlan, oder Timur Lenk, hält in Balkh, im heutigen Norden Afghanistans, Hof, wie diese Abbildung aus einem persischen Epos von 1538 zeigt. Die Turbane mit roter Spitze wurden zu seiner Zeit allerdings noch nicht getragen und galten bis zur Machtergreifung der Safawiden im Iran Ende des 15. Jahrhunderts häufig als Kennzeichen der subversiven und rebellischen „Rotkopf"-Horden des Kizil Bash.

fen die Amnestie von Gefangenen, Belohnungen und Geschenke an Gemeinden oder lokale Führer und selbst Fragen des persönlichen Verhaltens. Frondienst konnte von nahezu der gesamten Bevölkerung eingefordert werden und dauerte für gewöhnliche Bauern bis zu einem Monat pro Jahr.

Auch in Korea wurden Steuern in diversen Formen, etwa als Frondienst, abgeleistet, obwohl der tief verwurzelte erbliche Status die Grundbesitzer von schwerer Arbeit befreite. Als die kaiserliche Zentralmacht in Japan zerfiel, verlagerte sich die Verwaltung auf die Sho-Anwesen, die von adligen Grundbesitzern an loyale Anhänger vergeben wurden. Dies brachte für Großgrundbesitzer eine Steuerminderung, da sich die Steuerlast nach der Größe des Landbesitzes richtete. Die Sho-Anwesen gingen jedoch nicht direkt an einen neuen Besitzer über. Vielmehr hatten verschiedene Personen unterschiedliche Rechte, das Land zu nutzen, Abgaben oder Frondienst über die ansässige Bevölkerung zu verhängen oder einen Anteil der Ernte einzufordern. Demzufolge besaß keine Privatperson tatsächlich Land, sondern nur Rechte an diversen Ländereien, die als Belohnung für Dienste zugewiesen wurden.

Clans und Vollmachten vom Himmel

Landbesitz war bei den Völkern Zentralasiens relativ bedeutungslos, während die Macht über Menschen und Herden überaus wichtig war. Basis der mongolischen Herrschaft war der Clan, der seine Abstammung von einem gemeinsamen Vorfahren ableitete. Jeder Clan wurde von einer Familie dominiert, und innerhalb eines Clans waren Eheschließungen verboten.

Die Clans gruppierten sich in Stämmen, die Teil eines „Volkes" waren. Freie konnten durch Verdienste im Kampf den Titel „Tarkhan" erwerben und in den niederen Adel aufsteigen. Mitglieder des Hochadels hießen „Noyat" oder „Noyan", wenn sie von fürstlichem Rang waren. An der Spitze stand der Khan mit seiner Familie.

Die Ideologie des chinesischen Staates beruhte auf der Annahme, dass der Herrscher sein Mandat vom Himmel erhielt und nur abgesetzt werden konnte, wenn er seine Pflichten nicht erfüllte. Auch wenn in einigen Perioden der chinesischen Geschichte große Umwälzungen stattfanden, zogen sich die Lehren des Konfuzius als roter Faden hindurch. Trotzdem versuchte die Sung-Dynastie, politische Reformen umzusetzen. Das „Memorandum der zehntausend Worte", 1058 vom großen Reformer Wang An-Shih verfasst, hatte starken Einfluss. Es handelte davon, die niederen Ränge der Administration loyal und ehrlich zu erhalten.

In Tibet glaubte man, dass die ersten Könige vom Himmel gekommen waren, wohin sie nach ihrer Herrschaft zurückkehrten. Irdischere Herrscher setzten mit dem Halbmythos Grigum Tsanpo ein, der seine Verbindung zum Himmel durchtrennt haben soll und deshalb nicht zurückkehren konnte. Im 7. und 8. Jahrhundert begann Tibet eine Phase der Expansion, die durch Kämpfe mit den Chinesen, doch gutes Auskommen mit den Moslems geprägt war.

Die Mongolen konnten kaum unterschiedlicher sein. Wahrscheinlich haben sie die Eroberung des feuchten und relativ rückständigen Europa nicht einmal angestrebt, sondern waren viel stärker an China interessiert. Sie übernahmen sehr rasch die Regierungssysteme der besetzten Völker. Zum Beispiel herrschte die mongolische Yuan-Dynastie (1257–1370) in China auf chinesische Art, während die Dynastie der Il-Khane im Iran und im Irak (1256–1349) ähnlich wie ihre arabischen, persischen und türkischen Vorgänger regierte.

Auch die meisten mongolischen Nachfolgestaaten in den zentralasiatischen Steppen wurden auf traditionell türkische Weise verwaltet. Die Fürsten in Russland wurden nicht weiter behelligt, solange sie die mongolische Herrschaft anerkannten und ihre Abgaben entrichteten.

Dieses Bild des „Welteroberers" Dschingis Khan in seinem Zelt wurde für Schah Rukh um 1435 in Herat, Afghanistan, angefertigt. Die Personen sind eher im Stil der Timuriden als in dem der Mongolen gekleidet, doch die sechs weißen Pferdeschwänze rechts im Bild waren sowohl bei den Türken als auch bei den Mongolen Zeichen eines hohen Ranges.

STAAT, KASTE UND STAMM

Im mittelalterlichen Indien galten Staatsgeschäfte als Wissenschaft. Die „Arthashastra“ umfasste Verwaltung, Ökonomie, Landwirtschaft und Kunst. Bücher lehrten die Regenten, wie sie die „sechs Feinde“ – Lust, Habgier, Stolz, Zorn, Trunksucht und Überheblichkeit – und die „vier Versuchungen“ – Jagd, Spiel, Trinken und Vielweiberei – vermeiden konnten. Diejenigen, die ein Anliegen hatten, traten vor den Palasttoren in den Hungerstreik, bis ihre Not beseitigt wurde.

Das Königtum selbst trug den Anschein der Göttlichkeit, wobei die Hauptaufgaben des Königs darin bestanden, Schuldige zu bestrafen, Feinde anzugreifen und die Landwirtschaft zu fördern. Das Reich Chola hatte Südindien im 11. Jahrhundert Stabilität gebracht. Doch den Cholas fehlte die straffe Bürokratie Chinas. So verblieb die Macht großteils in Händen aristokratischer Dynastien, da die Cholas häufig in Auseinandersetzungen mit rebellischen Vasallen verwickelt waren. Die lokale Herrschaft war in Dörfern zentralisiert, von denen die größten Steuern einheben durften, ebenso die Provinzstädte. Dort gab es Nagram-Konzile, die in vielerlei Hinsicht Kaufmannsgilden ähnelten.

In Südostasien versuchten viele Staaten, sich nach dem hinduistischen Modell des konzentrischen Universums zu arrangieren, wobei der Regent und sein Land im Zentrum lagen, umgeben von Vasallen. Viele Herrscher glichen eher glorifizierten Dorfobersten und waren im Vergleich zu anderen Führern nur Erste unter Gleichen. Ihre Königreiche hatten selten fixierte Grenzen.

Dem Herrscher assistierten professionelle Beamte, die aus einem Adel von Priesterfamilien hervorgingen. Sie verwalteten die Zentralregionen, während der Regent als Verbindung zwischen Volk und Himmel fungierte. In Indonesien war die Priesterkaste kraft der Macht einer Statue oder eines Götzenbildes Vermittler zwischen Herrscher und Göttern, was ein Überrest der früheren Ahnenverehrung gewesen sein dürfte. Regenten schenkten Tempeln und Klöstern Land, um ihr spirituelles Wohlergehen und das ihrer Untertanen zu sichern.

Die meisten südostasiatischen Königreiche lagen an Flüssen und konnten sich nur selten weit ins Landesinnere ausdehnen. Die detailliertesten Informationen liegen über das Königreich Majapahit auf Java vor, das niemals eine vollständig zentralisierte Verwaltung besaß. Die Randgebiete wurden von Gouverneuren aus der führenden Familie auf

dieselbe Weise regiert, wie das der König in der Zentralregion tat. Hochadel, Priester und Militärkommandanten bekamen neu erworbene Territorien zugewiesen, die sie entwickeln und kolonialisieren sollten. Daraus entstanden häufig Vasallenstaaten oder autonome Reiche. Der Regent belohnte auch Einzelpersonen und Dörfer mit Land. So wurde das Konzept des Privateigentums in einem Gebiet eingeführt, in dem Land vorher Kommunalbesitz war.

Im buddhistischen Staat Khmer in Kambodscha wurden die Regenten stets aus der Priesterkaste gewählt, obgleich ihre Macht von den Aristokratenfamilien abhing. Der König war eine fast gottgleiche Figur, die ihre Hauptstadt nur auf dem Rücken eines Elefanten mit vergoldeten Stoßzähnen verließ, begleitet von Kavallerie, Priestern, Musikkapellen und Hofdamen. Alle Zuseher berührten mit der Stirn den Boden, wenn er vorüberzog. Hohe religiöse Posten waren alteingesessenen Priesterfamilien vorbehalten und wurden üblicherweise über die weibliche Linie vererbt. Die hohen Ausgaben für Tempelbau und Hofzeremoniell mögen zum Niedergang der hinduistischen und buddhistischen Staaten Südostasiens im 13. Jahrhundert beigetragen haben. Einige gerieten unter mongolische Vorherrschaft. Nur das östliche Java florierte weiterhin.

Die nach chinesischem Vorbild aufgebaute Administration des mittelalterlichen Vietnam unterschied sich von der seiner südostasiatischen Nachbarn. Weiter im Osten gerieten möglicherweise einige philippinische Inseln im 14. und 15. Jahrhundert unter die schwache Oberhoheit des Java-Reiches Majapahit. Auch die Chinesen erheben den Anspruch, hier während der Ming-Periode (1368–1644) herrschaftliche Rechte ausgeübt zu haben. Nach einigen Kämpfen mit den Mongolen blieb Burma größtenteils sich selbst überlassen. Doch auch dieses Reich war zu Ende des Mittelalters im Niedergang begriffen.

Oben: Indien war im Mittelalter ein Land mit mächtigen Festungen, wie etwa Jaisalmer in Rajasthan. Sie war ein wichtiges Widerstandszentrum gegen die muslimischen Eroberer, fiel jedoch schließlich in deren Hände. Diese Festung war aus Stein erbaut, doch in anderen Teilen Indiens bestanden sie aus Lehmziegeln, Erde und Holz.

Gegenüber: Unter den wenig bekannten Malereien von Nam Giang in Nordvietnam aus dem 14. und 15. Jahrhundert findet sich auch diese Abbildung „Fremder Länder“. Sie zeigt eine Prozession von Vertretern verschiedener Länder, die in der jeweiligen Landestracht gekleidet sind.

11 ENTLEGENE WELTEN

Mittelalterliche Kulturen ignorierten einander nicht in dem Ausmass, wie häufig angenommen wird. Skandinavische Siedler lebten in Grönland und trieben mit den Eskimos Handel. Auch zwischen Alaska und Ostsibirien gab es starke Verbindungen. Sogar die beiden Amerika und Australien haben vorsichtigen Kontakt zu den Nachbarkontinenten aufgenommen. Indonesische Fischer und Händler dürften bis nach Australien vorgedrungen sein.

EINE SEHR VIELFÄLTIGE WELT

Das Mittelalter wurde manchmal als „Welt der getrennten Regionen" bezeichnet, was suggeriert, dass Teile der Welt damals stärker voneinander isoliert waren als in früheren oder späteren Jahrhunderten. Das ist falsch, auch wenn einige Kulturen mehr oder weniger getrennt von ihren Nachbarn lebten.

In Afrika war Äthopien das am höchsten entwickelte Land südlich der Sahara. Die Christianisierung im 4. Jahrhundert bildete die Grundlage seiner Identität im Verhältnis zu Muslimen im Norden und Ureinwohnern im Süden. Alle Männer, einschließlich der Priester, waren verpflichtet zu heiraten, außer sie wurden Mönche. Mädchen wurden ab einem Alter von zwölf Jahren verheiratet. Man erwartete, dass sie sich ihrem Bräutigam in der Hochzeitsnacht widersetzten. Dessen Freunde wiederum halfen ihm, ihren Widerstand zu brechen. Wenn sich ein Mann Konkubinen nahm, musste er zuvor die Zustimmung seiner Frau einholen.

Auch das mittelalterliche Abessinien war durch religiöse Vereine geprägt, wobei Frauen eigene Vereinigungen hatten. Tatsächlich dürften diese Verbindungen aber eher sozialen als religiösen Charakter gehabt haben.

Über die Kulturen in Amerika ist viel bekannt. Um 1000 n. Chr. bestanden Eskimolager aus tief liegenden, gut isolierten Mehrfamilienhäusern. Der Walfang, bei dem Hundeschlitten und Kajaks eingesetzt wurden, war ein wichtiger Teil ihrer Kultur. Bei einigen Völkern im Norden und im Zentrum Nordamerikas dürfte die Erbfolge matrilinear gewesen sein, wobei ein Häuptling vier sozialen Klassen vorstand. Die Elite wurde häufig in Holzsärgen auf Grabhügeln bestattet und dort belassen, bis nur die Knochen übrig waren, worauf eine zweite, aufwendige Begräbniszeremonie stattfand.

Die Kulturen im Südwesten der USA waren von den hoch entwickelten Völkern Mittelamerikas beeinflusst. Im 12. Jahrhundert waren die meisten in landwirtschaftlich genutzten Flusstälern angesiedelt, wo die Pueblos in befestigten Dörfern lebten. Zentral- und südamerikanische Kulturen waren für Pomp und große Zeremonien bekannt. Die Religion war diesen kriegerischen Völkern sehr wichtig. Selbst ein Ballspiel auf einem Steinplatz war wohl religiöser Natur.

Die Polynesier auf den pazifischen Inseln bauten ihre Häuser aus Holz; mangels Bauholz verwendeten die Bewohner der Osterinseln jedoch Stein. Ihre Werkzeuge zeugen von den verfügbaren Materialien; dazu gehören Fischerhaken und Kokosnussschäler aus Muschelschalen. Sie ernährten sich von Fisch, Schwein, Huhn und Hund. Die Süßkartoffeln auf ihrem Speiseplan belegen eine Verbindung zu Südamerika.

Die Aborigines in Australien lebten nicht unverändert auf steinzeitliche Weise, sondern passten sich veränderten Gegebenheiten an. Zum Beispiel verlor die Steinbearbeitungstechnik vom 1. bis zum 19. Jahrhundert ständig an Bedeutung. Häufige Dürreperioden führten zur vorübergehenden Evakuierung weiter Landstriche, wobei man das Land abbrannte, um das Wachstum essbarer Wurzeln zu fördern. Stammesmitglieder galten als Familienangehörige, wobei grundsätzlich Polygamie herrschte. Familienverbände waren selbstversorgende Einheiten mit strenger Arbeitsteilung zwischen den Geschlechtern.

Gegenüber: Die berühmten Bronzestatuen und -köpfe der Benin in Westafrika findet man ab dem Spätmittelalter, doch einige der schönsten Stücke stammen erst aus dem 16. Jahrhundert. Hier wird ein Porträt von Idia gezeigt, die Benin gegen die Igala mit magischen Kräften unterstützte.

Unten: Diese Abbildung zeigt eine Hochzeitszeremonie zwischen einem Paar edler Abstammung. Die Namen sind durch Zeichen oberhalb der Köpfe dargestellt. Den verheirateten Status der Frau erkennt man an ihrem geflochtenen Haarschmuck. Die kleinen Fußabdrücke, die in der Mitte nach oben verlaufen, verweisen auf ihre zukünftigen Kinder.

VERGESSENES ABESSINIEN

Madonna mit Kind auf einer Wandmalerei in der Felsenkirche von Abune Yemata in Äthiopien aus dem 15. Jahrhundert. Die äthiopische Kunst entsprang der koptischen Kunst Ägyptens und der anderer Sekten im Mittleren Osten.

Zwischen Äthiopien und den Kopten in Ägypten gab es starke kulturelle Verbindungen und nur der Fall des christlichen Königreiches Nubien schnitt Äthiopien im Spätmittelalter vom Rest des Christentums ab. Während des Mittelalters spielten die Dabtaras, die „gelehrten Männer", in der äthiopischen Kultur eine wichtige Rolle als Kopisten von Schriftstücken, Lehrer, Schreiber, Musiker, Chorsänger und liturgische Tänzer. Die Äthiopier verfassten auch Heiligenbiografien, Königschroniken, religiöse Poesie, Kriegslieder und Verse zu Ehren ihrer Führer.

Vieles wurde aus dem Griechischen und Arabischen übersetzt, auch die „Kebra Nagast", die „Glorie der Könige", die zum Nationalepos wurde und die Geschichte zur Zeit Meneliks erzählte, der wahrscheinlich der Sohn der Königin von Saba und König Salomons war und den man für den Urahn der äthiopischen Herrscher hielt.

Äthiopische Kirchenmusik wurde, wie koptische und armenische Musik, in pentatonischen Tonleitern gesungen, und die wandernden Sänger waren für ihre frevelhaften Satiren über aktuelle Regenten bekannt. Die stilisierten und farbenprächtigen Bibelillustrationen aus Äthiopien erinnern an die christliche Kunst im Mittleren Osten.

Entlang der ostafrikanischen Küste entstand aus der Vermischung von bantu-afrikanischen und arabisch-islamischen Elementen eine neue Suaheli-Kultur, doch die muslimische Kultur drang nicht weit ins Landesinnere vor. In Westafrika breitete der Islam sich südlich der Sahara aus, wo Mali und Timbuktu im 14. Jahrhundert zu gelehrten Zentren wurden. Die Waldstaaten zwischen Grasland und Küste brachten die Kunst der Metallbearbeitung und Keramik auf höchstes Niveau, wie die berühmten

Bronzestatuen aus Benin beweisen. In Südafrika entwickelten sich im Mittelalter viele Kulturen, von deren Kunst nur wenig erhalten ist, weil sie vergängliche Materialien verwendeten. Doch man fand Höhlenmalereien, die der Felskunst in der Sahara ähneln.

Eine Kultur der Städte

Die natürlichen Ressourcen an Land und Meer entlang der nordwestlichen Pazifikküste Nordamerikas führten zur Entwicklung reicher Kulturen, doch auch hier bestanden die meisten Kunstwerke aus vergänglichem Holz. Die Pueblo-Kulturen im trockenen Südwesten wurden von denen in Mittelamerika beeinflusst, von wo sie auch die Kupferbearbeitung übernahmen.

In Lateinamerika schufen die Maya eine Zivilisation, die auf Städten rund um zeremonielle Architekturkomplexe basierte. Die Blütezeit der Mayakultur endete im 10. Jahrhundert, doch auch weiterhin fertigten sie Holzschnitzereien, Steinarbeiten, Wandmalereien, Stuck und Keramik von höchstem Niveau an. Sie waren auch die einzige Kultur mit einer Schrift im vorkolumbianischen Amerika. Im Spätmittelalter herrschten in Mexiko die kriegerischen Azteken, die vieles von ihrer Kultur den Maya verdanken.

Die Azteken ließen untergebene Stämme Leder-, Keramik-, Mosaik- und Goldschmiedearbeiten anfertigen. Zur gleichen Zeit dürften die Kulturen in den Anden, etwa die Inka, weniger an künstlerischem Schaffen interessiert gewesen sein. In jüngster Zeit wurden Artefakte, darunter Keramikbehälter in Menschenform, einer unbekannten, doch bemerkenswerten mittelalterlichen Kultur im Amazonasbecken entdeckt.

Die Polynesier bewahrten eine kulturelle Homogenität, weil sie sich wahrscheinlich erst relativ spät über den Pazifik ausgebreitet haben. Doch aus unbekannten Gründen gaben sie die Keramik um 1000 n. Chr. auf, während die Metallkunst nicht über Neuguinea hinauskam. Die größten Unterschiede zur polynesischen Kultur gab es in Neuseeland, wo die Maori sich an die größere Landmasse und das gemäßigtere Klima anpassten.

Weitere Variationen fand man auf den Osterinseln, die nicht nur kälter, sondern auch isolierter waren. Hier gibt eine Serie großer Statuen der Kunstgeschichte bis heute Rätsel auf. Ihre Produktion wurde um 1600, wahrscheinlich aufgrund von Nahrungs- und Baustoffmangel, eingestellt.

Diese mittelalterliche Keramik aus Kolumbien zeigt einen Mann, der eine Art Panflöte spielt. Über die kolumbianischen Kulturen im Mittelalter ist relativ wenig bekannt, doch es gab klarerweise Gemeinsamkeiten mit den Maya in Mittelamerika und den Inka in den Anden weiter im Süden.

KIRCHEN AUS DEM NACKTEN FELS

Die Kirche von St. Georg in Lalibela, Äthopien, ist eine der berühmtesten jener Kirchen, die im 13. oder 14. Jahrhundert aus dem nackten Fels gehauen wurden. Äußere und innere Gestaltung spiegeln die Baukunst des koptischen Ägypten, des Jemen und sogar Indiens wider.

Die Felsenkirchen von Lalibela, der neuen Hauptstadt Äthiopiens im 12. Jahrhundert, sind nach wie vor eines der Wunder der Architektur. Aus großen Felsen gehauen, erinnern die frei stehenden Kirchen dennoch an die koptische Architektur. Die abessinische Baukunst entwickelte sich jedoch aus der des Jemen, wobei für die wichtigsten Gebäude die antike arabische Technik von Holz und Stein in Lehmmörtel verwendet wurde.

Eine weitere Form urtümlicher Baukunst entstand an der ostafrikanischen Küste, wo Moscheen und Paläste aus strahlend weißen Korallen erbaut wurden. Die massiven Steinanlagen von Groß-Zimbabwe unterschieden sich davon stark. Sie stammen aus dem 10. bis 15. Jahrhundert. Die meisten wurden rund um Granitblöcke erbaut, auf die man rituelle Monolithen setzte.

Die Architektur des vorkolumbianischen Amerika reichte von den vergänglichen Bauten nomadischer Völker bis zu den hohen Lehmziegelfestungen der Anasazi-Pueblo-Kultur. Viele der kunstvollen Steintempel der zentralamerikanischen Völker standen innerhalb weitläufiger Städte. Nur wenige Jahrzehnte vor der Ankunft der spanischen Invasoren erbauten die Inka ihre prächtige neue Hauptstadt Cuzco. Sie umfasste eine Innenstadt mit steinernen Palästen für den Adel, die Beamten und die Gelehrten, die von einem Straßennetz umgeben war, das die Form einer Katze hatte. Im Zentrum lag das Heiligtum, das für die Inka das Zentrum der Welt darstellte.

Es überrascht kaum, dass sich die Architektur auf den Pazifikinseln nicht so hoch entwickelte. Die Polynesier bauten als Teil ihrer Tempel charakteristische gepflasterte Podien und Höfe, die fast überall als „marae", in Hawaii als „heiau" und auf den Osterinseln als „ahu" bekannt sind. Hier errichteten die Bewohner der Osterinseln ihre erstaunlichen Steinkopfstatuen.

Die Maoris in Neuseeland trugen ihren Teil zur Baukunst in Form von Pa-Festungen bei, die durch Gräben und Palisaden geschützt wurden. Sonst scheint es nirgendwo in der polynesischen Kultur Befestigungsanlagen gegeben zu haben.

BAUERN, JÄGER UND SAMMLER

Eines der Charakteristika in Amerika, auf den pazifischen Inseln und in Australien im Mittelalter war die Vielfalt des ländlichen Lebens. In Äthiopien lebte die Bevölkerung eher weit verstreut auf isolierten Gehöften als in Dörfern. Wegen der saisonalen Überschwemmungen lagen die meisten Ansiedlungen auf Anhöhen, auf einer Seite der Schluchten, die die Hochebene durchzogen, oder auf einem Vorsprung in der Schlucht, während das Plateau großteils den halbnomadischen Hirtenvölkern überlassen blieb.

Feiern und Fasten

Überall kennzeichneten Feste und Fasttage die Jahreszeiten, und die Menschen fasteten Mittwoch und Freitag Vormittag. Der äthiopische Neujahrstag lag im September und markierte das Ende der Regenzeit, wenn das Land mit Blumen bedeckt war. Es wurde vom Masqal-Fest gefolgt, einem Fest der allgemeinen Belustigungen, bei dem Krieger mit Schlachtengesängen prahlten und eine Form von Hockey gespielt wurde. Bei einem anderen Spiel namens Guks verfolgten einander zwei Reiter, von denen der vordere seinen Schild am ausgestreckten Arm trug, den der andere mit einem stumpfen Speer zu treffen versuchte.

In den vorislamischen Gebieten Westafrikas pflanzte man Mohrenhirse, Weizen, Gemüse und Baumwolle. Man hielt Kamele, Rinder, Schafe, Ziegen und Pferde. Weiter im Süden herrschte Viehzucht vor, und die Völker zogen je nach Jahreszeit zu hoch oder tief liegenden Weiden. In Ostafrika beschränkte sich die Landwirtschaft auf den Küstenstreifen, wo Bananen, Kokosnüsse und Zuckerrohr aus Südostasien kultiviert wurden. Vor der Expansion der Eisen verarbeitenden Bantu aus dem Norden bewohnten Hottentotten und Buschmänner große Teile Südafrikas, während die vielen unwirtlichen Gegenden menschenleer blieben.

Viele essbare Pflanzen, wie Kartoffeln, Mais und Paprika, waren im Mittelalter noch auf die Neue Welt beschränkt. Die Eskimos im hohen Norden waren vornehmlich Walfänger. Die Völker an der nordpazifischen Küste jagten Wale, Seelöwen und Otter, sammelten aber auch Schalentiere und fischten Lachs. Im 9. Jahrhundert ersetzte der Bogen den Speer bei den Völkern im Osten und im Zentrum Nordamerikas, zu denen nomadische Stämme ebenso zählten wie Bauerndörfer. Im Südwesten überlebten

Ein Maispflanzenmodell aus Silber. Viele vorkolumbianischen Kulturen in Amerika basierten auf dem Anbau von Mais als Grundnahrungsmittel. Diese Pflanze war so wichtig, dass ihr auch heilige Eigenschaften zugeschrieben wurden. Außerdem wurde aus Mais eine Biersorte, das so genannte „Chicha", hergestellt, das bei religiösen Festen in großen Mengen getrunken wurde. Dieses Objekt stammt aus der Inkakultur in Südamerika und datiert aus dem späten 15. oder frühen 16. Jahrhundert.

Jäger und Sammler neben landwirtschaftlichen Kulturen, denen die Bewässerung den Anbau von Mais, Kürbis, Baumwolle und vielleicht Tabak ermöglichte.

Der Ackerbau bildete die Basis der großen Kulturen in Mittel- und Südamerika. Bei den Inka wurden zwei Drittel der gesamten landwirtschaftlichen Produktion als Steuer einbehalten. Bis vor kurzem glaubte man, dass im Amazonasbecken Jagen, Sammeln und Rodungsackerbau vorherrschten. Doch nun wurden Hinweise auf intensive Landwirtschaft gefunden. Ein kürzlich ausgegrabenes Dorf an der Amazonasmündung, das seine Blütezeit zwischen dem 5. und dem 12. Jahrhundert erlebte, war von einem großen, ovalen Erdwall umgeben. Dieser umfasste Häuser, in denen Frauen und Männer getrennt lebten, und ein zeremonielles Podest. Der Großteil des Ackerbaus war Aufgabe der Frauen.

Die rasche Kolonialisierung der Pazifikinseln im Mittelalter brachte neue essbare Pflanzen, ummauerte Felder, Terrassen und Bewässerung auf einige Inseln. In Neuseeland hatte die reichhaltige Flora und Fauna den Ackerbau fast überflüssig gemacht, doch nach der Ausrottung einiger Spezies durch die Jagd wurden die Maori auf der Nordinsel im 12. Jahrhundert von der Landwirtschaft abhängig. Die Südinsel liefert das seltene Beispiel eines Bauernvolkes, das seine Ackerbaukultur im Mittelalter zugunsten einer Rückkehr in die Lebensweise als Jäger und Sammler aufgegeben hat.

Auch die australischen Aborigines waren eine nomadische Kultur aus Jägern und Sammlern. Größere Gruppen teilten sich in schlechten Zeiten auf, kamen in guten aber wieder zusammen. Es gibt Hinweise aus dem Südosten, dass Erträge bei jährlichen Großfamilientreffen verwertet wurden.

Diese Pfeife aus Stein hat die Form eines Mannes, der Mais in einem Mörser zerstößt. Sie stammt aus Oklahoma und wurde um 1200 von der „Südkult-Kultur“ im Mississippibecken hergestellt. Eine derart fein gearbeitete Pfeife wurde wahrscheinlich für das zeremonielle Rauchen von Tabak verwendet, das bei den Völkern im antiken und mittelalterlichen Amerika einen religiösen Akt darstellte.

VERBINDUNG VERLORENER WELTEN

Obwohl Äthiopien nicht urbanisiert war, gab es kleine Städte und der Handel blühte. Die Importe umfassten Luxusgüter ebenso wie lebenswichtiges Salz aus den benachbarten Wüsten. Die Zentren an der Küste exportierten Mangrovenhölzer und dienten als Umschlagplatz für Eisen und Elfenbein aus dem Landesinneren.

Der Handel zwischen Ostafrika, Mittlerem Osten, Indien und Indonesien hatte seit Hunderten von Jahren existiert, doch nach der Eroberung Indiens durch die Moslems expandierte er. Trotz kultureller Differenzen waren die Küste und das Landesinnere ökonomisch voneinander abhängig. Die am dichtesten besiedelten Gebiete lagen rund um die Vorkommen an Eisen und Gold, die bis nach Indien exportiert wurden. Umgekehrt importierten die herrschenden Eliten islamische und chinesische Luxusgüter.

Auch Westafrika erlebte im Mittelalter einen Aufschwung des Handels mit Nord-

Aus dem vorkolumbianischen Mittelamerika sind nicht viele Manuskripte erhalten. Diese Bilder im Mixtec-Stil aus Mexiko wurden auf Rehleder gemalt und zeigen oben Yacatechuhtli, „Prinz Nase“, den Schutzpatron der Händler. Auf seinem Rücken trägt er eine Kreuzung mit den Fußabdrücken von Kaufleuten.

Der so genannte „Klippenpalast“ in Mesa Verde, Colorado, USA. Er ist eine der prächtigsten Felsensiedlungen und wurde von der „Korbflechter“-Kultur sowie der nachfolgenden Pueblo-Kultur erbaut. Dieser Ort war im 11. und 12. Jahrhundert eines der kulturellen Hauptzentren dieses Teils Amerikas. Er umfasste über 200 Räume und 23 kreisrunde Zeremonienkammern.

afrika und Ägypten. Es exportierte Sklaven, Gold, Elfenbein und Pelze und importierte Pferde, Luxusgüter und Salz von Oasen in der zentralen Sahara. Daher waren in Westafrika bis zur Ankunft der europäischen Sklavenhändler islamische Gewichte und Maße in Gebrauch. Der afrikanische Binnenhandel umfasste vor allem Eisenerz, getrockneten Fisch und Getreide. Die Wälder produzierten auch Eisen, Elfenbein, Ebenholz und Brennholz für die Metallverarbeitung.

Diese komplexe Situation förderte die Entstehung urbanisierter Staaten, von denen Ghana in vorislamischer Zeit der wichtigste war. Seine Hauptstadt war geteilt in den herrschaftlichen Palast, das Viertel für ausländische Händler und das Viertel der Einheimischen. Der florierende Handel über die Sahara hinweg stimulierte auch die Städtebildung in den bewaldeten Gebieten. Dort erblühte die Kultur der Benin zwischen dem 14. und 19. Jahrhundert aufgrund des Sklavenhandels.

Im 8. Jahrhundert existierten im Mississippibecken in Nordamerika kleine Städte, in denen die Häuser der Elite um einen offenen Platz innerhalb einer Palisade gruppiert waren. Größere Langhäuser, vielleicht für gewöhnliche Leute, hatten Lehmputzwände und Strohdächer. Einige der Pueblo-Kulturen im Südwesten der USA trieben intensiven Handel mit Mexiko. Hier bildeten die großen Städte der Maya, umgeben von weitläufigen Vorstädten, mit bis zu 5000 Einwohnern administrative Zentren.

Auch andere Kulturen in Südamerika entwickelten umfassende Handelsbeziehungen und große urbane Zentren. Chan Chan etwa, die Hauptstadt des Chima-Reiches, lag direkt an der Pazifikküste. Um ihr wachsendes Imperium zu kontrollieren, erbauten die Inka neue Städte, wie Machu Picchu in den Anden, das von strohgedeckten Häusern auf Terrassen umgeben war. In diesen Städten waren auch Manufakturen angesiedelt. Das Kommunikationssystem der Inka bestand aus Lamakarawanen und Trägern, die die Städte mit Lebensmitteln versorgten.

Navigationstalente

Um 1000 n. Chr. bewohnten die Polynesier ein ausgedehntes Inselgebiet im Pazifik, wobei die Inseln weniger als ein Prozent der gesamten Fläche ausmachten. Die Ausbreitung erfolgte wohl überlegt mit Kanus, in denen Männer, Frauen, Vieh und Samen befördert wurden. Tatsächlich waren die Polynesier die besten Navigatoren der Geschichte. Angesichts des reichen maritimen Erbes Südostasiens verwundert es nicht, dass die Indonesier Australien lang vor den Europäern erreichten. Timor ist weniger als 500 Meilen entfernt, und in den Frühzeiten moderner Segelkunst reisten Seeleute von weit her an, um hier Seegurken zu ernten.

Es gibt Hinweise auf enge Handelsbeziehungen zwischen Java und Nordaustralien bis zum 12. Jahrhundert. Andere Belege deuten auf die Ankunft chinesischer Entdecker in Nordaustralien im 15. Jahrhundert hin. Der Hauptbeweis für Handel oder Austausch bereits vor der Ankunft der Europäer sind Kultgegenstände, vor allem verzierte Muscheln, die auf der australischen Landmasse gefunden wurden.

TECHNOLOGIE OHNE THEORIE

Es ist so wenig über das wissenschaftliche und medizinische Wissen Afrikas, Amerikas, Polynesiens und Australiens im Mittelalter bekannt, dass man oft annimmt, diese Völker hätten keine Wissenschaft gehabt und ihre medizinischen Kenntnisse wären kaum der Rede wert. Heute steigt die Anerkennung der alternativen Medizin und setzt das, was früher für primitiven Aberglauben gehalten wurde, in ein neues Licht.

In Äthiopien waren die „Dabtaras" oder Schreiber oft Experten für Kräuterkunde. Ähnliche Fachleute gab es in allen afrikanischen Kulturen. Die traditionellen Arzneien wurden noch immer eingesetzt, als die europäischen Missionare im 19. und 20. Jahrhundert eintrafen, genau zu der Zeit, als die Arroganz der westlichen Wissenschaft gegenüber den „primitiven" Kenntnissen der Ureinwohner ihren Höhepunkt erreichte.

Frühere europäische Reisende lieferten ein vorurteilsfreieres Bild. Die Mandingos in Westafrika etwa, so wurde berichtet, hätten großes Interesse an den Mondphasen, die die Jahreszeiten markierten und starken Einfluss auf das Alltagsleben hätten, maßen den Sternen jedoch weniger Bedeutung bei. Obwohl man auch Amulette zum Heilen verwendete, inhalierte man auch Kräuteraufgüsse gegen Fieber und nahm gegen Ruhr eine pulverisierte Baumrinde ein. Die Buschmänner aus der Kalahari verwendeten die Kiefer großer, Fleisch fressender Ameisen zum Verschließen von Wunden, indem sie die Körper der Ameisen abtrennten und die Kiefer als Wundverschluss im Fleisch beließen.

Die Maya in Lateinamerika besaßen eine bemerkenswerte Steinbearbeitungstechnik, sind jedoch vor allem für ihre erstaunlichen astronomischen Beobachtungen berühmt. Diesen lag ein Zahlensystem zugrunde, das auf der Zahl 20 basierte, nicht auf 10, wie in den meisten anderen Teilen der Welt. Aus bis heute unklaren Gründen bezogen sich ihre daraus folgenden kalendarischen Berechnungen auf den 3. August 3114 v. Chr. So konnten die Maya-Priester extrem präzise Angaben über geeignete Tage für Rituale oder religiöse Zeremonien machen. Man glaubte, dass diese Tage unter dem Schutz eines bestimmten Gottes stünden.

„Quipu" war eine Abfolge geknoteter Schnüre, die als Code oder Protokollierungssystem diente. Mittels solcher Objekte führten die Beamten des Inka-Reiches in Südamerika Aufzeichnungen über die Anzahl der als Transporttiere benötigten Lamas oder die Erntemenge einer bestimmten Provinz.

CHRISTLICHES HOCHLAND UND HEIDNISCHE INSELN

Eine der erstaunlichen Maui-Statuen auf den Osterinseln im Südostpazifik. Sie sind einzigartig und entstanden alle innerhalb einer relativ kurzen Periode. Sehr plötzlich wurde die Arbeit an ihnen eingestellt, vielleicht, weil den Inselbewohnern Baumaterial und Lebensmittel ausgingen.

Die äthiopische Kirche war ein Ableger der koptischen Kirche in Ägypten. Der „Abuna", ihr Bischof, wurde vom Partriarchen von Alexandria ausgewählt. Jede ländliche Kirche betreute etwa 1000 Einwohner, und die Klöster waren lose Verbände, ähnlich den ersten christlichen Zufluchtsstätten in Ägypten. Eremiten lebten völlig isoliert und ernährten sich von Wurzeln und Kräutern. Die Gerichtsbarkeit fand unter freiem Himmel statt. Ankläger und Angeklagter setzten als Pfand Geldsummen ein. Dann folgte ein ritualisiertes Frage-Antwort-Spiel, während der Richter dazwischen saß. Es gab Prügelstrafe, Gefängnis oder Geldbußen. Ein Schuldner konnte an seinen Gläubiger gefesselt werden, bis er seine Schuld abgedient hatte. In den vorislamischen Staaten südlich der Sahara hatten Könige einen gottähnlichen Status. Ihre Begräbnisse wurden oft von Menschenopfern begleitet. Die Ahnenverehrung spielte hier und in großen Teilen Südafrikas eine wichtige Rolle.

Götter und Menschenherzen

Die religiösen Praktiken im vorkolumbianischen Amerika dürften die blutrünstigsten Rituale der Geschichte gewesen sein. Menschenopfer waren bei Maya und Azteken extrem wichtig, weil man glaubte, dass man das Ende der Welt aufschieben könnte, indem man die Götter mit menschlichen Herzen fütterte. Während eines viertägigen Rituals wurden 20.000 Unglückliche abgeschlachtet. Über den Glauben in Südamerika ist weniger bekannt. In den Anden wurde seit dem 11. Jahrhundert ein Schöpfergott verehrt. Der Inkakönig galt als Nachfahre der Sonne, während das gewöhnliche Volk Geister und heilige Steine anbetete.

Auf den Pazifikinseln symbolisierten Statuen möglicherweise verschiedene Gottheiten. Religiöse Rituale fanden auf den gepflasterten Arealen statt, die so typisch für die polynesische Kultur waren. Die Ureinwohner Australiens glaubten, dass Ahnenwesen in einer antiken Traumzeit die natürlichen Ressourcen der Welt erschaffen hätten. Diese wurden durch ein komplexes System von Tabus und Essverboten geschützt.

VERLORENE REICHE

Die Verwaltungssysteme einiger Staaten südlich der Sahara waren teils einheimischen Ursprungs, teils von Ägypten, dem Sudan und Nubien beeinflusst. Durch die Ausbreitung des Islam wurden ihre Armeen den nordafrikanischen ähnlicher. Innerhalb des Waldgürtels entstanden infolge veränderter Handelsstrukturen zwischen den Staaten südlich der Sahara und der moslemischen Welt neue Reiche. Doch hier blieb der islamische Einfluss auf Verwaltung und Militär gering. In Ostafrika war Groß-Zimbabwe die größte von mehreren Hauptstädten, die etwa 70 km voneinander entfernt lagen.

Im 15. Jahrhundert gab es im Zentrum und im Osten Nordamerikas einen starken Bevölkerungsrückgang, möglicherweise als Folge von Epidemien. Die Europäer brachten neue Krankheiten ins Land. Auch die Pueblo-Kultur ging zu Ende, vielleicht aufgrund von Missernten und Angriffen von Apachen und Navajos. Die Toltekenherrschaft in Mexiko brach um 1170 zusammen. Darauf folgte eine Anarchie, in der Stadtstaaten um die Vorherrschaft kämpften. Als Sieger gingen die Azteken hervor, die ein von Priesterkönigen regiertes Reich schufen.

Vor dem 11. Jahrhundert hatten sich in den Anden zwei Reiche entwickelt, in denen die Inka im 14. Jahrhundert die Macht übernahmen. Hier entstand das größte der präkolumbianischen Reiche unter einem Regenten, der absolute Macht in religiösen, politischen und militärischen Angelegenheiten besaß. Das Bemerkenswerteste an der Inka-Kultur ist vielleicht, dass die Verwaltung keine Schrift besaß, sondern Aufzeichnungen in Form von geknüpften Schnüren führte. Durch die Einfuhr europäischer Krankheiten kollabierten die Reiche im Amazonasbecken derart vollständig, dass ihre gesamte Existenz als Legende von Eldorado abgetan wurde. Erst jetzt entdeckt man wieder, dass hier Häuptlinge über Zehntausende Quadratkilometer herrschten.

Zu Beginn des 11. Jahrhunderts war die polynesische Expansion abgeschlossen, doch Reiche dürften sich nicht vor dem 13. Jahrhundert entwickelt haben. Im 14. Jahrhundert begann auf der Nordinsel Neuseelands die „klassische“ Periode der Maori mit großen, befestigten Lehmbauten und weitläufigen landwirtschaftlichen Systemen. Bei den australischen Ureinwohnern gab es weder Staaten noch umfassende Führerschaft. Ein Stamm dürfte etwa 500 Menschen umfasst haben, die religiös sanktionierte Jagdrechte über festgelegte Gebiete hielten, die innerhalb natürlicher Grenzen lagen.

Mehrere Künstler arbeiteten an der illustrierten Skylitzes-Chronik, die wahrscheinlich aus Sizilien im 13. Jahrhundert stammt. Dieser Illustrator besaß eindeutig großes Wissen über islamische und afrikanische Gebräuche, vielleicht, weil er zuvor selbst dort gelebt hat. Dieses Bild zeigt einen Botschafter des bulgarischen Königs Symeon, der vom Herrscher Tunesiens, Zyadat-Allah III., empfangen wird.

Ahdath Städtische Miliz in manchen moslemischen Städten
Ahmudan Leibwache burmesischer Herrscher
Ahug Gepflastertes Gebiet auf der Osterinsel, das vielleicht religiösen Zwecken diente
Albigenser Dualistische Ketzer in Südfrankreich
Alchemie Der Glaube, dass Elemente in andere Elemente transformiert werden können
Althing Örtliche politische Versammlung in Skandinavien
Armbrust Bogen mit hölzernem Stock und daran einem Klemmechanismus und Auslöser für die Sehne
Ars Nova Neue Form der Musik im 12. und 13. Jahrhundert
Arthashastra Kunst zu regieren im hinduistischen Indien
Assize Court Lokaler Gerichtshof in England
Astrolab Gerät, ähnlich einem Sextanten, zur Bestimmung der Sternenhöhe über dem Horizont
Aventail Beweglicher Hals- und Nackenschutz am Rand eines Helmes
Ayurveda Indische Medizin
Aznauris Georgischer Kleinadel

Bakufu Japanische Militärregierung
Bascinet Helm mit Wangen- und Nackenschutz
Bektashi Mitglieder einer mystischen islamischen Bruderschaft
Belagerungsturm Belagerungsmaschine in Form eines hölzernen Turms, meist beweglich
Bergfried Hoher zentraler Turm in einem mittelalterlichen Schloss
Bettelmönch Angehöriger eines christlichen Predigerordens
Bey Anführer eines Ortes oder einer Militäreinheit im ottomanischen Reich
Bilig Aussprüche eines respektierten Mongolenführers
Blutzoll Strafgeld als Wiedergutmachung nach Mord oder Körperverletzung
Bodhisattva Buddhistischer Heiliger oder halbheilige Persönlichkeit
Bogomilen Anhänger eines dualistischen Glaubens oder Häretiker auf dem Balkan
Bojar Angehöriger der aristokratischen Elite in Russland und einigen Balkanländern
Brahmanen Priesterkaste in der hinduistischen Gesellschaft
Brandrodung Einfache Form des Ackerbaus, bei der Wald durch Abbrennen gerodet wird und der Boden ein bis zwei Jahre bebaut werden kann
Brigandine Stoff- oder Lederwams, mit kleinen Metallschuppen
Buße Persönliches Opfer aus religiösem Anlass
Byzantinisches Feuer Feuerwaffe auf der Basis von Petroleum

Ch'an Chinesische spirituelle buddhistische Übung
Chanson de Geste Heldenepos oder Heldenlied
Chatris Kiosk auf einem befestigten Tor in Indien.
Cloisoné Farbiges Email auf metallenem Untergrund
Coat-of-plates Körperpanzer aus schuppenbesetztem Tuch oder Leder
Coif Schutzhaube aus Kettengewebe
Compositbogen Kraftvoller Bogen, meist aus verklebten Streifen aus Holz, Horn und Sehnen
Condottieri Führer von Berufssoldaten in Italien
Conrois Sehr dichte Kavallerieformation
Cortes Parlament in einem der spanischen christlichen Staaten
Corvée Zwangsarbeit für den Staat

Dabtara Angehöriger der „Gebildeten Männer" Äthiopiens
Dar al-Imara Regierungsamt in einer moslemischen Stadt
Darbazi Georgischer Haustyp mit pyramidalem Dach
Derwisch Mitglied einer islamisch mystisch-religiösen Bruderschaft
Despotat Teil eines byzantinischen Staates oder einer Provinz
Dharma Sutra Hinduistische Handbücher über korrektes Verhalten
Divan Rat in einem islamischen Staat mit beratender Funktion
Druzhina Militärisches Gefolge eines russischen Prinzen
Dschinn Übernatürliches Wesen, aus Feuer erzeugt, im islamischen Mythos
Dualismus Glaube an Gut und Böse als beherrschende und rivalisierende Mächte auf Erden
Duhsadha-sadhanika Polizeioffizier im hinduistischen Indien

Eparch Gouverneur einer byzantinischen Stadt
Eristavi Georgischer Fürst

Faqih Muslimischer Rechtsexperte
Fatwa Urteil auf Grundlage der Scharia, des islamischen Gesetzes
Feudalismus Gesellschaftsstruktur auf der Basis von gegenseitigen Verpflichtungen
Fiqh Rechtswissenschaft muslimischen Rechts

Gaeoinggars Reiche Elite in der skandinavischen Gesellschaft der Orkney-Inseln
Geldlehen Einem Ritter anstelle eines Landgutes verliehenes Lehen, finanzielle Einnahmequelle
Gemeindeland Land eines Dorfes, das von allen Bewohnern als Viehweide genutzt wird
Ger Mongolisches Nomadenzelt
Gewohnheitsrecht Recht, das auf anerkannten alten Sitten basiert
Gilde Zusammenschluss von Angehörigen eines Berufs
Godar Lokaler skandinavischer Anführer
Gonikeia Form des byzantinischen Bauernhofes
Gotik Ursprünglich beleidigende Bezeichnung für die westeuropäische Kunst vor der Renaissance
Gottesfrieden Bewegung der Kirche zur Eindämmung von Privatkriegen des Adels
Gottesurteil Entscheidung über Schuld oder Unschuld durch Unterwerfung des Angeklagten unter einen körperlichen Test
Grandeur Lebensstil, wie man ihn von der aristokratischen Elite erwartet
Guks Äthiopisches Reiterspiel oder Reiterübung

Hadith Sprüche des Propheten Mohammed
Hamam Öffentliches Bad in islamischen Städten
Harem Privater Teil eines Hauses, den Frauen und ihren unmittelbaren Familienangehörigen vorbehalten
Hauberk Kettenhemd
Haushalt Die Familie mitsamt Dienern und Abhängigen
Heiau Gepflastertes Gebiet in Hawaii, das vielleicht religiösen Zwecken diente
Heraldik Wappenkunde
Hinayana Eine der beiden Hauptformen des Buddhismus
Hochgericht Anklage und Verfahren, das mit dem Todesurteil enden kann
Humanismus Der Glaube, der Mensch sei der Mittelpunkt der Schöpfung

Ikone Religiöses Gemälde in der christlich-orthodoxen Kirche
Ikonoklasmus Grundsätzliche Ablehnung von figürlichen Darstellungen im Gottesdienst
Imam Vorbeter im Islam
Iqta Stück Land, das einem Mitglied der islamischen Militär- oder Verwaltungselite zugeteilt wurde
Irgen Mongolischer Stamm

Janitscharen Elite-Infanteriesoldat im ottomanischen Heer
Jawshan Lamellenpanzer der muslimischen Armee
Jihad Kampf des Einzelnen gegen das Böse im Islam oder ein Krieg zur Verteidigung des Islam

Kadi Richter in der islamischen Gesellschaft
Kakawin Indonesische Poesie auf der Basis indischer Themen
Kalif Spiritueller und ursprünglich zeitweiser Regent der moslemischen Welt
Kamal Form des Sextanten, von muslimischen Seeleuten als Navigationshilfe verwendet
Kampfgericht Die Beendigung eines Rechtsstreits durch einen Kampf
Kanonisches Recht Christliches Kirchenrecht
Kanun Weltliches Gesetz im ottomanischen Reich
Karavelle Kleines portugiesisches und spanisches Handelsschiff
Kaste Strenge Form der sozialen Klassentrennung, in der der Einzelne seinen Rang nicht wechseln kann
Katib Schreiber oder Angehöriger der bürokratischen Elite in islamischen Ländern
Kavya Indische Epen
Kazaghand Stoffbezogener Kettenpanzer der muslimischen Welt
Khan Türken- oder Mongolenherrscher; auch eine Herberge für Reisende oder Kaufleute in islamischen Ländern
Khatangku Dehel Form der mongolischen Bewaffnung
Kleiderordnung Gesetze, die die Kleider bestimmter sozialer oder Berufsgruppen festschreiben
Konkubine Geliebte
Kreml Befestigte Zitadelle in russischen Städten
Kreuzzug Krieg, der im Namen der Christenheit oder des Papstes geführt wurde
Kshatriya Adelige Kriegerkaste in der hinduistischen Gesellschaft
Kuriltai Versammlung ranghoher Mongolenführer

Laienbrüder Mitglieder eines Klosters, die kein Mönchsgelübde abgelegt haben
Lamellenpanzer Panzer aus kleinen harten Stücken, Metall oder gehärtetem Leder
Langbogen Großer Bogen aus einem einzigen Stück Holz
Langhaus Eingeschossiges Wohnhaus mit mehreren Räumen
Lehen Landgut, das einem Ritter verliehen wird, damit er sich und seinen Haushalt ernähren kann

Leibeigener Bauer von niedrigem Rang, der seinen Wohnort nicht ohne die Erlaubnis seines Feudalherrn wechseln durfte
Li Chinesische zusätzliche gesetzliche Regeln
Ling Chinesische kaiserliche Dekrete
Livree Uniform der Mitglieder eines bestimmten Haushalts
Locatores Anführer einer Siedlergruppe im Neuland
Logmadr Führer einer der skandinavischen Kolonien in Griechenland
Logothet Offizier an einem byzantinischen Gerichtshof
Lu Chinesische Rechtsstatuten

Madrasah Moschee mit Schulfunktion
Mahayana Eine der beiden Hauptformen des Buddhismus
Mameluk Elitesoldaten der Moslems aus dem Sklavenstand
Mangonel Belagerungsmaschine, Form des Katapults
Manichäismus Dualistische Religion persischen Ursprungs
Marae Gepflastertes Gebiet in Polynesien, das vielleicht religiösen Zwecken diente.
Meister Handwerker, den seine Zunft für erfahren genug hält, um sich selbständig machen zu können
Miliz Teilzeitmilitär, aufgestellt aus der lokalen Bevölkerung
Millet Religiöse Gemeinschaft im ottomanischen Reich
Minne Verhaltenskodex zwischen Männern und Frauen in der ritterlichen adligen Gesellschaft, der auf gegenseitiger Bewunderung und sexueller Enthaltsamkeit basierte
Minnesänger Professioneller Sänger oder Liederschreiber
Mou Kleines Stück Land, die Maßeinheit für Ackerboden in China
Mufti Islamischer Rechtsexperte
Muhtasib Beamter, der in islamischen Städten für die Kommunalversorgung und Märkte zuständig war

Nagaram Stadtrat im hinduistischen Indien
Nirvana Totale Erleuchtung nach buddhistischem Glauben
Nomaden Lebensform, die von der Suche nach Weidegründen bestimmt wird
Notar Person, die zum Aufsetzen oder Beglaubigen rechtskräftiger Dokumente befugt ist
Noyan Mongolischer Adel

Obok Mongolischer Clan, der sich auf einen gemeinsamen Vorfahren zurückführt
Ongghon Kleines mongolisches Idol

Pa Maorifestung in Neuseeland
Pacht Form des Landbesitzes, bei der der Bauer einen Teil der Ernte an den Grundherrn abliefert
Pagode Turmartiges chinesisches religiöses Gebäude
Pastoralismus Ländliche Lebensform, abhängig von Tierherden
Patriarch Hohes Mitglied der Kirchenhierarchie, eine Stufe unter dem Papst
Pervan Kanzler in einem persischen oder türkischen Staat
Plattenpanzer Panzer aus großen Metallplatten, die der Körperform angepasst wurden
Po Organisation zur gegenseitigen Unterstützung der koreanischen Kaufleute und Handwerker
Pradvivaka Oberster Rechtsberater in einem hinduistischen Staat
Pranger Rechtsmittel, in dem wegen geringfügiger Delikte Verurteilte dem öffentlichen Spott ausgesetzt wurden
Priyayi Gehobenes Dorf im vorislamischen Südostasien

Rais Anführer einer kleinen Gemeinde in der islamischen Gesellschaft
Rakryan Gouverneur eines Außenpostens eines indonesischen Staates
Ramani Dusun Dorfvorsteher in Indonesien
Renaissance „Wiedergeburt" der griechischen und lateinischen Kultur in Europa
Rishi Spirituell erleuchtete religiöse Autorität
Rittergut Stück Land unter der Herrschaft eines Ritters
Ritterorden Mönchsorden, der sich dem Kampf für den christlichen Glauben verschrieben hatte
Rundschiff Europäisches Kaufmannsschiff mit breitem Rumpf

Samurai Japanische Kriegerelite
Sancak Bey Ottomanischer Militärgouverneur
Schamanismus Religion, die mit der Befragung von Geistern arbeitete und heilte
Scharia Das religiöse Gesetz des Islam
Schiffschnabel Verlängerter Bug eines Kriegsschiffes, der feindliche Schiffe von der Seite überragen sollte
Schiiten Eine der beiden Hauptströmungen des Islam
Schildwall Defensive Infanterieformation, bei der die Schilde eine dichte Mauer bildeten, auch Schildkröte
Schiltron Schottische Infanterie-Einheit
Schisma Trennung der östlichen (orthodoxen) und westlichen (katholischen) Kirchen
Schogunate Militärhauptquartiere, die im Spätmittelalter Japan wirkungsvoll regierten
Sena pati Kommandeur einer indischen Hindu-Armee
Sergeant Europäischer Berufssoldat von nicht ritterlichem Stand
Sheriff Offizieller Ordnungshüter in einem bestimmten Gebiet
Shihna Seldschukischer Militärgouverneur
Sho Landgüter, die japanische Adlige treuen Anhängern verliehen
Shurta Lokale Polizei in manchen muslimischen Staaten
Skomoriki Russischer Minnesänger
Stupa Buddhistisches religiöses Gebäude in der Form einer schmalen hohen Kuppel
Subasi Lokaler Polizeichef im ottomanischen Reich
Sufi Muslimischer Mystiker
Sultan Muslimischer weltlicher Herrscher, der die übergeordnete Autorität des Kalifen anerkennt
Sundang Gerades Schwert, das in Teilen Südostasiens verwendet wurde
Sunniten Eine der beiden Hauptrichtungen des Islam
Symponos Offizier, der in einer byzantinischen Stadt für Recht und Ordnung verantwortlich ist

Tarida Spezialschiff zum Transport von Pferden
Tarkhan Titel der tapfersten mongolischen oder türkischen Krieger
Tegheliay Form des russischen Körperpanzers
Theme Byzantinische Provinzarmee und die Provinz selbst
Tirtha Hinduistischer Pilgerort
Toisich Anführer im schottischen Hochland und auf den Inseln
Torre Befestigter Turm in italienischen Städten
Transhumans Wanderleben, bei dem die Familie jedes Jahr die gleiche Strecke zog
Trebuchet Belagerungsmaschine, Form des Katapults mit Gegengewicht
Trencher Dicke Brotscheibe, die als Teller diente
Trockenmauer Bautechnik, die Steine ohne Mörtel verwendet
Troubadour Minnesänger in Frankreich
Turnier Schaukämpfe oder Duelle, meist mit stumpfen Waffen

Ulema Muslimische Theologen
Ulu Eines der mongolischen Völker als Ganzes
Umbodsmadr Vertreter des norwegischen Königs in den grönländischen Siedlungen
Umma Weltweite Gemeinschaft der Moslems
Uruk Dominante Familie in einem Mongolenclan
Ushkúynik Russische Flusspiraten

Varangianer Byzantinische Militäreinheit aus Skandinaviern und Angelsachsen
Vazir Georgischer Minister
Veche Russischer Stadtrat
Veden Hinduistische religiöse Texte

Wagenburg Kurzfristige Schutzmauer im Feld aus Wagen

Wako Japanische Piraten
Wappen Heraldisches Mittel zur Identifikation einer Person, einer Familie, einer Stadt, eines Staates
Waqf Islamische karitative Organisation und ihr Besitz
Wesir Minister in einem islamischen Staat

Yakata Befestigte Residenz eines Samurai in Japan
Yangmin Freie, aber nicht adlige Klasse in Korea
Yarghuchi Mongolischer Oberrichter
Yasa Türkisches und mongolisches Gewohnheitsrecht
Yasun Zusammenschluss verwandter Mongolenclans
Yin und Yang Zwei Kräfte, die nach chinesischem Glauben das Universum lenken

Za Organisation zum gegenseitigen Schutz der japanischen Angehörigen eines Berufs
Zakupi Russische Familie, die in die Schuldknechtschaft geraten ist
Zar Höchster russischer Herrscher
Zehnt Anteil an agrarischen oder anderen Produkten, die als Steuern entrichtet wurden
Zen Japanische spirituelle buddhistische Übung
Zisterne Unterirdischer Wasserspeicher
Zunft Zusammenschluss von Angehörigen eines Berufs

REGISTER

Kursiv gesetzte Seitenzahlen beziehen sich auf Abbildungen

Auripigmentum
Operment
Minium
Cinobaris
Cinober
Spadix
Rotenbraun